2019—2020上海国际经济贸易发展报告

2019—2020 ANNUAL REPORT ON SHANGHAI INTERNATIONAL ECONOMY AND TRADE DEVELOPMENT

上海市商务委员会　编著
Shanghai Municipal Commission of Commerce

上海科学技术文献出版社
Shanghai Scientific and Technological Literature Press

图书在版编目（CIP）数据

2019-2020 上海国际经济贸易发展报告 / 上海市商务委员会编著. —上海：上海科学技术文献出版社，2020
ISBN 978-7-5439-8195-9

Ⅰ.①2… Ⅱ.①上… Ⅲ.①国际贸易—贸易发展—研究报告—上海—2019-2020 Ⅳ.①F752.851

中国版本图书馆 CIP 数据核字 (2020) 第 195059 号

责任编辑：祝静怡

2019–2020 上海国际经济贸易发展报告
2019–2020 SHANGHAI GUOJI JINGJI MAOYI FAZHAN BAOGAO
上海市商务委员会　编著
出版发行：上海科学技术文献出版社
地　　址：上海市长乐路 746 号
邮政编码：200040
经　　销：全国新华书店
印　　刷：常熟市人民印刷有限公司
开　　本：787mm × 1092mm　1/16
印　　张：17.75
字　　数：327 000
版　　次：2020 年 12 月第 1 版　2020 年 12 月第 1 次印刷
书　　号：ISBN 978-7-5439-8195-9
定　　价：88.00 元
http://www.sstlp.com

编审委员会

前言

2018—2019 年，面对复杂多变的外部环境，上海市商务部门坚持稳中求进工作总基调，坚持新发展理念，扎实推进商务领域改革创新，商务经济运行总体平稳、稳中有进、进中固稳，高质量发展取得新成效。

2018—2019 年，上海对外贸易向好势头持续巩固，增长放缓趋稳。2019 年，上海市货物进出口额达到 34 046.8 亿元，增长 0.1%，进出口总额位列全国省市第三位，城市第一位。其中，出口额 13 720.9 亿元，增长 0.4%；进口额 20 325.9 亿元，下降 0.1%。货物贸易结构持续优化，一般贸易进出口额占比持续提升，达到 52.5%。服务进出口额达到 1 844 亿美元，下降 6.6%，其中出口额 626 亿美元，增长 5.1%；进口额 1 218 亿美元，下降 11.7%。

2018—2019 年，上海利用外资快速增长，引资结构进一步优化。2019 年，上海新设外资项目数 6 800 个，增长 21.5%；合同外资金额 503 亿美元，增长 7.1%；实到外资金额 190 亿美元，增长 10.1%。其中，商务服务业实到外资金额 56 亿美元，增长 11.4%，占全市实到外资金额的比重稳定在 30%左右。截至 2019 年底，在沪投资的国家和地区扩大至 188 个，上海累计实到外资金额 2 595 亿美元，规模创历史新高。2019 年新增跨国公司地区总部 50 家，累计达到 720 家，上海继续保持中国内地跨国公司地区总部最多的城市的地位；新增外资研发中心 20 家，累计达到 461 家，总部数量继续保持全国领先。

2018—2019 年，上海对外投资先扬后抑，“一带一路”投资合作保持活跃。2019 年，上海对外直接中方投资额为 140 亿美元，下降 17.1%；实际对外直接投资额 91 亿美元，下降 30.5%；新签对外承包工程合同额 125 亿美元，增长 5.4%，连续 12 年超百亿美元，完成营业额 94 亿美元。

对外投资结构明显优化，制造业成为对外直接投资的第一大行业。上海对“一带一路”沿线国家和地区对外直接投资中方投资额达到40亿美元，占全市比重提升至28.2%；新签对外承包工程合同额达到93亿美元，占全市比重达到74.1%，其中上海电气承接的迪拜太阳能发电项目是迄今全球规模最大、技术最先进的光热电站。

2018—2019年，上海国际经济贸易领域工作围绕重点领域形成突破。中国（上海）自由贸易试验区（以下简称“自贸试验区”）商务领域制度创新走向深入，国际贸易“单一窗口”全面融合对接国家标准版，“一带一路”经贸合作取得新进展，圆满完成两届中国国际进口博览会筹备保障任务，有序推进临港新片区建设；深入实施“四个一百”专项行动，激发外贸新兴行业发展动力，外贸稳增长、调结构、转动力效果持续体现，外贸竞争新优势进一步凸显；着力打造更具国际竞争力的投资环境，总部经济持续深化发展，开放型经济发展水平持续提升，引进来和走出去进一步协调发展。

本书作为上海商务发展系列报告之一，延续了往年“上海国际经济贸易发展报告”的编写风格，全面反映了2018—2019年上海国际经济贸易的发展情况、工作成效和2020年展望等。同时，为适应国际经贸形势变化和上海发展需求，本书对部分章节结构进行了调整：专题篇增加“进口博览会”篇，突出反映中国国际进口博览会的举办情况和经验总结；“全球城市”篇选取纽约、伦敦、新加坡、中国香港等全球城市，介绍其贸易投资发展情况。

我们希望本书能够帮助读者全面了解上海国际经济贸易的发展情况，拉近商务工作与社会各界的距离，帮助读者全面了解中国国际进口博览会、上海国际贸易中心等重大发展战略，推动上海国际经济贸易各领域工作实现高质量发展。

编者

2020年8月

Preface

During 2018, confronted with a complex and volatile external environment, Shanghai's commercial sector adheres to the guiding principle of seeking progress while maintaining stability, adheres to new development concept, and steadily promotes reform and innovation. Overall, the city's commercial sector operates smoothly. New achievements have been made in high-quality development.

From 2018 to 2019, Shanghai's foreign trade sector continued to gain momentum, and has achieved moderate growth. In 2019, the import and export of goods reaches 3 404.68 billion yuan, with a year-on-year growth of 0.1%. The total import and export volume rank the third among all provinces, cities, and municipalities in China. Among them, exports were 1 372.09 billion yuan, up 0.4%; imports were 2 032.59 billion yuan, down 0.1%. The trade mix continues to be optimized, and the proportion of general trade imports and exports continues to rise, reaching 52.5%. Import and export of services reach US $184.4 billion, down 6.6%, including exports of US $62.6 billion, an increase of 5.1%, and imports of US $121.8 billion, down 11.7%.

From 2018 to 2019, Shanghai's utilization of foreign capital grows rapidly, and foreign capital are better used. In 2019, 6 800 new foreign-funded projects are established, an increase of 21.5%; the contracted foreign investment is 50.3 billion US dollars, an increase of 7.1%; and the paid-in foreign capital is 19 billion US dollars, an increase of 10.1%. By the end of 2019, the number of countries and regions investing in Shanghai has expanded to 188, and the total amount of foreign investment in Shanghai reaches 259.5 billion US dollars, setting a record. In

2019, foreign investment in business services sector reaches 5.6 billion US dollars, an increase of 11.4%, accounting for 30% of the city total. There are 50 new regional headquarters of multinational companies. The city now has a total of 720 regional headquarters of multinational companies. Meanwhile, 20 foreign-funded R & D centers are added in 2019. So far, Shanghai has attracted 461 regional headquarters of multinational companies, ranking first in mainland China.

Shanghai companies plays an active role in outbound investment. In 2019, a total of US $14 billion in outbound investment is materialized by Shanghai companies, down 17.1%; actual foreign direct investment is US $9.1 billion, down 30.5%; newly signed foreign contracted project amount is US $12.5 billion, an increase of 5.4%. Noteworthy is that project worth over US $10 billion investment benchmark has achieved growth for 12 consecutive years, with a turnover of US $9.4 billion. The structure of outbound investment has been significantly optimized. Manufacturing sector has become the largest sector. Shanghai's outbound investment in BRI countries and regions has reached 4 billion US dollars, an increase of 28.2% of the city's total. The total volume of new contract for overseas engineering projects has reached 9.3 billion US dollars, which accounts for 74.1% of the city's total. Among them, the Dubai solar power project undertaken by Shanghai Electric is by far the largest and most technologically advanced photothermal power station in the world.

From 2009 to 2019, breakthroughs in key areas are made in Shanghai's international economic and trade sector. The innovation of the business sector of Shanghai free trade zone has continued; the "one-stop service" of international trade has been fully integrated with the national standard, BRI-related economic and trade cooperation has been pushed forward, and preparatory work for the two China International Import Expo has been successfully completed, and the construction of the new port area has been promoted in an orderly manner. The city has also implemented the Operation Four Hundred to spur the development of new types of foreign trade. The results of steady growth and structural adjustment of foreign trade show its results, and the city's edge of foreign trade has been sharpened; efforts are made to create a healthier business environment with greater global competitiveness, the headquarters economy continues, Shanghai's open economy continues to improve in quality, with a well-coordinated development of import and export.

As an integral part of reports on Shanghai's economic development, editors of this book intend to chronicle Shanghai's international economy and trade from 2018 to 2019, its achievements and outlook for 2020. At the same time, to accommodate new changes in the global economic and trade, and to meet the growth needs of Shanghai, some chapters has been adjusted. In the Special section, "Import Expo" is added to highlight the achievements of China International Import Expo. "Global City" chapter remains to reflect other global cities such as New York, London, Singapore and Hong Kong SAR in terms of trade, investment in these cities.

We hope that this report can help readers better understand latest developments in Shanghai's international economy and trade, major events such as China International Import Expo and Shanghai International Trade Center, and promote the high-quality development of Shanghai's international economic and trade work on all fronts.

The Editor
August 2020

目 录

第一篇 总论

第一章 2018—2019 年上海国际经贸发展特点和 2020 年展望 …… 3

第一节 2018—2019 年上海国际经贸发展情况 …… 3

第二节 2018—2019 年上海国际经贸工作重点 …… 7

第三节 2020 年上海国际经贸发展展望 …… 8

第二章 2019 年全球国际经贸发展特点和 2020 年展望 …… 11

第一节 国际贸易 …… 11

第二节 外国直接投资 …… 15

第三章 2019 年我国国际经贸发展特点和 2020 年展望 …… 20

第一节 国际贸易 …… 20

第二节 利用外资 …… 23

第三节 对外投资与经济技术合作 …… 25

第二篇 国际经济与贸易

第四章 货物贸易 …… 29

第一节 总体运行情况 …… 29

第二节 跨境电子商务 …… 37

第五章 服务贸易 …… 44

第一节 总体运行情况 …… 44

第二节 服务外包 …… 55

第六章　利用外资 …… 63
第一节　总体运行情况 …… 63
第二节　总部经济 …… 70
第三节　外资研发中心 …… 72
第七章　对外经济合作 …… 76
第一节　对外投资 …… 76
第二节　对外承包工程及劳务合作 …… 80
第三节　对外援助 …… 82
第八章　贸易投资服务 …… 84
第一节　公平贸易 …… 84
第二节　亚太示范电子口岸 …… 89

第三篇　专题

第九章　中国(上海)自由贸易试验区 …… 93
第一节　总体运行情况 …… 93
第二节　分片区运行情况 …… 99
第十章　国际会展业 …… 107
第一节　总体运行情况 …… 107
第二节　中国华东进出口商品交易会 …… 112
第三节　中国(上海)国际跨国采购大会 …… 116
第十一章　中国国际进口博览会 …… 119
第一节　2018—2019 年进口博览会发展情况 …… 119

第二节　2018—2019 年进口博览会工作重点 ………… 122
第三节　2020 年进口博览会展望 ……………………… 125
第十二章　钻石珠宝贸易 ……………………………… 128
第一节　2018—2019 年上海钻石珠宝贸易发展情况 … 128
第二节　2018—2019 年上海钻石珠宝贸易工作重点 … 129
第三节　2020 年上海钻石珠宝贸易发展展望 ………… 130

第四篇　空间布局

第十三章　区域 ………………………………………… 135
第一节　浦东新区 …………………………………… 135
第二节　黄浦区 ……………………………………… 141
第三节　徐汇区 ……………………………………… 146
第四节　长宁区 ……………………………………… 152
第五节　静安区 ……………………………………… 157
第六节　普陀区 ……………………………………… 161
第七节　虹口区 ……………………………………… 169
第八节　杨浦区 ……………………………………… 175
第九节　宝山区 ……………………………………… 181
第十节　闵行区 ……………………………………… 189
第十一节　嘉定区 …………………………………… 194
第十二节　金山区 …………………………………… 201
第十三节　松江区 …………………………………… 208

第十四节　青浦区 …………………………………… 213
第十五节　奉贤区 …………………………………… 218
第十六节　崇明区 …………………………………… 223
第十四章　海关特殊监管区 ……………………………… 229
第一节　金桥综合保税区 ……………………………… 229
第二节　漕河泾综合保税区 …………………………… 230
第三节　松江综合保税区 ……………………………… 231
第四节　青浦综合保税区 ……………………………… 234
第五节　奉贤综合保税区 ……………………………… 236

第五篇　全球城市

第十五章　全球城市 …………………………………… 241
第一节　纽约 ………………………………………… 241
第二节　伦敦 ………………………………………… 242
第三节　新加坡 ……………………………………… 243
第四节　中国香港 …………………………………… 244

附录

附录 1　2018 年大事记 ……………………………… 249
附录 2　2019 年大事记 ……………………………… 253
附录 3　2018—2019 年度上海国际经贸领域主要政策索引 ……………………………………………… 257
附录 4　2018—2019 年度中国(上海)自由贸易试验区相关政策索引 ……………………………………… 263

Contents

Part Ⅰ General Information

Chapter One Characteristics of Shanghai's International Economic and Trade Development In 2018—2019 and Outlook For 2020 …… 3

Ⅰ. Shanghai's International Trade and Economic Cooperation In 2018—2019 …… 3

Ⅱ. Key Points of Shanghai's International Economic and Trade Work In 2018—2019 …… 7

Ⅲ. Outlook of Shanghai's International Economic and Trade Development In 2020 …… 8

Chapter Two Characteristics of Global International Economic and Trade Development In 2019 And Outlook For 2020 …… 11

Ⅰ. International Trade …… 11

Ⅱ. Foreign Direct Investment …… 15

Chapter Three Characteristics of China's International Economic and Trade Development In 2019 And Outlook For 2020 …… 20

Ⅰ. International Trade …… 20

Ⅱ. Utilization of Foreign Capital …… 23

Ⅲ. International Investment, Economic and Technological Cooperation …… 25

Part Ⅱ International Economy and Trade

Chapter Four Commodity Trade …… 29

Ⅰ. Overview …… 29

Ⅱ. Cross Border E-Commerce ······ 37

Chapter Five　Services Trade ······ 44

Ⅰ. Overview ······ 44

Ⅱ. Service Outsourcing ······ 55

Chapter Six　Utilization of Foreign Capital ······ 63

Ⅰ. Overview ······ 63

Ⅱ. Headquarters Economy ······ 70

Ⅲ. Foreign-funded R & D Centers ······ 72

Chapter Seven　Foreign Economic Cooperation ······ 76

Ⅰ. Outbound Investment ······ 76

Ⅱ. Overseas Engineering Projects and Labor Cooperation ······ 80

Ⅲ. Foreign Aid ······ 82

Chapter Eight　Trade and Investment Services ······ 84

Ⅰ. Fair Trade ······ 84

Ⅱ. Exemplary E-commerce in Asia Pacific Region ······ 89

Part Ⅲ　Special Topics

Chapter Nine　China(Shanghai) Pilot Free Trade Zone ······ 93

Ⅰ. Overview ······ 93

Ⅱ. Operation in Different Areas ······ 99

Chapter Ten　International Convention and Exhibition Industry ······ 107

Ⅰ. Overview ······ 107

Ⅱ. East China Trade Fair ······ 112

Ⅲ. China(Shanghai) International Transnational Procurement Conference ······ 116
Chapter Eleven China International Import Expo ······ 119
Ⅰ. Development of Import Expo 2018—2019 ······ 119
Ⅱ. Evaluation Report of Import Expo 2018—2019 ······ 122
Ⅲ. Outlook Import Expo 2020 ······ 125
Chapter Twelve Diamond Jewelry Trade ······ 128
Ⅰ. Diamond Jewelry Trade in Shanghai from 2018 To 2019 ······ 128
Ⅱ. Shanghai Diamond Jewelry Trade in 2018—2019 ······ 129
Ⅲ. Outlook of Shanghai Diamond Jewelry Trade in 2020 ······ 130

Part Ⅳ Places

Chapter Thirteen Districts ······ 135
Ⅰ. Pudong New Area ······ 135
Ⅱ. Huangpu District ······ 141
Ⅲ. Xuhui District ······ 146
Ⅳ. Changning District ······ 152
Ⅴ. Jing'an District ······ 157
Ⅵ. Putuo District ······ 161
Ⅶ. Hongkou District ······ 169
Ⅷ. Yangpu District ······ 175
Ⅸ. Baoshan District ······ 181
Ⅹ. Minhang District ······ 189
Ⅺ. Jiading District ······ 194
Ⅻ. Jinshan District ······ 201

ⅩⅢ. Songjiang District ········· 208
ⅩⅣ. Qingpu District ········· 213
ⅩⅤ. Fengxian District ········· 218
ⅩⅥ. Chongming District ········· 223
Chapter Fourteen Special Customs Supervision Areas ········· 229
Ⅰ. Jinqiao Comprehensive Bonded Zone ········· 229
Ⅱ. Caohejing Comprehensive Bonded Zone ········· 230
Ⅲ. Songjiang Comprehensive Bonded Zone ········· 231
Ⅳ. Qingpu Comprehensive Bonded Zone ········· 234
Ⅴ. Fengxian Comprehensive Bonded Zone ········· 236

Part Ⅴ Global Cities

Chapter Fifteen Global Cities ········· 241
Ⅰ. New York ········· 241
Ⅱ. London ········· 242
Ⅲ. Singapore ········· 243
Ⅳ. Hong Kong, China ········· 244

Appendix

Ⅰ. Major Events in 2018 ········· 249
Ⅱ. Major Events in 2019 ········· 253
Ⅲ. Index of Major Policies in Shanghai International Economic and Trade 2018—2019 ········· 257
Ⅳ. Index of Relevant Policies of China(Shanghai) Pilot Free Trade Zone in 2018—2019 ········· 263

第一篇

总　论

第一章　2018—2019 年上海国际经贸发展特点和 2020 年展望

第一节　2018—2019 年上海国际经贸发展情况

2018—2019 年，面对复杂多变的外部环境，上海市商务部门坚持稳中求进工作总基调，坚持新发展理念，扎实推进商务领域改革创新，商务经济运行总体平稳、稳中有进、进中固稳，高质量发展取得新成效。

一、对外贸易向好势头持续巩固

2018—2019 年，上海市货物进出口总额分别达到 34 009.9 亿元、34 046.8 亿元，同比增长 5.5%、0.1%，占全国 11.1%、10.8%，进出口总额位列全国省市第三位，城市第一位。一是进口贸易波动大于出口贸易。2018—2019 年，上海市货物出口额分别是 13 666.9 亿元、13 720.9 亿元，同比增长 4.2%、0.4%；货物进口额分别是 20 343.1 亿元、20 325.9 亿元，同比增长 6.4%、−0.1%，进口额在进出口总额中的占比分别为 59.8%、59.7%，分别较上年提高 0.6、−0.1 个百分点(图 1.1)。二是一般贸易发展速度快于加工贸易。2018—2019 年，上海市一般贸易进出口分别为 17 644.8 亿元、17 861.0 亿元，同比增长 8%、1.2%，均快于加工贸易近 8 个百分点，2019 年占比由 2018 年的 51.9%进一步提升至 52.5%。2018 和 2019 年服务进出口额分别达到 1 975 亿美元、1 844 亿美元，其中出口 596 亿美元、626 亿美元，同比增长 13.6%、5.1%；进口 1 379 亿美元、1 218 亿美元，同比下降 3.6%、11.7%(图 1.2)。三是服务贸易结构逐步优化。上海市服务贸易以劳动密集型业务为主，向技术密集型和知识密集型业务为主转变。高附加值的新兴服务进出口额占服务进出口总额的比重进一步提高，其中2018 年金融服务、知识产权使用费、电信计算机和信息服务进出口额分别增长 43.8%、38.1%和 18.3%；2019 年保险和养老金服务、建筑服务、专业管理和咨询服务进出口额分别增长 40.3%、39.4%和 7.3%。

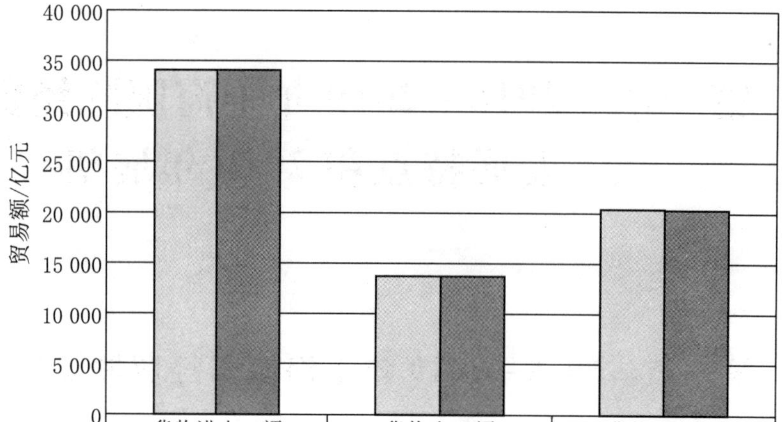

	货物进出口额	货物出口额	货物进口额
2018年/亿元	34 009.9	13 666.9	20 343.1
2019年/亿元	34 046.8	13 720.9	20 325.9

图 1.1　2018—2019 年上海市货物进出口情况

数据来源：上海海关。

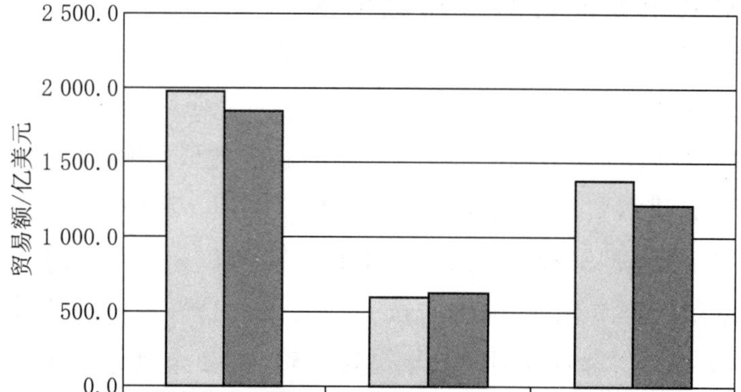

	服务进出口额	服务出口额	服务进口额
2018年/亿美元	1 975.0	596.0	1 379.0
2019年/亿美元	1 844.0	626.0	1 218.0

图 1.2　2018—2019 年上海服务进出口情况

数据来源：上海市商务委员会。

二、 利用外资结构进一步优化

2018—2019 年，上海新设外资项目分别为 5 597 个、6 800 个，同比增长 41.7%、21.5%；合同外资金额分别为 469.0 亿美元、503.0 亿美元，同比增长 16.8%、7.1%；实到外资金额 173.0 亿美元、190.0 亿美元，同比增长 1.9%、10.1%。外资项目数、合同外资金额、实到外资金额连续两年实现增长，2019 年实到外资规模创历史新高(图 1.3)。截至 2019 年底，在沪投资的国家和地区扩大至 188 个，上海累计引进实到外资 2 595 亿美元。一是引资结构持续优化。以总部项目为主的商务服务业继续巩固上海市引进外资第一大领域，2018—2019 年，商务服务业实到外资金额分别为 55 亿美元、56 亿美元，同比增长 10.5%、11.4%，占全市外资的比重稳定在 30%左右；以生物医药、人工智能、新能源研发和技术服务为主的科技服务业保持较快增长势头，实到外资增速分别为 19.8%、63.6%；以"互联网+"项目为主的信息服务业实现稳步增长，实到外资增分别为 1.3%和 25.4%。二是总部经济能级不断提升。2018—2019 年新增跨国公司地区总部分别达到 45 家、50 家，新增外资研发中心分别达到 15 家、20 家，截至 2019 年底累计引进跨国公司地区总部 720 家，研发中心 461 家，总部数量继续保持全国领先。

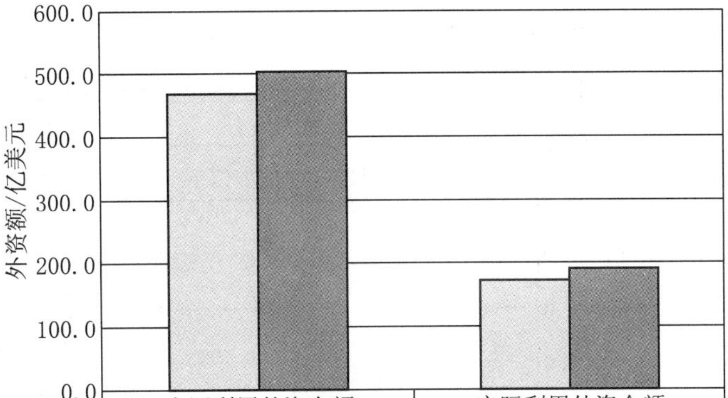

	合同利用外资金额	实际利用外资金额
□2018年/亿美元	469.0	173.0
■2019年/亿美元	503.0	190.0

图 1.3　2018—2019 年上海利用外资情况

数据来源：上海市商务委员会。

三、"一带一路"投资合作保持活跃

2018—2019 年，上海共对 64 个国家和地区进行投资，对外直接投资中方投资额分别达到 169 亿美元、140 亿美元，同比增速为 57.0％、－17.1％；实际对外直接投资额分别达到 130 亿美元、91 亿美元，同比增速为 5.5％、－30.5％。新签对外承包工程合同额分别达到 119 亿美元、125 亿美元，同比增长 9.6％、5.4％；完成对外承包工程营业额分别达到 75 亿美元、94 亿美元(图 1.4)。一是对外投资结构明显。投资方式以跨国并购为主，2018 年并购类对外直接投资中方投资额 91.5 亿美元，占比达到 54.3％，2019 年超 69 亿美元，占比达 49.2％，一大批有实力的企业通过开展跨国并购，获取优质品牌、核心技术和营销渠道，提高了国际化经营水平。二是投资行业以实体经济为主。制造业、租赁和商务服务业、信息服务业等行业的对外直接投资中方投资额占比合计超过 70％。2019 年制造业超过租赁和商务服务业，成为对外直接投资的第一大行业，中方投资额达 27 亿美元。三是“一带一路”投资合作持续深化。2018—2019 年上海企业对“一带一路”沿线国家和地区对外直接投资中方投资额分别达到 29 亿美元、40 亿美元，占全市比重提升至 17.4％、28.2％，主要投资地为马来西亚、印度尼西亚和缅甸等东盟地区。2018—2019 年上海企业在“一带一路”国家新签对外承包工程合同额分别达到 87 亿美元、93 亿美元，同比增长 20.4％、6.5％，全市占比为 73.4％、74.1％，其中上海电气承接的迪拜太阳能发电项目是迄今全球规模最大、技术最先进的光热电站。

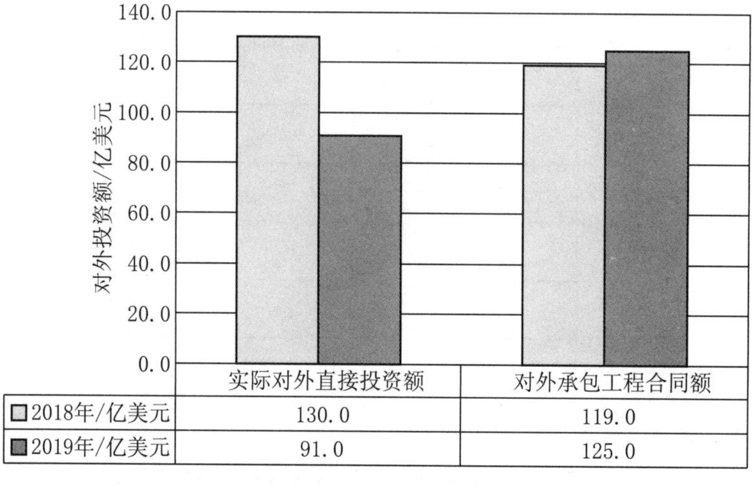

图 1.4　2018—2019 年上海对外投资情况

数据来源：上海市商务委员会。

第二节　2018—2019年上海国际经贸工作重点

一、 着力承担国家战略一系列重大试点、改革任务

（一）圆满完成进口博览会各项筹备保障任务，溢出带动效应逐步显现

2018年，上海聚焦服务国家战略，圆满完成首届中国国际进口博览会筹备保障任务。上海交易团首创“6天＋365天”一站式交易服务平台、四大采购商联盟和18个分团在内的“2＋4＋18”交易组织体系，累计成交突破60亿美元，占比超过10%，居全国首位。2019年，上海出台并落实放大进口博览会溢出带动效应实施方案50项举措，虹桥保税物流中心（B型）通过验收并启动运营，“6天＋365天”交易服务平台达到49个，成功召开上海城市推介大会。

（二）全面落实自贸试验区各项任务，有序推进临港新片区建设

2018年，上海对标国际高标准投资贸易规则，推动自贸试验区负面清单缩减至45条，54项开放措施落地项目超过2 700个。建成国际先进水平的国际贸易“单一窗口”，推广“通关＋物流”货物状态跟踪查询和出口退税等功能应用，开展关税保证保险和出口信用保险等业务试点。2019年，自贸试验区19项商务领域年度改革任务全面落实，国际贸易“单一窗口”全面融合对接国家标准版。临港新片区15项任务全面推进。

二、 着力推进外贸回稳向好

（一）深入实施“四个100”专项行动

2018年，自贸协定优惠关税应用服务系统上线运行，上海市机电自动进口许可证签发时限压缩到8小时以内，重点企业10个工作日内予以出口退税、承保费率下降10%。

（二）激发外贸新兴行业发展动力

2018年创新开展跨境电子商务出口、进口再制造等业务，跨境电子商务、外贸综合服务、汽车平行进口等继续放量增长。2019年，跨境电子商务进出口额同比增长53.1%。

（三）总部经济能级进一步增强

2019年出台促进跨国公司地区总部发展的若干意见，新认定跨国公司地区总部

50 家、研发中心 20 家，累计达 720 家和 461 家。

三、 着力打造国际一流营商环境

（一）加快推动标志性项目落地

2018 年，上海打造更具国际竞争力的投资环境，开放度和便利化水平不断提升。在先进制造业、现代服务业、战略性新兴产业领域成功推动一批标志性项目落地，特斯拉成为上海有史以来最大外资制造业项目。

（二）服务企业力度持续加大

2018 年，上海实施外资企业设立商务备案与工商登记"一口办理"改革，减少企业重复填报事项达 45%。成立跨境贸易专项工作组，货物整体通关时间压缩 1/3 以上，进口、出口边境合规成本分别下降 58%和 43%。在世界银行《2019 年营商环境报告》中跨境贸易排名由第 97 名大幅提升到第 65 名。2019 年，制定发布新一轮服务业扩大开放 40 条，出台进一步促进外商投资的若干意见。积极有效应对经贸摩擦，出台稳外贸 30 条，召开 10 场外资企业政企合作圆桌会议，推动世界银行 2020 年营商环境跨境贸易指标排名进一步上升 9 位。

第三节　2020 年上海国际经贸发展展望

2020 年，外部环境更趋复杂严峻，世界经济增长持续放缓，中美经贸摩擦负面影响仍在延续，新型冠状病毒（以下简称"新冠"）肺炎疫情又给经济社会发展造成较大冲击，各种不利因素叠加，给商务工作带来重大挑战。坚持稳中求进的工作总基调，坚持疫情防控和经济发展"两手抓、两不误、两促进"，坚定不移贯彻新发展理念，全面做好"六稳"工作，以稳企业为重点，强化属地管理和行业管理责任，稳住外贸外资基本盘，释放新兴消费潜力，全力以赴把疫情影响降到最低，奋力夺取疫情防控和实现商务经济发展目标双胜利，全力完成"十三五"规划，为"十四五"良好开局奠定扎实的基础。

一、 全力以赴稳定外贸规模

用好上海市经贸摩擦"四位一体"应对机制，强化对经贸摩擦和疫情影响的全方位监测、精准研判、政策协同和企业服务功能。支持企业稳定重点市场、开拓多元化市场。提升出口退税效率和外汇收支便利水平，降低企业经营融资成本。加速处理与疫情防控相关物项的办理申请，实施重要防控物资进口先予放行通关模式，对企业复工复产急需的机械设备、原材料、零部件等进口快速验放，适当降低查验率。加大出口信用保险支持力度，帮助企业应对订单取消、出运拒收等风险。全方位支持企业稳定产业链，防止重要订单和产能向外转移。推动大虹桥、新浦江、临港、崇明、嘉定等国家级外贸转型升级基地优化公共服务功能。

二、 创新发展服务贸易

在临港新片区探索跨境数据分类监管，支持浦东软件园等申报国家数字服务出口基地。推荐新一批国家文化出口基地，推动服务外包转型升级，提高离岸转手买卖的结算融资便利水平，加快推进国家级跨境电子商务综合试验区建设，扩大保税维修再制造业务规模。

三、 坚持扩大开放不动摇

依托临港新片区、虹桥商务区等重点功能区建设，全面落实外商投资准入负面清单、服务业扩大开放 40 条等举措，积极争取在电信、保险、证券、科研和技术服务、教育、卫生等重点领域进一步扩大开放。研究对接 RCEP、CPTPP 等高标准经贸规则，探索实施更大力度的改革创新，提高自贸协定利用率。

四、 推动更高水平"走出去"

健全企业走出去服务体系，支持走出去企业与跨国公司合作开拓第三方市场。继续着力打造服务"一带一路"建设桥头堡，落实上海—新加坡全面合作备忘录，推动有条件企业参与中缅经济合作区建设。提高亚太示范电子口岸网络国际影响力，促进电子口岸互联互通。

五、 营造良好环境不减弱

用好开放型经济新体制"33 条"、外资研发中心"16 条"、总部经济等政策，完善外商投资企业权益保护机制与外资服务直通车、重点外资企业联络员等外资企业联系机制，继续组织召开政企合作圆桌会议。加快推进外资地方立法进程，建设“一网通办”涉外服务专窗，持续拓展服务功能。实施跨境贸易营商环境3.0版，力争在压缩边境时间、提升电子化水平、优化海关监管等方面取得新突破。更大力度降低进出口环节成本，进一步落实口岸收费目录清单和公示制度。推动国际贸易“单一窗口”和“一网通办”深度融合，拓展贸易融资服务功能，打造长三角国际贸易“单一窗口”联盟。

第二章　2019 年全球国际经贸发展特点和 2020 年展望

第一节　国 际 贸 易

一、 2019 年全球国际贸易发展特点

（一）2019 年全球国际贸易总体情况

2019 年，受全球贸易紧张局势和经济增长放缓影响，世界贸易组织（WTO）统计数据显示，全球货物贸易额同比下降 2.9%，低于全球 GDP 2.9%的同比增速；全球出口额达到 18.9 万亿美元，同比下降 3.0%。

历史上，全球商品贸易额同比增速比按市场汇率计价全球实际国内生产总值同比增速快 1.5 倍。20 世纪 90 年代，全球贸易增速与 GDP 增速的比率（称为“贸易对收入的弹性”）在 2.0 以上，但在金融危机后的五年内（2011—2016 年）回落到 1.0。这一弹性指标从 2016 年的 0.8 反弹至 2017 年的 1.5，2018 年重新回落至 1.0，2019 年变为了负数（图 2.1）。

（二）货物贸易发展情况

1. 发展中经济体比发达经济体货物贸易量波动更大

2019 年，全球进出口受经贸摩擦影响进一步加大，全球货物贸易额增长率从 2018 年 3.0%变为－2.9%，这是国际金融危机以来的货物贸易增长率首次下跌，第四季度贸易增长放缓势头最为明显，全球货物贸易出口额同比下降 0.2%，进口额同比下降 0.1%。发展中经济体在进口和出口两方面的下降都较为明显，进口额

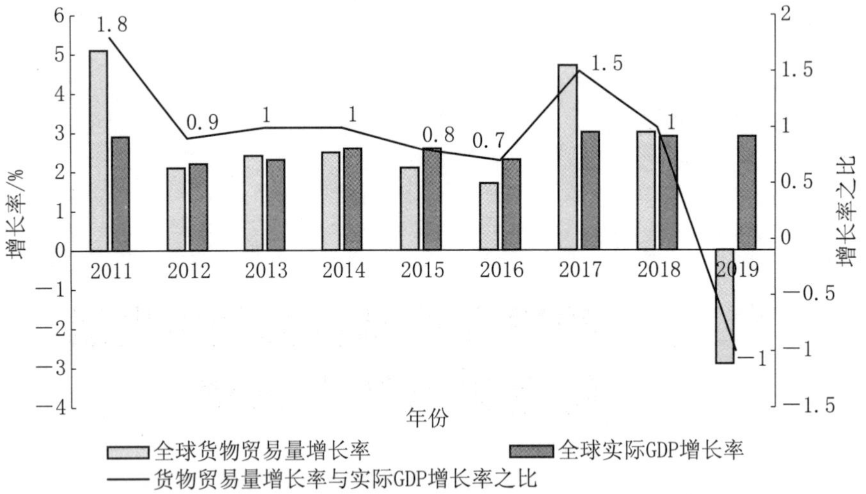

图 2.1　2011—2018 年全球货物贸易量和实际 GDP 增速情况

数据来源:世界贸易组织秘书处。

增速从上年的 4.1%下降至−3.5%,出口额增速从上年的 3.5%下降至−3.5%。发达经济体进口需求的下降更为明显,增速从上年的 2.5%下降至−2.7%,出口额增速从上年的 2.1%下降至−2.5%(表 2.1)。

表 2.1　2019Q1—2019Q4 不同发展水平国家的货物贸易额变化趋势

不同发展水平经济体	出口额同比增长率/%				进口额同比增长率/%			
	2019 Q1	2019 Q2	2019 Q3	2019 Q4	2019 Q1	2019 Q2	2019 Q3	2019 Q4
发达经济体	0.4	−1.1	0.1	−0.3	1.3	0.1	1.9	−2.1
发展中经济体	0.6	1.2	0.2	0.4	−1.2	0.1	−1.2	1.8

数据来源:联合国贸易和发展会议。

2. 全球各地区货物贸易发展减速

2019 年,全球各地区货物贸易额均有不同程度下降,导致全球贸易额总体减速(表 2.2)。南美洲出口下降最快,增速为−7.4%,进口贸易额增速为−6.5%;北美洲的进出口贸易额在所有地区中最为稳定,进口贸易额增速为−1.7%,出口贸易额增速为−1.0%;亚洲的进口和出口贸易额增速均为−3.5%;欧洲的进口需求有所增加,出口贸易额增速为−3.2%,进口贸易额增速为 2.8%。

2019 年,亚洲的出口额为 7.71 万亿美元,占世界货物出口额的 40%,进口额为 7.27万亿美元,占世界货物进口额的 37%。欧洲出口额为 7.24 万亿美元,占世界货物出口额的38%，进口额为7.01万亿美元，占世界货物进口额的36%。北美洲出口额为2.09万亿美元，占世界货物出口额的11%，进口额为3.03万亿美元，占世界货物进口额的16%。

表2.2　2019Q1—2019Q4不同地区的货物贸易额变化趋势

地　区	出口额同比增速/%				进口额同比增速/%			
	2019 Q1	2019 Q2	2019 Q3	2019 Q4	2019 Q1	2019 Q2	2019 Q3	2019 Q4
北美洲	0.8	−1.1	0.3	0.7	0.9	1.2	0.9	−3.5
南美洲	−1.9	0	−2.6	−5.8	−3.3	−2.7	−0.9	−3.8
亚　洲	0.8	0.7	0	0.8	−1.8	−0.3	−1.5	2.8
欧　洲	0.8	−1.0	0.2	−0.5	1.9	−0.3	2.6	−0.6

数据来源：联合国贸易和发展会议。

（三）服务贸易发展情况

1. 全球服务贸易温和增长

2019年，全球服务贸易在经历两年快速发展之后增速放缓，服务出口额达到6.14万亿美元，增速为1.9%；服务进口额为5.83万亿美元，增速为2.1%。其中，商业服务出口额增长3.2%，运输服务出口额下降0.8%，旅游服务出口额增长1.0%，货物有关的服务出口额增长2.1%，其他服务出口额合计增长4.4%（图2.2）。

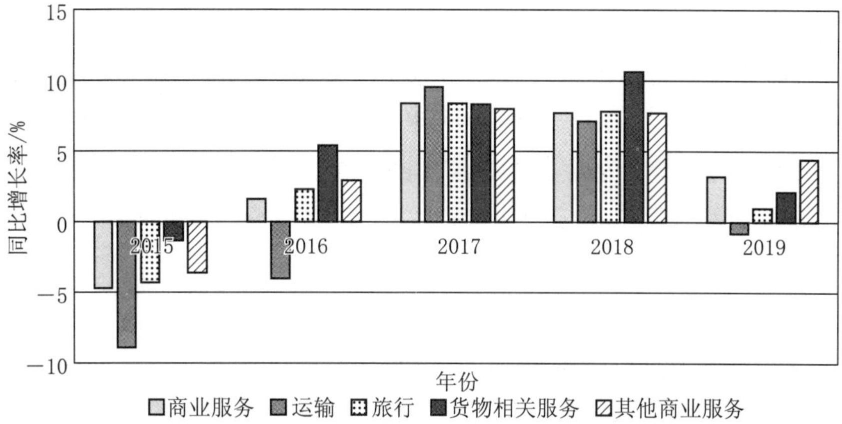

图2.2　2015—2019年全球不同类别服务出口美元价值增长率

数据来源：联合国贸易和发展会议。

2. 全球各地区服务贸易发展有增有降

2019 年，全球服务贸易总体环境进一步优化，但受经贸摩擦及政治不确定性因素影响，全球各地区的服务贸易额较上年增长放缓，一些地区服务贸易额出现下降。其中，欧洲地区增速最快，服务出口额增幅 1.4%，进口额增幅 5.0%；非洲地区出口额增长2.3%，进口额增长 2.7%；北美洲地区出口额增长 1.5%，进口额增长 3.8%；亚洲地区出口额增长3.3%，进口额下降 1.4%；独联体国家出口额下降 0.6%，进口额增长 3.5%；南美洲地区出口额下降 2.4%，进口额下降 5.3%(图 2.3)。

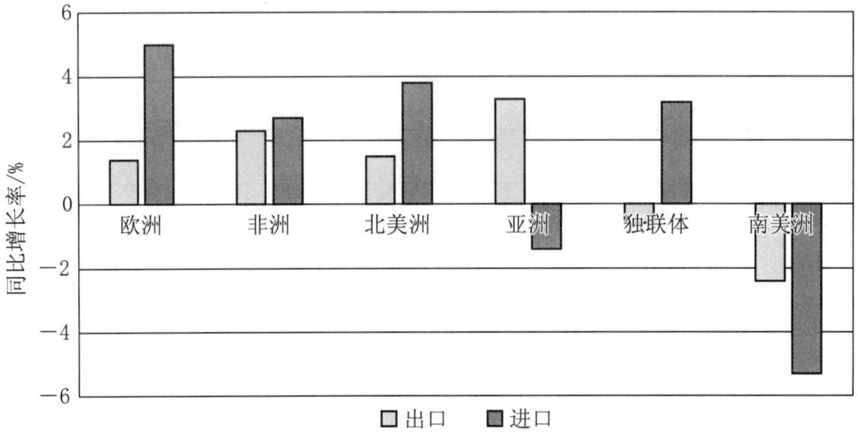

图 2.3　2019 年全球各地区服务贸易进出口增长率

数据来源：联合国贸易和发展会议。

3. 主要服务贸易大国排名较为稳定

当欧盟成员国单独计算时，前 5 名商业服务出口国为美国(8 758.3 亿美元)、英国(4 163.1 亿美元)、德国(3 407.3 亿美元)、法国(2 876.1 亿美元)和中国(2 831.9 亿美元)；前 5 名商业服务进口国为美国(5 883.6 亿美元)、中国(5 006.8 亿美元)、德国(3 645.9亿美元)、爱尔兰(3 211.6 亿美元)和英国(2 837.9 亿美元)。其中，服务进口国第 4 名由上年的法国变为爱尔兰，其余国家排名均没有变化。全球服务贸易总额排名前 20 的国家和地区中，欧洲占据 11 席，超过半数；亚洲占据 6 席；北美洲 2 席，与上年相同(图 2.4)。

二、 2020 年全球国际贸易发展展望

世界贸易组织(WTO)预计，由于新冠肺炎疫情和多国政府实施的相关封锁措施，2020 年全球贸易额将下降 13%～32%。未来全球贸易发展仍呈现高度不稳定

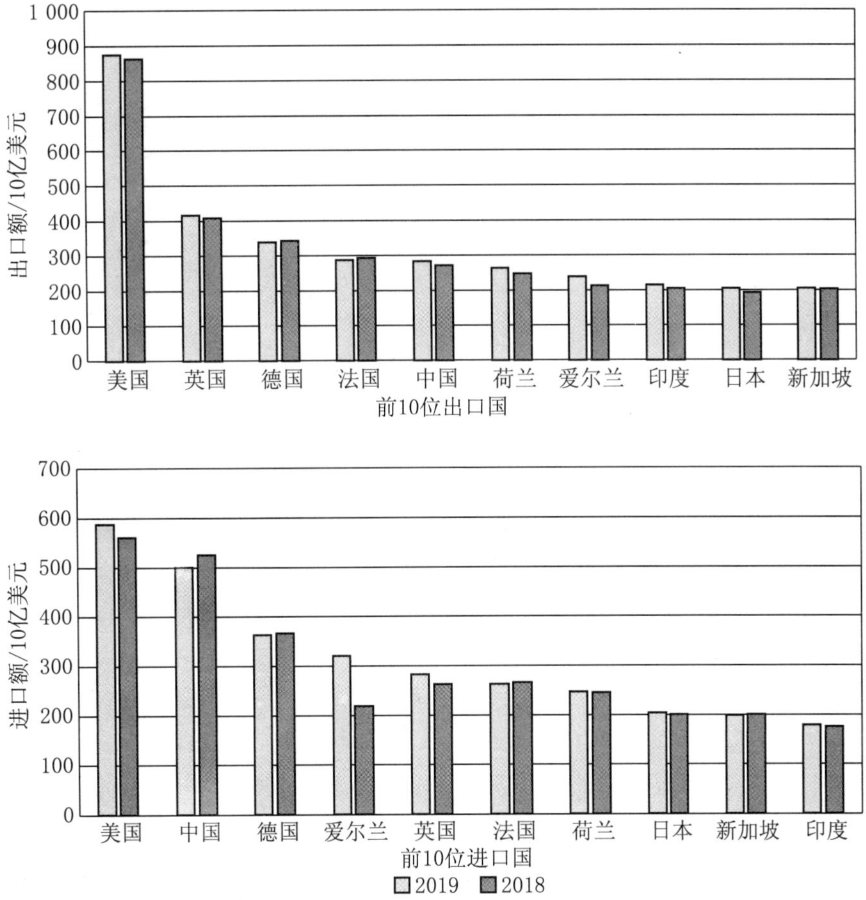

图 2.4　2018—2019 年全球前 10 位服务贸易进出口国

数据来源:联合国贸易和发展会议。

性,世界银行(World Bank)预计 2020 年全球 GDP 产出将下降 5.2%,经济复苏速度低于预期将对贸易增长构成压力。

第二节　外国直接投资

一、 2019 年全球外国直接投资发展特点

(一) 全球外国直接投资总体情况

2019 年,全球外国直接投资流量温和增长,达到 1.54 万亿美元,增长 3%,但仍低于过去 10 年的平均水平。其中,已宣布的绿地项目投资额下降 14%,为 8 460 亿美

元;跨国并购项目投资额大幅下降40%,为4 910亿美元(图2.5)。

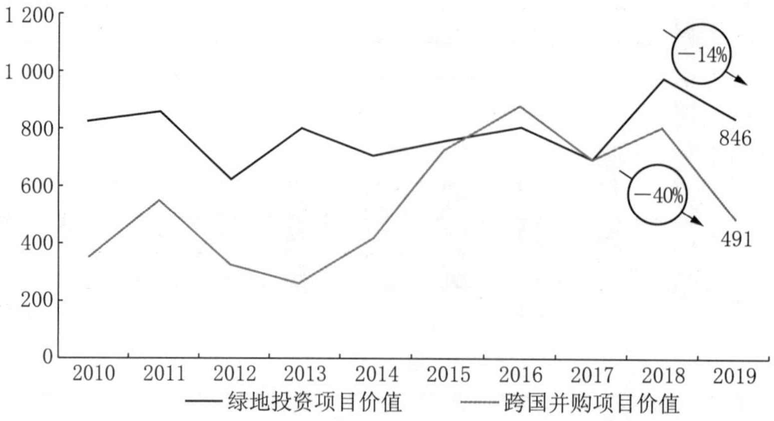

图2.5 2010—2019年全球绿地投资与跨国并购项目价值变化趋势

数据来源:联合国贸易和发展会议,FDI/MNE数据库。

(二)外国直接投资地区分布情况

2018年,流入发达国家的外国直接投资额为8 000亿美元,增长5%。从国别来看,美国外国直接投资流入量略微下降了3%,降至2 460亿美元,但仍居全球首位。投资者面临全球贸易局势不明朗和英国"脱欧"等政策不确定,欧洲国家的外国直接投资经历了剧烈波动,流入爱尔兰的投资额从2018年的280亿美元增至2019年的780亿美元,但一些较大经济体的外国直接投资有所下降,德国的资金流入量减半,英国和法国的外国直接投资也略有下降。流入发展中经济体的外国直接投资额略微下降2%,至6 850亿美元,自2010年以来,流向发展中经济体的资金相对稳定,平均为6 740亿美元。2019年流入非洲的外国直接投资骤降10%,至450亿美元,原因是经济增长更为温和,对大宗商品的需求减弱。流入亚洲发展中国家的外国直接投资额下降5%,至4 740亿美元。尽管有所下降,但随着资本流入量达到历史新高,中国继续成为仅次于美国的第二大外国直接投资流入国。流入拉丁美洲和加勒比地区的外国直接投资额增加了10%,达到1 640亿美元。流入巴西、智利、哥伦比亚和秘鲁的外国直接投资有所增长,主要集中在大宗商品领域以及公用事业和服务领域。2019年,转型经济体国家的外国直接投资额流入量增加了59%,达到550亿美元,这是由于俄罗斯联邦的外国直接投资额恢复(图2.6)。

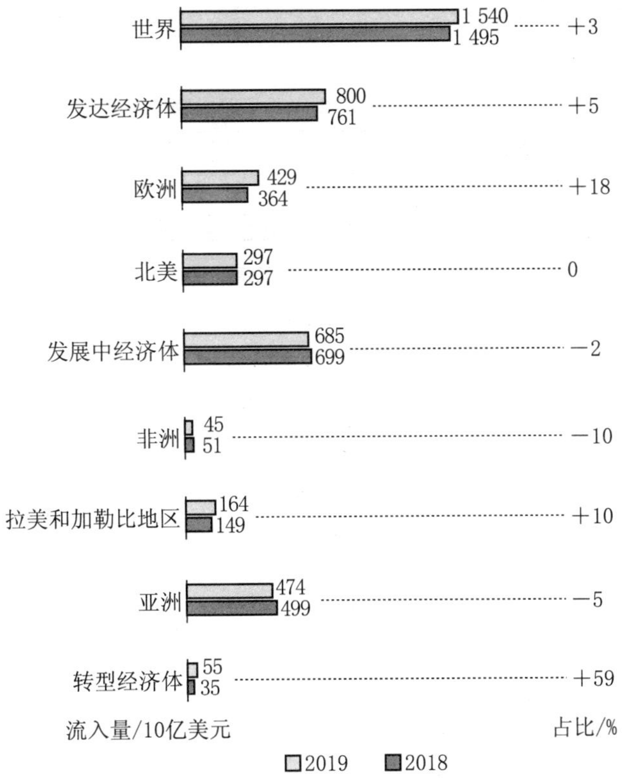

图 2.6 2018—2019 年全球不同地区外商直接投资流入量和占比

数据来源:联合国贸易和发展会议,FDI/MNE 数据库。

(三)外国直接投资来源地分布

2019 年,发达国家跨国公司对外投资额大幅增长 72%,达到 9 170 亿美元,尽管增长幅度较大,但外国直接投资水平仍相对较低,仅为 2007 年峰值水平的一半左右。欧洲对外投资额增长了 13%,主要原因是总部位于荷兰的跨国公司进行了大笔投资,以及德国跨国公司在海外的再投资收益增长了一倍。相比之下,法国和瑞士的对外投资额在 2019 年分别下降了 63%和 82%。美国税收改革影响减弱,2019 年美国的资金转为正流出(主要是以再投资收益的形式)。日本仍是全球最大的投资者,对外投资额增长 58%,达到创纪录的 2 270 亿美元,原因是跨境并购激增(2018 年为 360 亿美元,其中包括一笔大型交易),达到 1 040 亿美元。日本跨国公司在欧洲和北美的投资额翻了一番。发展中国家对外投资额下降 10%,降至 3 730 亿美元。中国对外投资额连续第三年下降,降至 1 170 亿美元,这是由于政府出台遏制海外投资政策,以及全球贸易和投资环境的不稳定性。拉丁美洲及加勒比海地区对外投资额大幅增长至 420 亿美元，转型经济体对外投资额下降 37%，为 240 亿美元(图 2.7)。

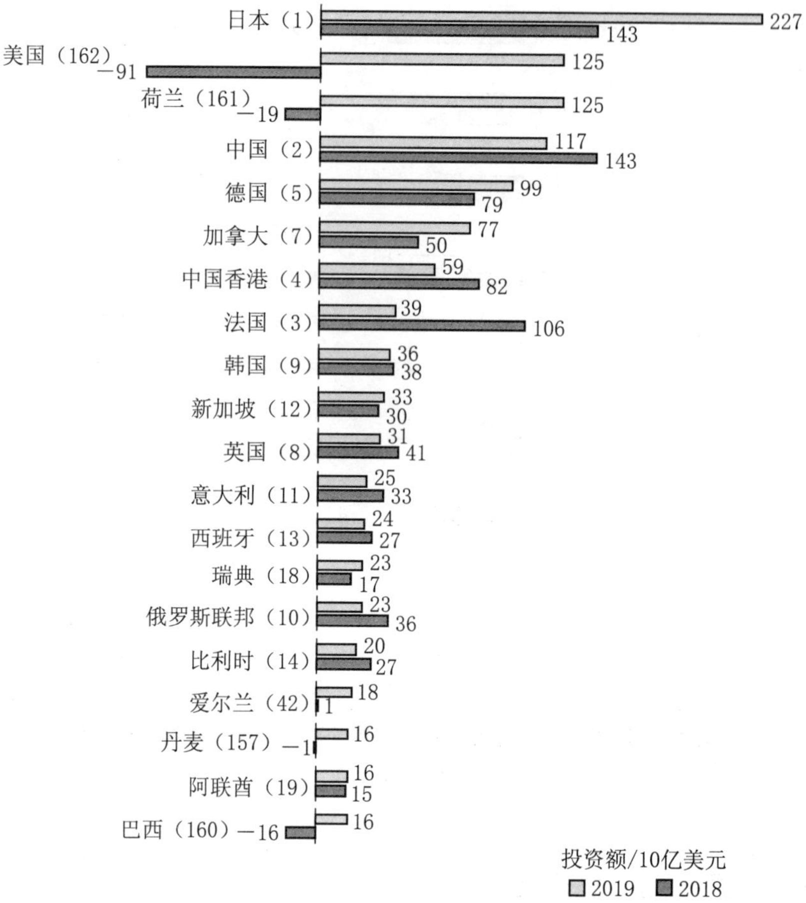

图 2.7　2019 年全球前 20 位外商直接投资来源地

数据来源：联合国贸易和发展会议，FDI/MNE 数据库。

（四）外国直接投资持续低迷的原因

2019 年，全球跨国投资虽有所复苏但仍持续低迷的原因：一是全球投资回报率下降。2019 年，全球内向型外国直接投资回报率从 2010 年的 8%降至 6.8%。尽管发展中国家和转型经济体的回报率平均水平仍然较高，但大多数地区并不能幸免。二是美国税制改革影响体现。2018 年以前，美国是全球最大的对外投资国，但 2017 年底实施税制改革后，美国跨国公司累积的国外收入于 2018 年上半年大幅度汇回国内，从而导致美国对外投资产生负的外流量，进而影响全球外国直接投资。

二、 2020 年全球外国直接投资发展展望

新冠肺炎疫情将导致全球外国直接投资额大幅下降。据联合国贸易和发展会议预测，2020 年全球外国直接投资流量将减少 40%，这将是全球外国直接投资额自 2005 年以来首次低于 1 万亿美元。此外，贸易关系紧张局势的持续和政治的不稳定性将对全球价值链增添负面影响①。

① 本节数据资料主要来源于联合国贸易和发展组织《2020 世界投资报告》。

第三章 2019 年我国国际经贸发展特点和 2020 年展望

第一节 国 际 贸 易

一、 2019 年我国国际贸易发展特点

2019 年，全球经济增长低迷，国际经贸摩擦加剧，我国经济面临诸多困难挑战。商务部会同各地区、各部门狠抓国务院出台的一系列“稳外贸、稳外资”政策落实，深入推进“五个优化”、“三项建设”，培育外贸新业态新模式，积极主动扩大进口，扎实推进贸易高质量发展。在全球经贸整体放缓背景下，中国对外贸易逆势增长，规模创历史新高，实现稳中提质，高质量发展取得新成效，对国民经济社会发展做出积极贡献，为全球经贸复苏增长注入动力。

（一）进出口温和增长

2019 年，我国货物进出口总额 31.5 万亿元，增长 3.4%。其中，出口额 17.2 万亿元，增长 5.0%；进口额 14.3 万亿元，增长 1.6%；贸易顺差额 2.9 万亿元，增长25.4%。我国货物进出口、出口、进口规模均创历史新高。分季度看，各季度进出口额分别为 7.0 万亿元、7.7 万亿元、8.3 万亿元和 8.6 万亿元，逐季攀升。

（二）部分高附加值机电产品出口快速增长

2019 年，我国机电产品出口额 10.1 万亿元，增长 4.1%，占出口总额的 58.4%。其中，电器及电子产品出口额 6.1 万亿元，增长 2.6%；机械设备出口额 1.2 万亿元，增

长 8.7%。高质量、高技术含量、高附加值的高新技术产品出口快速增长。其中，太阳能电池、半导体器件、集成电路、金属加工机床、汽车整车等产品出口额分别增长 47.4%、24.2%、26.8%、14.8%和 8.2%，反映出口商品结构进一步改善，出口企业自主创新能力不断增强。纺织品、服装、鞋类、箱包、玩具、家具、塑料制品等七大类劳动密集型产品出口额合计为 3.3 万亿元，增长 6.1%，占出口总额的 19.2%。

（三）一般贸易在进出口中所占比重进一步提升

2019 年，我国一般贸易进出口额 18.6 万亿元，增长 5.6%，占进出口总额的 59.0%，比上年提升 1.2 个百分点。其中，出口额 9.9 万亿元，增长 7.8%，占出口总额的 57.8%；进口额 8.7 万亿元，增长 3.1%。加工贸易进出口额 8.0 万亿元，下降5.1%，占进出口总额的 25.2%。产业链更长、附加值更高、更能反映企业自主发展能力的一般贸易进出口贡献持续增强，提升了产业链价值和贸易竞争力。

（四）民营企业首次成为最大外贸主体

2019 年，中国有进出口实绩的外贸企业 49.9 万家，比上年增长 6.2%；其中，民营企业 40.6 万家，比上年增长 8.7%。民营企业首次超过外商投资企业，成为最大外贸主体，民营企业在我国对外贸易中地位进一步提升。2019 年，民营企业进出口额 13.5 万亿元，增长 11.4%，占我国进出口总额的 42.7%，比上年提高 3.1 个百分点。其中，出口额 8.9 万亿元，增长 13.0%，占出口总额的 51.7%；进口额 4.6 万亿元，增长 8.4%。

（五）国际市场和国内区域布局更加优化

2019 年，我国市场多元化战略成效显著。对欧盟、东盟进出口额分别为 4.9 万亿元、4.4 万亿元，分别增长 8.0%、14.1%，二者合计占我国进出口总额的 29.4%。随着“一带一路”建设扎实推进，我国对“一带一路”沿线国家进出口额增长 10.8%，高出进出口总体增速 7.4 个百分点，占进出口总额的 29.4%，比上年提升 2 个百分点。中国与“一带一路”沿线国家贸易发展势头良好，合作潜力不断释放，正在成为拉动中国外贸发展的新动力。随着中西部地区开放型经济发展加快，我国外贸发展的国内区域布局更趋均衡。2019 年，中西部地区出口额占我国出口总额的 18.3%，占比进一步上升。

（六）外贸发展新动能加速积聚

跨境电子商务、市场采购贸易等贸易新业态新模式成为外贸增长新动能，科技创新、制度创新、模式和业态创新持续强化，外贸竞争新优势加快孕育。2019 年，我国通过海关跨境电子商务管理平台零售进出口总额达到 1 862.1 亿元，增长 38.3%。先行先试 8 个加工贸易保税维修项目，支持 10 个省市开展二手车出口业务并实现批量出口。外贸对产业升级引领促进作用更加突出，众多企业加大研发投入，持续创新，自主开拓多元化市场能力明显增强，国际竞争力持续提升。

（七）服务贸易出口快速增长

2019 年，我国服务贸易总体平稳，服务进出口总额 5.4 万亿元，增长 2.8%。其中，出口额 1.9 万亿元，增长 8.9%；进口额 3.5 万亿元，下降 0.4%。服务贸易结构持续优化，高质量发展特征逐步显现。2019 年，知识密集型服务进出口额 1.88 万亿元，增长 10.8%，高于服务进出口整体增速 8 个百分点，占服务进出口总额的比重达 34.7%，同比提升 2.5 个百分点。其中，知识密集型服务出口额 9 916.8 亿元，增长 13.4%，占服务出口总额的比重达 50.7%，同比提升 2 个百分点；知识密集型服务进口额 8 860.9 亿元，增长 8.0%，占服务进口总额的比重达 25.6%，同比提升 2 个百分点。

二、 2020 年我国国际贸易发展展望

2020 年，受全球疫情冲击，世界经济衰退风险上升，产业链供应链循环受阻，国际贸易投资萎缩，大宗商品市场动荡。国内企业特别是中小微企业困难凸显，中国外贸发展面临的风险挑战异常复杂严峻。但随着国内疫情影响逐步缓解，经济生产活动逐步恢复正常，稳住外贸基本盘、实现外贸"促稳、提质"仍然具有坚实基础和有力支撑。我国外贸既存在新的发展机遇，也面临困难和挑战。

（一）有利因素

中国工业体系完备、产业配套能力强、基础设施体系完善，围绕产业链所形成的供应链、服务链、价值链体系最为完整，产业链、供应链具有较强的竞争力和较高的稳定性。随着外贸转型升级不断取得新的突破，以技术、标准、品牌、质量、服务为主的外贸综合竞争优势不断形成，外贸整体创新能力及参与高水平国际竞争的能力不断增强。跨境电子商务等贸易新业态新模式的创新发展，有力对冲疫情造成的负面影响，为当下稳住外贸基本盘提供了重要内生动力，为中国外贸开拓长期发展空间。随着参与全球价值链的广度和深度的不断拓展，中国企业的自主创新力、战略竞争力也不断提升，对市场的适应能力及应对风险能力增强。中国政府始终坚守开放合作的承诺，对外开放向更大范围、更宽领域、更深层次推进，外商投资促进和保护不断加

强，外商投资负面清单持续缩减，营商环境不断优化，开放制度红利不断释放。中国持续深化“放管服”改革，积极转变政府职能，加大减税降费力度，增强企业发展活力和抵抗风险的能力。

（二）不利因素

世界经济面临的风险也在上升。首先，疫情叠加贸易保护主义加剧国际贸易下行压力。当前全球贸易壁垒处于历史高位，贸易保护主义依然是影响国际贸易扩张的重要因素。疫情冲击叠加贸易保护主义，引发逆全球化、民粹主义思潮蔓延，将进一步诱发或加剧经贸摩擦，威胁贸易自由化进程，危及全球产业链供应链的稳定性，加剧世界贸易萎缩。其次，主要经济体宏观刺激政策持续加码。为对冲疫情冲击，主要经济体货币政策与财政政策不断调整。例如，美、英、法、日推出的减税措施，提高其国内投资收益率，吸引全球金融和产业资本回流。而新兴经济体和发展中国家面临资本外流风险，可能出现金融市场动荡，影响经济复苏。再次，国际大宗商品市场需求疲弱。疫情暴发更使全球石油消费急剧萎缩，国际油价大幅下行。世界银行4月发布的《大宗商品市场展望》报告预计，2020年多数大宗商品价格将大幅下跌，其中包括原油、天然气和煤炭在内的能源平均价格将下跌约40%，金属平均价格将下跌约13%。

第二节　利用外资

一、2019年我国利用外资发展特点

（一）利用外资规模创历史新高

2019年，我国吸收外资全球排名第二位，在美国之后（与2018年排名持平）。全国新设立外商投资企业超过4.1万家，累计设立外资企业突破100万家；实际使用外资9 415.2亿元，同比增长5.8%（折1 381.4亿美元，同比增长2.4%），利用外资规模创历史新高。从月度数据来看，各月实际使用外资金额呈波动态势，实际使用外资金额同比在3月达到峰值后呈略微下降态势，这表明了2019年实际利用外资的增长主要是靠3月和6月大量吸收外资所拉动的。

（二）外商投资环境持续优化

2019年，我国持续优化营商环境，打出稳外资的“组合拳”，确保放宽准入、财税

支持、权益保护等部署落实到位,优化招商引资方式,提升服务质量和水平,稳定了外商投资的预期,提振了外国投资者信心。新设外商投资企业 4.1 万家,日均设立 112 家,截至 2019 年底,我国累计设立外资企业数突破 100 万家。开展进出口业务的外资企业有 8.4 万家,占我国外贸企业总数的 16.8%,进出口额 12.6 万亿元,占全国比重 39.9%。2019 年对华投资前 10 位国家/地区(以实际投入外资金额计)实际投入外资总额 1 224.8 亿美元,占全国实际使用外资金额的 88.7%,同比下降 1.7%。对中国内地投资前 10 位国家和地区依次为:中国香港、新加坡、韩国、日本、美国、德国、中国台湾、中国澳门、荷兰、英国。

(三)外资产业结构持续优化

2019 年,我国服务业吸收外资额 6 817.7 亿元,增长 12.5%。其中,信息传输、软件和信息技术服务,租赁和商业服务业吸收外资额分别增长 29.4%和 20.6%。制造业中,医药制造业、电器机械和器材制造业、仪器仪表制造业外资额分别增长 61.3%、41.2%和 48.2%。三星、SK 海力士、康宁显示、卡特彼勒、英力士、松下、埃克森美孚等制造业巨头纷纷加大对华投资,实际投入均超过 1 亿美元。高技术产业实际吸收外资额2 660亿元,同比增长 25.6%,占比达 28.3%,与上年持平。其中,高技术服务业增长 44.3%,科学研究和技术服务业增长了 68.4%。

(四)外资来源地呈现多样化

2019 年,我国外商投资来源地国家和地区达到 179 个,相比上年新增 5 个。部分发达经济体对华投资较快增长,新加坡、荷兰、韩国对华投资额分别增长 51.1%、43.1%、21.7%。自贸试验区引资作用增强,新设 6 个自由贸易区和增设上海自贸试验区临港新片区,18 个自贸试验区落地外资企业 6 242 家、利用外资额 1 436 亿元,占全国比重均超过 15%。"一带一路"沿线国家、东盟国家对华投资额分别增长 36%和 40.1%。其中,新加坡、泰国分别增长 51.1%和 140.6%。欧盟成员国家中,荷兰、爱尔兰、瑞典投资分别增长 43.1%、311.4%和 141.3%。

二、 2020 年我国外国直接投资发展展望

受全球疫情及经贸摩擦等多重影响,世界经济形势复杂严峻,联合国贸易和发展会议预计 2020 年全球外国直接投资将急剧减少 40%,达到近 20 年来的最低水平。但从全球疫情与经济情况来看,我国率先实现经济动能的恢复,对外商投资的吸引力

有增无减。从稳外资政策来看,2020 年出台并加紧落实了一系列稳外资的对外开放具体措施,将推动外商投资持续增长。在过去十几年的联合国世界投资展望调查(IPA Survey)中,我国均是最吸引跨国资本的投资目的地之一。2017—2019 年我国不仅是跨国投资最重要的投资来源地,也是仅次于美国的最佳投资目的地,明显领先于其他经济体。

第三节　对外投资与经济技术合作

一、2019 年我国对外投资和经济技术合作的发展特点

2019 年,我国境内投资者共对全球 167 个国家和地区的 6 535 家境外企业进行了非金融类直接投资,实现投资额 1 106 亿美元,同比下降 8.2%,非理性对外投资得到切实有效遏制。对外承包工程完成营业额 1 729 亿美元,同比增长 2.3%;新签合同额 2 602.5 亿美元,同比增长 7.6%。对外劳务合作派出各类劳务人员 48.7 万人,比上年同期减少 0.5 万人,年末各类在外劳务人员 97.4 万人(表 3.1)。

表 3.1　2012—2019 年我国对外投资与经济技术和合作情况

年份	对外直接投资		对外劳务合作		对外承包工程	
	金额/亿美元	同比增长率/%	派出人员/万人	同比增长率/%	营业额/亿美元	同比增长率/%
2012	772.2	28.6	51.2	13.3	1 166	12.7
2013	901.7	16.8	52.7	2.9	1 371.4	17.6
2014	1 028.9	14.1	56.2	6.6	1 424.1	3.8
2015	1 180.2	14.7	53	−5.7	1 540.7	8.2
2016	1 701.1	44.1	49.4	−6.8	1 594.2	3.5
2017	1 200.8	−29.4	52.2	2.8	1 685.9	5.8
2018	1 205	0.3	49.2	−3	1 690.4	0.3
2019	1 106	−8.2	48.7	−0.5	1 729	2.3

数据来源:商务部网站。

(一)对"一带一路"沿线国家投资合作稳步推进

2019 年,我国企业对"一带一路"沿线的 56 个国家有新增投资,合计 150.4 亿美元,同比下降 3.8%,占对外投资总额的 13.6%,主要投向新加坡、越南、老挝、印尼、巴

基斯坦、泰国、马来西亚、阿联酋、柬埔寨和哈萨克斯坦等国家。在“一带一路”沿线的 62 个国家新签对外承包工程合同额 1 548.9 亿美元，占总额的 59.5%，同比增长 23.1%；完成营业额 979.8 亿美元，占总额的 56.7%，同比增长 9.7%。

（二）企业对外投资并购活跃

2019 年，我国企业共实施完成跨境并购项目 404 起，分布在芬兰、德国和秘鲁等 52 个国家和地区，涉及制造业、信息传输/软件和信息技术服务业等 16 个行业大类，实际交易总额超过 307 亿美元。股权置换、联合投资、特许经营等方式呈良好发展态势。

（三）对外承包工程大项目多，带动出口作用明显

2019 年，在我国企业承揽的对外承包工程项目中，1 亿美元以上项目 506 个，增长 8.4%。主要集中在交通运输、一般建筑和电力工程建设行业，改善了东道国基础设施条件；为当地创造就业岗位近 80 万个，改善了东道国民生。同时，对外承包工程带动中国设备材料出口额超 140 亿美元。

（四）境外经贸合作区建设成效显著，促进我国与东道国共同发展

2019 年，我国企业在纳入商务部统计的境外经贸合作区累计投资超过 410 亿美元，入区企业近 5 400 家，上缴东道国税费 43 亿美元，为当地创造就业岗位近 37 万个。

二、 2020 年我国对外投资和经济技术合作发展展望

2020 年，我国将紧紧围绕“一带一路”建设，创新对外投资方式，提高对外投资质量和效益，落实对外投资备案报告制度，不断创新监管模式，以投资带动贸易发展、产业发展，形成全面开放新格局。2020 年，我国对外投资机遇和挑战并存。国内企业“走出去”的内在动力和国际需求将进一步推动我国对外投资的稳步发展。在经过 2020 年疫情冲击后，我国率先实现经济动能的恢复，对外投资将会延续过去几年的发展势头，并成为国际投资领域的一股重要力量。但同时也要冷静做好风险预判和防范。政府在做好制度审查和风险把控引导的同时，应积极为我国的海外投资保驾护航，从资金、政策、法律等层面提升对海外投资的服务水平。我国企业也应审时度势，科学合理地进行资源配置，继续提高责任意识、风险意识和合规经营意识，抓住新全球化的机遇，提升企业的国际竞争力，助力我国开放型经济发展。

第二篇

国际经济与贸易

第四章　货 物 贸 易

第一节　总体运行情况

一、 2018—2019 年上海货物进出口发展情况

（一）总体情况

2018—2019 年，上海市货物贸易额平稳增长。据上海海关统计，上海市进出口额分别为 3.40 万亿元和 3.41 万亿元，创历史新高，进出口额均列全国省市第三位，城市第一位；同比增长 5.5%、0.1%，增速分别低于全国 4.2 个百分点和 3.3 个百分点，分别占全国进出口总额 11.1%、10.8%。其中，出口额分别为 1.37 万亿元和 1.4 万亿元，同比增长 4.2%、0.4%，分别低于全国 2.9 个百分点和 4.6 个百分点，分别占全国出口额 8.3%、8.0%；进口额分别为 2.03 万亿元和 2.0 万亿元，同比增长 6.4%、−0.1%，低于全国 6.5 个百分点和 1.7 个百分点，分别占全国进口额 14.4%、14.2%。2018 年 12 月和 2019 年 12 月，上海市进出口额分别为 2 726.8 亿元和 3 227.5 亿元，同比增长−4.9%、18.4%，增速分别低于全国 3.7 个百分点和高于全国 5.7 个百分点，其中出口额分别为 1 176.7 亿元和 1 319.4 亿元，同比增长−1.7%、12.1%，分别低于全国 1.9 个百分点和高于全国 3.1 个百分点；进口额分别为 1 550.2 亿元和 1 908.1 亿元，同比增长−7.2%、23.1%，分别低于全国 4.1 个百分点和高于全国 5.4 个百分点(图 4.1)。

（二）发展特点

1. 民营企业较快增长，外资企业总体稳定

2018—2019 年，上海市民营企业进出口总额分别为 6 841.3 亿元和 7 429.7 亿元，

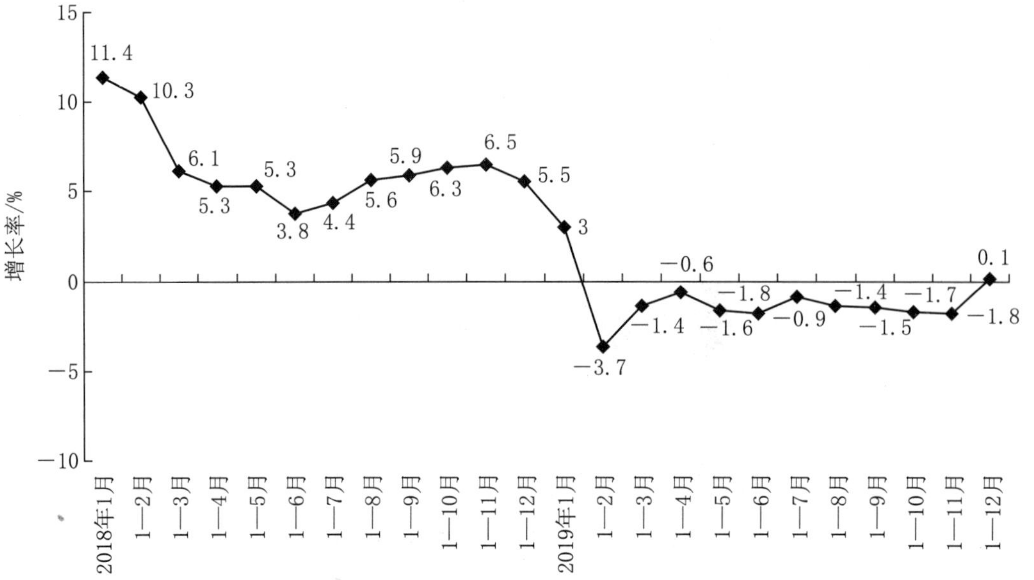

图 4.1　2018—2019 年上海月度货物进出口额同比情况

数据来源：上海商务委员会。

同比增长 13.8%、9.5%，分别占上海市进出口总额的 20.1%、22.1%。国有企业进出口总额分别为 3 665.4 亿元和 3 939 亿元，同比增长 6.3%、7.5%，分别占上海市的 10.8%、11.6%。外资企业进出口总额分别为 21 789.3 亿元和 21 695.2 亿元，同比增长 2.9%、−0.4%，分别占上海市的 64.1%、63.9%。

2. 一般贸易小幅增长，加工贸易增速稳定

2018—2019 年，上海市一般贸易进出口额分别为 17 644.8 亿元和 17 860.6 亿元，同比增长 8.0%、1.2%，分别占上海市的 51.9%、52.6%。加工贸易进出口额分别为 7 503.7 亿元和 7 041.9 亿元，同比增长 0.1%、−6.2%，分别占上海市的 22.1% 和 20.7%。其他贸易进出口额分别为 8 861.5 亿元和 9 062.2 亿元，同比增长 5.4%、2.3%，分别占上海市的 26.1%、26.7%。

3. “一带一路”沿线市场保持增长，传统市场小幅下降

2018—2019 年，上海市与“一带一路”沿线国家进出口额分别为 6 993.2 亿元和 7 642.8 亿元，同比增长 6.0%、9.3%，分别占上海市的 20.6%、22.5%。2018 年，与东盟进出口额 4 221.9 亿元，同比下降 0.4%，占上海市的 12.4%。与金砖国家进出口额 1 972.0 亿元，同比增长 13.0%，占上海市的 5.8%。与欧盟、美国、日本前三大传统市场进出口额分别为 7 068.5 亿元、5 069.6 亿元、3 795.2 亿元，同比增长 3.7%、−2.9%、7.4%，分别占上海市的 20.8%、14.9%、11.1%。2019 年，与欧

盟、美国、日本、中国香港四大传统市场合计进出口额 17 000.0 亿元，同比下降 2.1%，占上海市的 50.1%。其中，与美国进出口额 4 516.1 亿元，同比下降 10.9%，占上海市的 13.3%。

4. 机电产品实现平稳增长，高新技术产品增速提升

2018—2019 年，上海市机电产品进出口额分别为 19 018.7 亿元和 19 195.0 亿元，同比增长 2.5%、0.9%，分别占上海市的 55.9%、56.5%。高新技术产品进出口额分别为 11 549.5 亿元和 11 953.5 亿元，同比增长 1.3%、3.5%，分别占上海市的 34.0%、35.2%。

5. 进出口规模居前三位的浦东、松江、闵行小幅下降

2018 年，上海市进出口规模排名前三位的区是浦东、松江、闵行，分别为 20 483.1 亿元、2 791.3 亿元、2 162.8 亿元，增长 5.2%、－7.8%、9.2%，占上海市的 60.2%、8.2%、6.4%。2019 年，上海市进出口规模排名前三位的区是浦东、松江、闵行，进出口额分别为 20 403.3 亿元、2 703.4 亿元、2 149.5 亿元，同比下降 0.4%、3.2%、0.6%。2018—2019 年，三区合计进出口额分别为 25 437.2 亿元和 25 256.1 亿元，同比增长 3.9%、－0.7%，占上海市进出口总额的 74.8%、74.4%。

二、 2018—2019 年上海货物出口发展情况

从企业主体看，民营企业较快增长。2018—2019 年，上海市民营企业出口额分别为 3 263.2 亿元和 3 579 亿元，同比增长 15.9%、9.7%，占上海市的 23.9%、26.2%。国有企业出口额分别为 1 526.7 亿元和 1 564.7 亿元，同比增长－1.4%、2.5%，占上海市的 11.1%、11.4%。外资企业出口额分别为 8 870.6 亿元和 8 531.6 亿元，同比增长1.3%、－3.8%，分别占上海市的 64.9%、62.4%（表 4.1，图 4.2，图 4.3）。

表 4.1 2018—2019 年上海货物出口贸易主体情况

企业性质	货物出口额/亿元		同比增长率/%		货物出口额占比/%	
	2018 年	2019 年	2018 年	2019 年	2018 年	2019 年
民营企业	3 263.2	3 579	15.9	9.7	23.9	26.2
国有企业	1 526.7	1 564.7	－1.4	2.5	11.1	11.4
外资企业	8 870.6	8 531.6	1.3	－3.8	64.9	62.4

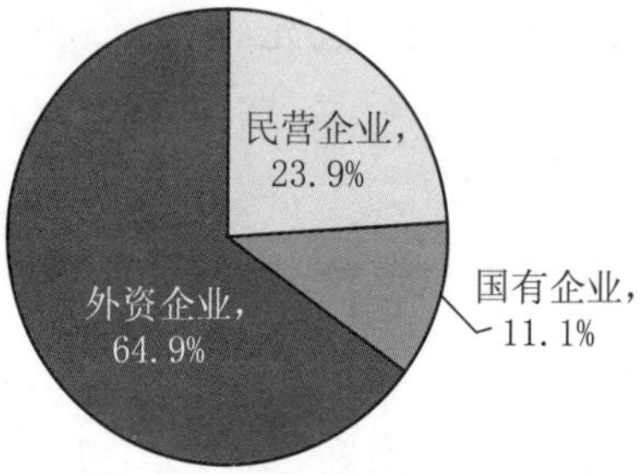

图 4.2　2018 年上海货物出口贸易主体结构

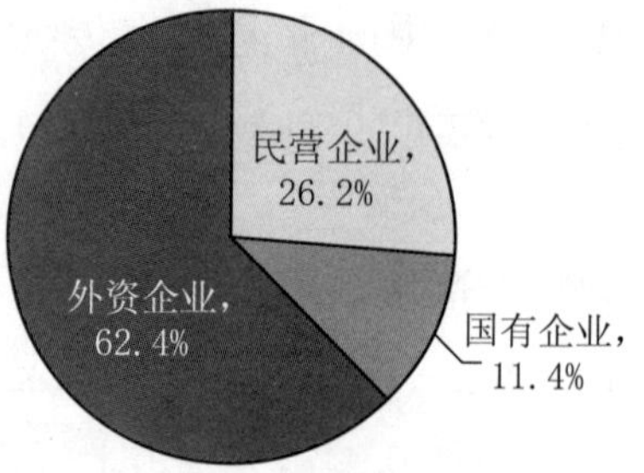

图 4.3　2019 年上海货物出口贸易主体结构

数据来源:上海市商务委员会。

从贸易方式看,其他贸易出口增长较快。2018—2019 年,上海市一般贸易出口额分别为 6 336.1 亿元和 6 398.0 亿元,同比增长 9.7%、1.0%,分别占上海市出口总额的 46.4%、46.8%。加工贸易出口额分别为 5 241.7 亿元和 4 799.1 亿元,同比下降 2.2%、8.4%,分别占上海市的 38.4%、35.1%。其他贸易出口额分别为 2 089.1 亿元和 2 478.7 亿元,同比增长 5.3%、18.6%,分别占上海市的 15.3%、18.1%(表 4.2)。

表 4.2　2018—2019 年上海货物出口贸易结构情况

贸易方式	货物出口额/亿元		同比增长率/%		货物出口额占比/%	
	2018 年	2019 年	2018 年	2019 年	2018 年	2019 年
一般贸易	6 336.1	6 398	9.7	1.0	46.4	46.8
加工贸易	5 241.7	4 799.1	−2.2	−8.4	38.4	35.1
其他贸易	2 089.1	2 478.7	5.3	18.6	15.3	18.1

从国际市场看,"一带一路"沿线市场保持增长。2018—2019 年,对"一带一路"沿线国家出口额分别为 3 144.9 亿元和 3 330.0 亿元,同比增长 6.7%、5.9%,分别占上海市 23.0%、24.3%。2018 年,对美国、欧盟、日本和中国香港四大传统市场出口额分别为 3 134.4 亿元、2 433.0 亿元、1 417.7 亿元、1 321.2 亿元,同比增长−0.4%、4.5%、8.3%、8.5%,占上海市 22.9%、17.8%、10.4%、9.7%。2019 年,对美国、欧盟、日本、中国香港四大传统市场出口额分别为 2 780.5 亿元、2 351.6 亿元、1 356.7 亿元、1 411.5 亿元,同比增长−11.3%、−3.3%、−4.3%、6.8%。2018—2019 年,与四大传统市场合计出口额分别为 8 306.3 亿元和 7 900.3 亿元,同比增长 3.9%、−4.9%。2019 年,对东盟出口额 1 696.1 亿元,同比增长 6.3%,占上海市 12.4%;对金砖国家出口额 744.6 亿元,同比增长 6.1%,占上海市 5.4%。

从商品结构看,高新技术产品降幅缩小。2018—2019 年,高新技术产品出口额分别为 5 735.9 亿元和 5 641.4 亿元,同比增长 0.8%、−1.6%,占上海市 42.0%、

41.3%。机电产品出口额分别为 9 480.2 亿元和 9 489.6 亿元，同比增长 2.1%、0.1%，均占上海市出口总额的 69.4%。2018—2019 年，前 10 类出口主要商品出口额分别为6 479.1亿元和 6 301.5 亿元，同比降低 0.2%、2.7%，其中，2018 年钢材、自动数据处理设备的零件价格增幅较大；2019 年集成电路、纺织纱线、织物及制品出口额增幅较大（表 4.3，表 4.4）。

表 4.3 2018 年上海货物出口前 10 类商品分类情况表

名 称	出口额/亿元	同比增长率/%
自动数据处理设备及其部件	1 515.6	−16.9
自动数据处理设备	885.9	−21.8
存储部件	350.7	−6.3
集成电路	1 056.3	3.8
电话机	1 034.7	5.3
服装及衣着附件	736.3	−1.3
纺织纱线、织物及制品	502.2	8.0
自动数据处理设备的零件	463.2	47.2
汽车零件	341.6	6.4
船舶	283.0	−19.1
液货船（包括成品油船、原油船和液化石油及天然气船）	116.1	−38.9
散货船	45.0	−47.5
钢材	274.4	26.0
通断保护电路装置及零件	272.0	6.1

表 4.4 2019 年上海出口前 10 类商品分类情况表

名 称	出口额/亿元	同比增长率/%
自动数据处理设备及其部件	1 491.4	−1.6
集成电路	1 318.5	24.8
电话机	885.9	−14.4
服装及衣着附件	704.8	−4.3
纺织纱线、织物及制品	516.3	2.8
汽车零件	331.1	−3.1
通断保护电路装置及零件	285.8	5.1
自动数据处理设备的零件	269.2	−41.9
船舶	256.9	−9.2
钢材	241.6	−12.0

从区域情况看，主要区增速放缓。2018 年上海市货物出口总额排名前三位的区

依次为浦东新区、松江区、闵行区，分别出口 7 029.4 亿元、1 919.9 亿元、1 133.5 亿元，同比增长 6.5%、−10.6%、9.7%，占上海市的 51.4%、14.0%、8.3%。2019 年，上海市出口总额排名前三位的区是浦东新区、松江区、闵行区，分别出口 7 090.9 亿元、1 905.3亿元、1 125.1 亿元，同比增长 0.9%、−0.8%、−0.7%，占上海市的 51.8%、13.9%、8.2%。2018—2019 年前三位的区域合计出口额分别为 10 082.8 亿元和 10 121.2亿元，同比增长 3.1%、0.4%。

从出口企业排名情况来看，多数出口企业增长。2018—2019 年，出口额前 20 位企业，共出口额分别为 4 595.8 亿元和 4 531.6 亿元，同比增长 2.9%、−1.4%，其中，2018 年，出口增长的分别有 14 家和 13 家，出口同比增加 451.1 亿元和 7 亿元；出口下降的分别有 6 家和 7 家，出口同比减少 323.5 亿元和 71.2 亿元。

三、 2018—2019 年上海货物进口发展情况

从企业主体看，民营企业和国有企业实现较快增长。2018—2019 年，上海市民营企业货物进口额分别为 3 578.1 亿元和 3 913.7 亿元，同比增长 11.9%、9.4%，分别占上海市 17.6%、19.3%。外资企业进口额分别为 12 918.6 亿元和 13 163.6 亿元，同比增长4.1%、1.9%，分别占上海市 63.5%、64.9%。国有企业进口额分别为 2 138.7 亿元和 2 374.3 亿元，同比增长 12.5%、11.0%，占上海市的 10.5%、11.7%(表 4.5，图 4.4，图 4.5)。

表 4.5　2018—2019 年上海货物进口贸易主体情况

企业性质	进口额/亿元		同比增长率/%		进口额占比/%	
	2018 年	2019 年	2018 年	2019 年	2018 年	2019 年
民营企业	3 578.1	3 913.7	11.9	9.4	17.6	19.3
国有企业	2 138.7	2 374.3	12.5	11.0	10.5	11.7
外资企业	12 918.6	13 163.6	4.1	1.9	63.5	64.9

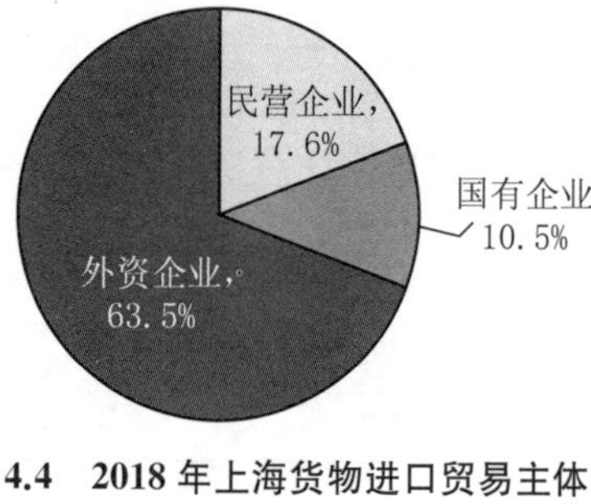

图 4.4　2018 年上海货物进口贸易主体结构

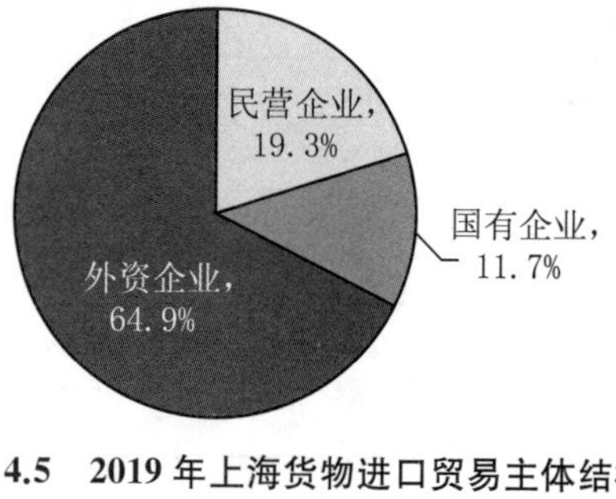

图 4.5　2019 年上海货物进口贸易主体结构

数据来源：上海市商务委员会。

从贸易方式看，一般贸易增速快于加工贸易。2018—2019 年，上海市一般贸易进口额分别为 11 308.7 亿元和 11 462.5 亿元，同比增长 7.2%、1.4%，分别占上海市的55.6%、56.5%。加工贸易进口额分别为 2 262.0 亿元和 2 242.8 亿元，同比增长的 5.5%、−0.8%，占上海市的 11.1%、11.1%。其他贸易进口额分别为 6 772.4 亿元和 6 583.5亿元，同比增长 5.5%、−2.8%，占上海市的 33.3%、32.4%。

表 4.6　2018—2019 年上海货物进口贸易结构情况

贸易方式	进口额/亿元		同比增长率/%		进口额占比/%	
	2018 年	2019 年	2018 年	2019 年	2018 年	2019 年
一般贸易	11 308.7	11 462.5	7.2	1.4	55.6	56.5
加工贸易	2 262.0	2 242.8	5.5	−0.8	11.1	11.1
其他贸易	6 772.4	6 583.5	5.5	−2.8	33.3	32.4

从国际市场看，传统市场规模稳定。2018—2019 年，上海市从“一带一路”沿线国家进口额分别为 3 848.4 亿元和 4 321.8 亿元，同比增长 5.4%、12.1%，占上海市的 18.9%、21.3%。从美国进口额分别为 1 935.2 亿元和 1 735.6 亿元，下降 6.6%、10.3%，占上海市的 9.5%、8.6%；从欧盟进口额分别为 4 634.0 亿元和 4 904.6 亿元，同比增长 3.3%、5.8%；从日本进口额分别为 2 377.4 亿元和 2 352.4 亿元，同比增长 6.9%、−1.1%。另外，2018 年，从金砖国家进口额 1 227.5 亿元，同比增长 17.5%，占上海市的 6.0%。从东盟进口额 2 525.9 亿元，同比下降 4.4%，占上海市的 12.4%。

从商品结构看，高新技术产品和消费品增速提升。2018—2019 年，前 10 类进口主要商品进口额分别为 7 494.0 亿元和 8 226.1 亿元，同比增长 3.5%、9.8%。2018 年，前 10 类进口主要商品中，汽车（包括整套散件）、医疗仪器及器械价格增幅较大。2019 年，前 10 类进口主要商品中，美容化妆品及护肤品、铁矿砂及其精矿进口额增幅较大（表 4.7，表 4.8）。

表 4.7　2018 年上海货物进口前 10 类商品分类情况表

名　　称	进口额/亿元	同比增长率/%
集成电路	2 290.2	−6.7
汽车（包括整套散件）	836.9	−5.4
医药品	769.2	6.5
初级形状的塑料	746.0	13.1
铁矿砂及其精矿	702.9	19.3

续表

名　　称	进口额/亿元	同比增长率/%
计量检测分析自控仪器及器具	593.5	9.4
未锻轧的铜及铜材	484.7	11.7
通断保护电路装置及零件	381.4	2.1
服装及衣着附件	354.7	21.9
医疗仪器及器械	334.5	17.3

表 4.8　2019 年上海货物进口前 10 类商品分类情况表

名　　称	进口额/亿元	同比增长率/%
集成电路	2 626.2	14.7
医药品	926.2	20.4
铁矿砂及其精矿	924.6	31.5
汽车(包括整套散件)	804.4	−3.9
初级形状的塑料	717.2	−3.9
计量检测分析自控仪器及器具	602.6	1.5
未锻轧的铜及铜材	430.0	−11.3
医疗仪器及器械	407.1	21.7
美容化妆品及护肤品	394.8	47.7
服装及衣着附件	393.0	10.8

从区域情况看，自贸试验区保税片区增长稳定。2018 年，上海市货物进口规模排名前三位的区依次是浦东新区、闵行区、松江区，分别进口 13 312.4 亿元、1 024.3 亿元、798.1 亿元，同比下降 1.1%、0.5%、8.4%，占上海市的 65.6%、5.0%、3.9%。2019 年，进口排名前三位的区依次为浦东新区、闵行区、松江区，分别进口 13 453.7 亿元、1 029.2亿元、871.4 亿元，同比增长 4.5%、8.7%、−1.0%，占上海市的 66.1%、5.1%、4.3%。2018—2019 年，三区合计进口额分别为 15 134.9 亿元和 15 354.3 亿元，同比增长−1.4%、1.4%。此外，2019 年中国(上海)自由贸易试验区保税片区进口7 103.4亿元，同比增长 5.0%，占上海市的 34.9%。

从进口企业排名情况来看，大型进口企业增速快于上海市总体水平。2018—2019 年，进口前 20 名企业，进口额分别为 4 598.8 亿元和 4 567.6 亿元，同比增长 8.2%、−0.7%。其中，进口增长的均有 12 家，进口额同比增加 626.5 亿元和 652.6 亿元；进口下降的均有 8 家，进口合计同比减少 276.3 亿元和 684 亿元。

第二节　跨境电子商务

自2018年以来，上海跨境电子商务综合试验区工作坚持新发展理念，坚持高质量发展，坚持以供给侧改革为主线，在商务部指导下，坚决贯彻落实《商务部办公厅关于印发2019年跨境电子商务综合试验区工作要点的函》(商办贸函〔2019〕52号)工作部署，不断夯实基础设施建设，创新监管服务制度，上海市跨境电子商务呈现出产业规模初步发展起来、产业生态链初步形成的态势，贸易高质量发展取得新成效。

一、2018—2019年上海跨境电子商务发展情况

(一) 进口规模加速增长

2018年，上海市跨境电子商务试点模式交易额48.7亿元，同比增长16.5%。受松江出口加工区天猫项目、洋山保税区京东项目大幅增长带动，上海市网购保税进口额同比增长58.8%，占跨境电子商务进口总额的70%，已成为主流交易模式。2019年，上海市跨境电子商务进出口额221亿元。其中，以跨境电子商务公共服务平台为通路的跨境电子商务零售进出口额71.6亿元，同比增长53.1%，高于全国14.8个百分点，增速较2018年同期提高了36.5个百分点；上海市以邮路和快件为通路的跨境电子商务进出口2.6亿单，位居全国前列。

(二) 出口功能实现突破

2018年，上海市跨境电子商务一般出口(9610模式)实现零的突破，走通通关、退税、外汇等全流程，实单测试从每周零星单量到日测试超过25 000单，累计出口71.7万笔，出口442.2万美元。Wish、eBay等大型跨境电子商务平台中以国际邮包为通道的出口额为数据纳入统计监测，累计出口1.1亿笔，交易金额2.8亿美元。B2B出口统计试点交易3 437笔，交易金额5亿元。同期，上海口岸进出口邮件3.2亿件。

(三) 跨境支付优势明显

2018年，上海市具备跨境支付资质的企业10家，占全国三分之一，业务规模占全国一半以上，为跨境电子商务发展提供有力的跨境支付服务。2018年上半年，上海市面向全国的跨境电子商务外汇结算服务规模同比增长1.1倍。新增中国银行等多家银行通过系统对接、电子化审核等方式为跨境电子商务办理外汇业务，新增上海马

珂博逻电子商务有限公司等支付公司开展跨境付款业务。

（四）公共服务保障能力大幅提升

2018 年 5 月，上海市跨境电子商务公共服务平台系统全面升级改造后投入运营，日处理交易峰值由原来的 200 万单增至 2 000 万单，稳定性提高至 99.9%，服务效能居全国领先水平，有力保障了 2018 年“6・18”“双十一”等大促活动，受到天猫、京东等电子商务一致好评。

（五）服务长三角、辐射全国的跨境电子商务物流中心、运营中心加快建设

2019 年，上海机场货邮吞吐量继续位居全国第一位、全球第三位，上海港集装箱吞吐量连续 10 年世界第一位，上海口岸服务长三角、辐射全国跨境电子商务进出口能力进一步巩固。亚马逊全球开店总部加快落户上海，全球知名跨境电子商务平台中国地区总部加快集聚。

（六）跨境电子商务营商环境持续优化

2019 年，实施跨境贸易便利化专项行动，助力中国在世界银行跨境贸易营商环境排名上升至 56 位。全面推广应用进口货物“提前申报”，企业在确认舱单传输后、货物抵港前，向海关申报进口报关单，办理相应手续，非查验货物抵达口岸后即可放行提离。全面推行进口集装箱货物“提前换单”，上海口岸进口集装箱班轮公司及其代理企业，在确认舱单信息后，通知企业分别办理费用结算、提单换提货单、集装箱放箱等手续，跨境电子商务营商环境持续提升。

二、 2018—2019 年上海跨境电子商务主要工作

（一）加快建设跨境电子商务公共服务平台，推进行业高质量发展

1. 保障一般出口业务顺利落地

2018 年一季度实现第一票出口业务全流程贯通，二季度启动批量测试，9 月 1 日全面切换至海关总署出口新统一版，为出口企业提供统一明确的标准化数据接口和接入流程，实现一般出口业务功能落地。

2. 全面提升平台公共服务能级

2018 年，公共服务平台新增入驻企业共计 168 家，累计入驻平台、物流、支付等企业 1 416 家。公共服务模式覆盖上海市 11 个跨境电子商务线下监管点，真正成为与

企业普遍对接、提供公共服务的跨境电子商务“单一窗口”。平台整体迁移至上海电子口岸平台，全面升级平台系统架构，日处理交易峰值达 2 000 万单。贯彻落实海关总署 2018 年 56 号公告、113 号公告、165 号等公告要求，紧密对接企业，加快系统切换，保障监管政策有效落地。2019 年，适应跨境电子商务业务处理规模大幅提升的情况，升级平台系统架构，有力保障“6・18”“双十一”“黑五”等大促活动稳定、高效通关。开发专门对接“金关二期”的服务系统，联通国际贸易“单一窗口”，将企业在平台申报进口信息直接导入金关二期，减少企业操作流程。新增风险防控、统计监测、可视化展示、数据电子签名加签等功能模块，便利海关、税务、商务等部门监管管理。2019 年，平台新增入驻电子商务、物流、支付等企业 270 家，同比增长 45.9%，累计入驻企业达到 1 703 家。

3. 健全业务风险防控体系功能

2018 年，开发跨境电子商务资金结算风险监测系统，实现跨境电子商务资金结算申报及明细数据的统计、分析、线上抽查、预警等功能，初步建立跨境资金结算风险监测系统，满足监管部门对跨境电子商务模式外汇资金结算要求。

4. 提供配套数据服务

2018 年，凭借公共服务平台出具的真实性清关数据，支付机构及合作银行可以完成外汇管理核查。搭建跨境电子商务出口收款专业通道，借助平台交易数据，构建风险可控的跨境电子商务收结汇结算网络，2018 年外汇结算业务累计收款 114.3 亿元，同比增长 7.9 倍。

5. 探索建立全口径跨境电子商务统计体系

2019 年，按照商务部下发的“前两批综试区现行跨境电子商务统计的一般性做法”，探索建立全口径跨境电子商务统计监测制度，在统计以市跨境电子商务公共服务平台为通路的跨境电子商务进出口数据基础上，新增以邮件、快件为通路的跨境电子商务进出口数据和跨境电子商务 B2B(Business-to-Business)进出口数据。

（二）推进跨境电子商务园区建设，促进线下线上协同发展

1. 优化园区布局

2018 年，充分发挥上海综合交通枢纽优势，根据各区域贸易和产业发展特点，形成协同推进、良性竞争、错位发展格局。累计认定 9 个业务方向合理、功能定位准确、产业集群明显的区域为市级跨境电子商务示范园区，带动引领上海市跨境电子商务业务发展。2018 年上海市跨境电子商务示范园区进口额为 20.4 亿元，占上海市 41.9%。其中，嘉定综合保税区、洋山保税区、青浦综合保税区进口额分别为 7.4 亿

元、5.5 亿元、3.7 亿元，分别增长 124.1%、108.9%、−11.6%。2018 年新增漕河泾出口加工区为示范园区。中国东方航空集团有限公司物流跨境电子商务示范园区充分发挥跨境电子商务海关一般出口监管点和航空物流优势，共同推动一般出口功能落地。2019 年，上海市跨境电子商务示范区以跨境电子商务公共服务平台为通路的进出口额 54.5 亿元，同比增长 76.3%，占上海市 76.1%。

2. 完善园区功能

2018 年，上海青浦综合保税区建设 5 万平方米冷冻仓库，着力打造肉类进口口岸，为上海市跨境电子商务提供冷链仓储服务。洋山保税区打造洋山进口商品展示体验中心，为境外商品进入中国市场提供展示和跨境电子商务通道服务。

3. 通过自贸试验区开展跨境电子商务业务

2018 年，以自贸试验区为改革高地，提升保税片区业务水平。目前自贸试验区保税片区内集聚了京东、网易考拉、跨境通等知名企业。2018 年，上海自贸试验区保税片区共完成 5.7 亿元，占上海市保税业务总量的 16.9%，是上海市跨境电子商务业务量最大的区域之一。2019 年，在新片区内设立物理围网区域，建设洋山特殊综合保税区，洋山特殊综合保税区与境外之间进出的货物，不属于依法需要检疫的进出境货物，对法律、法规等有明确规定的，涉及我国缔结或者参加的国际条约、协定的，和涉及安全准入管理的进出境货物，海关径予放行，为跨境电子商务等国际贸易发展提供自由化、便利化的政策和制度。充分发挥自贸试验区及临港先片区等制度创新高地优势，优化完善配套服务，加大招商力度，外高桥保税区、机场综合保税区、自贸试验区临港新片区等示范园区新吸引京东、拼多多、亚马逊等一批重点项目。同时，部分示范区聚焦宠物食品、保健品等产品品类，集聚相关产业链企业，进口规模发展迅速。

（三）集聚跨境电子商务企业主体，培育完整产业链

1. 加快培育企业主体

2018 年，外高桥保税区吸引网易考拉在沪开仓运营，基本实现全国大型跨境电子商务零售进口平台全部在沪运营。京东逐步扩大在洋山保税区规模，租赁仓库面积 3.5 万平方米，逐渐改变过去上海进口、杭州报关、回运上海消费的操作模式。青浦出口加工区吸引大型跨境电子商务出口企业，月均出口订单约 30 万单。

2. 支持“海外仓”发展

2018 年，利用国家外经贸发展专项资金，支持跨境电子商务物流、平台或贸易企业自建或租用“海外仓”，已集聚万邑通、美仓互联、中外运空运发展、韵达货运、中远

国际航空、贝海国际、襄派等一批大型海外仓企业，提供贸易代理、国际物流管理、国内外仓储管理、金融、IT 等多项增值服务。据不完全统计，上海市“海外仓”布局澳大利亚、美国、英国、德国等 24 个国家和地区，累计达到 52 个，仓储面积约 42 万平方米。

3. 完善国际物流服务

2018 年，完善口岸物流服务通道，支持物流信息化创新，支持 UPS、FedEx、DHL、TNT 国际快递巨头，东航物流等大型央企，以及申通、圆通、韵达、中通、中诚等民营物流企业开展跨境电子商务业务。通过空运和海运渠道，上海市跨境电子商务货物已通达世界主要节点城市，跨境物流综合服务水平提升明显。

（四）完善跨境电子商务监管制度，促进多种模式协同发展

1. 创新通关监管模式

2018 年，全面推进海关总署版跨境电子商务进口系统上线使用。修订《跨境电子商务直购进口试点操作流程》，统一现场执法尺度和监管流程。对网购保税进口货物叠加自贸试验区“先进区、后报关”等创新，节省企业通关时间和成本。开展重点跨境电子商务企业银行保函替代保证金试点，合计减少资金成本约 8 900 万元。发布网购保税进口退货操作流程，并实现线上简便操作。2019 年，在 2018 年东航物流 9610 海关监管点正式运营基础上，在浦东机场货栈和浦东张江新建 2 个跨境电子商务零售出口 9610 海关监管点，上海市累计达到 3 个，出口企业可以选择任一国际航线运送出口货物，浦东机场国际航线运能全释放。出台《关于支持跨境电子商务一般出口企业采用“清单核放、汇总统计”方式办理报关手续有关事项的通知》（沪商贸发〔2019〕191 号），允许无出口退税需求的企业不提交报关单。简化零售进口备案环节，取消 3C 商品备案。

2. 创新检验检疫监管模式

2018 年，进一步优化跨境电子商务监管模式，完善“十检十放”，根据进出口货物产地的质量管理水平、生产经营企业的诚信程度、具体商品的风险等级的不同，构建监管力度从严到松、放行速度由慢到快的多层次、分梯度的跨境电子商务检验检疫监管体系。

3. 创新外汇监管服务

2019 年，简化小微跨境电子商务企业货物贸易收支手续，符合条件的小微跨境电子商务企业可免于办理“贸易外汇收支企业名录”登记。支持银行为跨境电子商务提供跨境人民币结算服务，拓宽跨境电子商务跨境支付结算渠道。

4. 切实为企业服务

2018 年，各部门配合组成专项工作小组，通过专题会议、现场办公、工作微信群等各种方式，与企业共同讨论分析问题，努力突破各种企业反响强烈的制度瓶颈，全力保障“双十一”等电子商务集中促销时期货物通关。同时，以解决龙头企业的业务诉求为契机，以点带面，带动和促进行业加快发展。2019 年，建立跨部门问题解决机制，定期召开跨境电子商务企业座谈会，梳理当前上海市跨境电子商务面临的重点和难点问题，形成问题清单、责任清单、任务清单，解决了 3C 进口商品备案难、跨境电子商务出口承运难等一批企业反映强烈的堵点和难点。上海海关、上海市税务局、上海市发展和改革委员会、上海市商务委员会等部门多次召开政策宣讲会，现场解答企业疑问，切实做好政策落地服务工作。

5. 深入开展市场监管

2019 年，召开联合约谈和行政指导等方式加强《电子商务法》宣传，督促跨境电子商务平台等网络经营企业认真落实主体责任，保障消费者权益；开展网络市场监管专项行动（网剑行动），打击网络市场网络交易中合同格式条款、发布违法化妆品广告、侵权假冒商品、虚假促销等突出违法行为。

（五）加强开放合作，探索形成国际通用规则

1. 对接中国国际进口博览会

2018 年，充分发挥中国国际进口博览会溢出效应，成立由阿里巴巴、网易考拉、小红书、洋码头等知名电子商务组成的跨境进口电子商务联盟，并成立包含 8 家跨境电子商务平台的“6 天＋365 天”常年展示交易平台，为境外优质商品和服务进入中国市场，提供全方位、多渠道、多模式的服务。2019 年，在国家会展中心内设立上海交易团之家，举办“三天出单”跨境电子商务企业专项培训，展示跨境电子商务企业承接进口博览会溢出效应成果。将中国东方航空集团有限公司产地直达等跨境电子商务平台纳入进口博览会“6 天＋365 天”交易服务平台，支持举办贸易对接会，为参展展品进入中国市场提供跨境电子商务渠道。支持跨境电子商务企业在进口博览会期间举办贸易对接会、投资洽谈会、行业交流会等场内外活动。

2. 推动国际交流合作

2018 年，发挥行业协会、学术机构等社会组织作用，加强与境外国际机构的合作交流，推动跨境电子商务行业国际合作。2018 年共举办与中国—新西兰跨境电子商务交流会、中国—新加坡跨境电子商务访谈会、波兰出口商对接会、助力“一带一路”中匈物流论坛等国际对接会 35 余场，积极为企业搭建学习、交流、对接国际资源平台。

（六）加强人才培育力度，完善跨境电子商务生态圈

1. 组织开展专项技能培训

2018年，上海市跨境电子商务协会举办“出口跨境电子商务平台实操应用专题培训”“上海出口跨境电子商务‘新锐英才班’”“上海跨境电子商务9610出口业务专题培训会”“2018年度大型公益出口跨境电子商务培训”等一系列培训活动，帮助跨境电子商务企业提升业务水平。2019年，举办跨境电子商务专题培训，免费为跨境电子商务卖家提供运营、物流、通关、收结汇业务培训服务，培训人数超过1 200人次。

2. 与专业院校合作

2018年，上海跨境电子商务协会与上海海关学院、上海电力学院、上海思博职业技术学院等大中专院校，以及韵钦国际、易客满等跨境电子商务企业搭建合作交流平台，举办校企人才资源对接会，为学生提供专业培训。

第五章　服 务 贸 易

第一节　总体运行情况

一、 2018—2019 年上海服务贸易发展情况

在深化服务贸易创新发展试点的有力推动下，根据外汇管理局上海市分局的初步统计数据，2018—2019 年上海服务贸易额（含银联数据）分别达到 1 975 亿美元和 1 843.8亿美元，同比增长 1.0%、−6.6%，其中，服务出口额分别为 595.8 亿美元和 626.3亿美元，同比增长 13.6%、−5.1%，服务进口额分别为 1 379.3 亿美元和 1 217.5 亿美元，同比下降 3.6%、11.7%。2018—2019 年上海服务贸易额占全市对外贸易总额的比重分别为 27.7%、27.2%（图 5.1）。

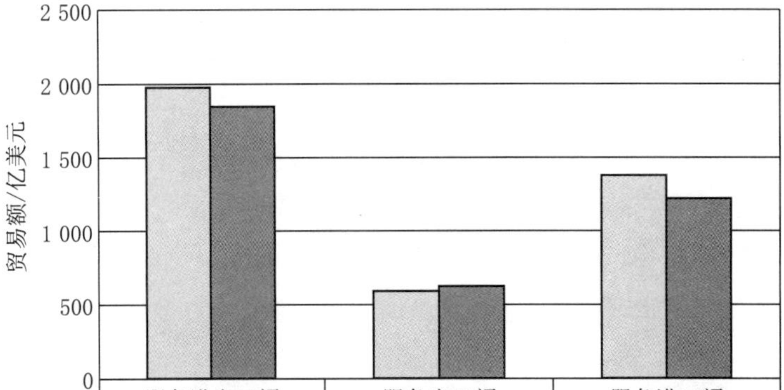

	服务进出口额	服务出口额	服务进口额
2018年/亿美元	1 975	595.8	1 379.3
2019年/亿美元	1 843.8	626.3	1 217.5

图 5.1　2018—2019 年上海服务进出口情况

数据来源：上海市商务委员会。

（一）进出口总额有所下降，贸易逆差进一步收窄

2018—2019 年，上海市服务进出口总额分别为 1 975.0 亿美元和 1 843.8 亿美元，其中，传统服务类别（旅行和运输）进出口额合计分别为 1 244.9 亿美元和 1 075.0 亿美元，占比分别为 63.1%、58.3%。2018—2019 年，上海市服务贸易逆差额分别为 783.5 亿美元和 591.2 亿美元，同比分别收窄了 122.6 亿美元和 192.3 亿美元。

（二）服务出口稳步增长，高附加值服务出口增长较快

2018—2019 年，上海市服务出口各类别中，专业管理与咨询服务出口额分别为 220.2亿美元和 232 亿美元，同比增长 5.3%、16.1%，近两年来处于稳步增长态势；旅行服务出口额分别为 23.2 亿美元和 27.9 亿美元。此外，2018 年金融、电信计算机和信息服务、技术服务、知识产权使用费等其余高附加值服务出口额呈上升态势，其增幅均高于 15%。留学与教育、建筑服务、文化和娱乐服务和加工服务出口额则呈现下降态势。而 2019 年建筑服务、保险和养老金服务、知识产权使用费出口额呈现上升态势，增幅分别为 52%、50%、45%。

（三）服务进口降幅明显，旅行进口三位数下降

旅行是上海市第一大服务进口类别。2018—2019 年，上海市旅行服务进口额分别为 896.5 亿美元和 713.7 亿美元，同比下降 12%、20%。旅行贸易逆差额分别为 873.4 亿美元和 685.8 亿美元。

（四）内资企业继续成为服务贸易主力

2018—2019 年，内资企业服务进出口额占上海市服务贸易总额的比重分别达到 60.8% 和 58.5%，位居第一位，其次为外资企业，分别为 27.3%和 29.0%，港澳台投资企业分别为 11.1%和 12.1%。在出口方面，外国投资企业服务出口额占比分别为 48.1%和45.6%，其次为内资企业，分别是 25.5%和 28.7%，港澳台投资企业分别是 25.2%和 25.1%；在进口方面，2018—2019 年占比从高到低依次为内资企业（76.1%和73.9%）、外资企业（18.3%和 20.4%）、港澳台资企业（5.0%和 5.4%）。

（五）亚洲仍是主要贸易市场，但进口额有所下降

2018—2019 年，亚洲地区始终是上海市服务贸易的主要伙伴地区，服务进出口额分别为 1 091.4 亿美元和 962.5 亿美元，占服务贸易总额的 55.3%和 52.2%，其次分别为欧洲、美洲和大洋洲地区。从国别和地区情况看，2018—2019 年，中国香港继续

成为上海市服务贸易的最大伙伴，两地之间服务贸易额分别为 483.8 亿美元，425.2 亿美元，占服务贸易总额的 24.5％和 23.1％，其次为美国和日本。从出口数据看，2018 年美国、中国香港、新加坡、日本、德国和英国分列上海市服务出口市场前 6 位，上述市场合计出口额占出口总额的 69.1％；从进口数据看，中国香港、美国、日本、中国澳门、德国和新加坡分列上海市进口市场前 6 位，上述市场合计进口额占进口总额的 63.7％。上海市对中国澳门、中国香港、英国和澳大利亚的进口额同比下降均超 10％，其中中国澳门进口额大幅下降约 45％。2019 年中国香港、美国、日本、新加坡、德国和英国分列上海市服务出口市场前 6 位，上述市场合计出口额占出口总额的68.2％；从进口数据看，中国香港、美国、日本、新加坡、德国和韩国分列上海进口市场前 6 位，上述市场合计进口额占进口总额的 60.8％。上海市对中国香港的进口大幅下降 21％，对日本的进口同比下降 16.7％，对美国、法国、澳大利亚的进口同比下降近 10％。

二、 2018—2019 年上海服务贸易主要工作

（一）不断提升服务贸易对外开放和区域协同发展水平

1. 加快推进新一轮服务业扩大开放

2019 年，对照北京市服务业扩大开放综合试点的相关经验，研究制订《上海市新一轮服务业扩大开放若干措施》，8 月 7 日以上海市委、上海市政府名义正式印发，8 月 13 日召开市政府专题新闻发布会，时任上海市副市长许昆林出席并对《若干措施》进行了介绍。

2. 加快推进跨境服务贸易开放措施研究

2018 年，编制发布《中国（上海）自由贸易试验区跨境服务贸易特别管理措施（负面清单）（2018 年）》，率先系统梳理我国法律法规对境外服务和服务提供者采取的特别管理措施。同时，制定发布《中国（上海）自由贸易试验区跨境服务贸易负面清单管理模式实施办法》，率先实施以“负面清单”为基础的跨境服务贸易负面清单管理模式，并探索建立相应事中事后监管制度与风险防控机制。2019 年，会同浦东新区商务委员会召开“自贸试验区跨境服务贸易扩大开放推进工作会议”，结合我国各自贸试验区最新开放情况、国际趋势以及各委办局意见，初步形成 35 项试点扩大开放建议。

3. 切实扩大金融、专业服务、电信等重点领域的开放度

2018 年，在跨境服务贸易负面清单的框架下，全面落实一批服务贸易开放举措。包括在金融领域扩大合资券商业务范围，允许其从事经纪、咨询等业务，CEPA 下新设申港证券已获批新增业务资格，野村证券、摩根大通、摩根士丹利、花旗集团等一批

跨国金融机构拟设立合资券商，并申请增加业务范围；在专业服务领域落实取消建设工程设计企业对外籍技术人员的比例要求和业务资质限制；在电信领域取消外资企业在上海从事离岸呼叫中心业务的股权比例限制；开展飞机融资租赁海关异地监管试点；除国家规定须核准的保护区项目、主题公园项目外，其他外商投资旅游类项目已全部作为备案项目，并下放区级管理。

4. 加快推进以虹桥商务区为首的长三角区域一体化协同发展

2019 年，贯彻《长江三角洲区域一体化发展规划纲要》，从承接进口博览会溢出效应、建设国际化中央商务区、建设国际贸易中心新平台、打造虹桥国际开放枢纽、打造一流商务生态环境和完善综合配套措施等 6 个方面提出 36 条政策，已纳入虹桥商务区整体贯彻实施意见中。

（二）积极培育服务贸易新兴领域和特色领域发展

1. 着力推进数字贸易创新发展

2018 年，发布国内首份数字贸易发展报告，启动数字贸易交易促进平台建设，拓展与国际标准相接轨的数字版权确权、估价和交易流程服务功能，数字化服务外包总额达到 66.7 亿美元，占比提升至 83.4%。不断加强国际通信设施建设，截至 2018 年底，在上海登陆的国际海光缆开通总容量达 13.3 Tb/s。2019 年，会同上海市发展改革委员会等九部门联合发布全国省级首份数字贸易发展方案——《上海市数字贸易发展行动方案(2019—2021)》，打造数字贸易国际枢纽港，力争 2021 年上海数字贸易进出口总额达到 400 亿美元。推进数字贸易交易促进平台项目建设，打造自贸试验区临港新片区分平台，完成数字贸易交易促进平台及分平台的上线运营工作。组织浦东软件园、陆家嘴金融城、紫竹高新技术产业开发区和临空经济园区等申报国家数字服务出口基地，并认定为上海服务贸易示范基地(数字贸易)。加快推动服务外包数字化转型，探索数字化“产品＋服务”出口模式，推动光刻机、物联网等高新领域服务项目走出去。

2. 率先发展计量测试等特色技术贸易

2018 年，建设产业计量测试服务体系，推动建成国家核电仪器仪表产业计量测试中心，筹建相关计量测试联盟；发挥国家商用飞机产业计量测试中心作用，服务一批“一带一路”商用飞机项目；筹建国家智能网联汽车产业计量测试中心，搭建智能网联汽车关键零部件测试平台，对 7 个上海市地方标准予以立项。2018 年上海技术贸易额达到 142.3 亿美元，同比增长 21.2%。

3. 推动技术贸易管理自主改革

2019 年，在浦东新区试点技术进出口合同登记无纸化办理工作，深入调研企业需求，与浦东新区商务委员会充分沟通，拟订技术进出口合同无纸化办理的试点方案，试点对信誉较好的技术进出口企业实行合同登记无纸化办理，由当面提交纸质材料改变为向公务办理邮箱提交电子数据。将技术进出口业务纳入国际贸易“单一窗口”，推动技术出口业务退税办理无纸化，提升企业便利度。

4. 加大文化贸易促进力度

2019 年，全力推进国家文化出口基地（徐汇）建设，推进国际艺术品交易、影视产业国际合作和数字版权国际交易等优势领域发展和上海国际艺术品交易月等项目，基地实现文化服务出口两位数增长。发挥国家对外文化贸易基地（上海）作用，在第十二届中国艺术节演艺及文创产品博览会上搭建授权主题展区，并积极组织企业参加境内外知名展会活动。同时，支持设立全国首个自贸试验区版权专业服务平台——中国（上海）自贸试验区版权服务中心和启动全球面积最大的艺术品保税综合服务体——上海国际艺术品保税服务中心。联合上海市委宣传部等编制发布《2019 年度上海文化贸易发展报告》，指导上海影视制作行业协会举办“上海影视制作行业拓展海外业务系列培训班”。

5. 推出邮轮旅游促进举措

2018 年，发布《关于上海试点邮轮船票制度的通知》，推动落实邮轮船票试点工作；创新邮轮船供物料监管模式，接受国际进口保税船供物料申报 405 票，出口申报 371 票，货值均超过 7 000 万元。截至 2018 年底，上海吴淞口国际邮轮港共计接靠国际邮轮 375 个航次，出入境旅客 271.6 万人次。2019 年，印发《关于支持宝山区发展邮轮服务贸易的若干措施》，就深化港口通关、培育企业、加大资金政策支持力度、促进新型贸易模式发展、营造良好发展环境五大方面提出了 14 项具体工作举措。围绕建设国际一流邮轮港的发展目标，聚焦打造邮轮经济全产业链的重点任务，积极推进上海市邮轮经济发展工作。

6. 加强中医药服务海外推广

2018 年，大力发展医疗保健旅游，遴选第一批市级健康旅游示范基地和相关产品；开发上海健康＋旅游平台，加快开发高端医疗、中医药特色、康复疗养、休闲养生等健康旅游产品。2019 年，推动“海上中医”海外中心建设，推进首批中医适宜技术产品转化，并在海外活动中进行推广。推动中医药服务贸易促进中心与意大利相关大学开展中西医教学的合作。指导中医药服务贸易促进中心在阿联酋首都阿布扎比举办谢赫扎耶德文化遗产节“中医文化主题周”活动。

7. 率先围绕“扩大开放＋公共服务”促进专业服务贸易规模提升

2018 年，试点中国律师事务所聘请外籍律师担任法律顾问，试点上海市律师事务所与港澳律师事务所合伙联营，增强律师事务所办理国际法律业务的能力，目前已有5家联营办公室，业务发展呈现良好态势。“东方域外法律查明服务中心”“上海市企业涉外法律培训中心”“上海企业合规研究中心”“国际贸易金融研究中心”等涉外专业服务公共项目也已落地。2018年，上海市专业服务进出口额达到287.6亿美元，同比增长12.8%，其中出口额为220.2亿美元，占服务出口总额67.4%。

（三）持续完善服务贸易政策促进体系和提升贸易便利化水平

1. 培育高端化、国际化、品牌化服务贸易市场主体

2018年，启动服务贸易潜力企业培育计划，从“高端化、国际化、品牌化”等角度对首批50家潜力企业给予融资、项目、市场、人才等方面的重点支持，帮助其实现千万美元以上的服务贸易规模。此外，注重服务贸易企业的品牌打造，15家服务贸易企业获得“上海品牌”认定。

2. 加大服务贸易政策支持力度和潜力企业培育力度

2018年，零税率应税服务退税额增幅达到32.6%，占上海市退税总额的比例由6.3%上升到7.5%，连续两年上升；2018年跨境服务免税销售额增幅达到29.3%；共认定295家技术先进型服务企业，并做好企业所得税优惠政策相关工作。加大金融支持力度，指导各区建立专利质押融资风险分担机制，推出专利质押融资风险补偿保证险，担保＋专利保险等多种模式，2018年共办理专利权质押登记82笔，融资金额7.1亿元，同比增长7.6%。2019年发布《上海市服务贸易促进指导目录(2018年版)》，将潜力企业纳入指导目录支持范围。针对企业规模小、融资难等问题，加强和国家服务贸易创新发展引导基金的对接，支持潜力企业和重点项目，已完成4个项目和1个子基金的投资，共计5亿元，拉动社会资本57亿元。

3. 建立拓展海外市场长效机制

2018年，发起成立上海服务贸易全球促进联盟，启动设立服务贸易海外促进中心(洛杉矶、布鲁塞尔等)，推动全国首个服务贸易英文网站上线，并在海外主流社交媒体上开通账户进行推介。举办“亚欧地区服务贸易推介洽谈会”，15个服务贸易项目完成签约；举办“上海软件贸易发展论坛”，多家中日软件企业达成合作意向；举办“国际邮轮服务贸易高峰论坛”，全球最大的三文鱼生产商美威水产与吴淞港签约。开展上海文化贸易海外行活动，发布匈牙利、以色列、南非等国服务贸易国别报告，降低企业开拓海外市场的信息成本，“一带一路”沿线国家离岸服务外包金额达到10.5亿美元，同比增长8.6%。2019年，指导上海服务贸易全球促进联盟开展服务贸易促进活动，与匈牙利对外投资署、俄罗斯联邦工商会、阿联酋迪拜工商会、摩洛哥外贸银

行、中国希腊企业联合会等建立合作关系，加强联盟微信公众号与英文网站的维护，委托联盟完成服务贸易海外行、技术贸易海外行报告。委托相关研究机构编制阿联酋、巴西、波兰、印度尼西亚等服务贸易国别报告，编制《2018上海服务贸易发展报告》，研究并发布2018邮轮旅游、服务外包、文化贸易、金融服务、中医药服务、新兴服务贸易、技术贸易、数字贸易等产业运行指引报告。指导首个上海服务贸易海外中心在比利时布鲁塞尔成立，举办上海服务贸易海外展（比利时站）。在摩洛哥、希腊、捷克等“一带一路”沿线国家开展服务贸易促进活动。

4. 加强发挥服务贸易公共平台功能

2018年，继续完善服务外包、文化贸易和中医药服务贸易平台功能；加快推进国家知识产权公共运营服务平台国际运营（上海）试点平台建设，将知识产权国际管理与海外维权纳入试点平台核心功能，鼓励企业通过马德里商标注册获得商标国际保护，截至2018年底，上海企业通过马德里国际注册体系注册的商标共计1 479个。搭建功能完善的综合金融服务平台，引导金融机构建立统一的科技服务体系，包括统一的科技服务热线、科技运行监控、自动化作业、电子化流程等。

5. 探索解决生物医药研发外包通关便利问题

2018年，推进生物医药全球协同研发的实验用生物材料和特殊物品通关便利，建立“研发单位分类管理＋产品风险分级”的检疫监管体系，审批时间从20个工作日缩短至平均3—5个工作日；同时下放D级特殊物品行政审批权限至属地机构，对低风险产品实现“一次审批多次核销”，审批次数减少43％；建立生物医药跨境研发入境通道，将入境特殊物品查验比例由100％降至20％；升级“出入境特殊物品卫生检疫监管系统”风险评估模块，评估时间压缩比例达到四分之一。成立上海会展中心海关，全天候受理企业进境展品申报，确保展品“即到即报即放”，将贵重展品在口岸滞留时间由以往的2—3天缩短为24小时以内，2018年实施派员监管的展会共45个，免担保金额达11.7亿元。2019年，联合上海市药品监督管理局、上海海关等单位推进解决相关企业的生物材料进口代理问题。形成《建议按照非药用物品通关的研究用物品目录》，上报国家药品监督管理局，争取解决研发用生物材料涉证通关问题。推动优化研发用生物材料的风险评估流程，提高通关效率。推动解决临床试验药品进口新增申请“进口药品批件”的问题。研究商品化空白基质新增境外风险评估要求的相关问题。

（四）不断夯实服务贸易发展基础和强化运行分析工作

1. 构建市区联动的管理机制

2019年，形成区级技术进出口合同登记业务质量评价体系、服务外包综合评价体系的相关方案，积极探索搭建市区联动的服务贸易发展绩效和考核机制。举办多次区服务贸易培训会，就服务贸易新兴领域及相关管理机制开展培训并进行交流。推出涵盖国际市场拓展、业务模式创新、航运服务、文化贸易、技术贸易等领域的实务培训，帮助企业应对中美贸易摩擦，提升拓展新兴市场能力，加快发展高端和创新业务。

2. 强化服务贸易运行分析和创新统计方法

2019 年，编制完成《创新金融服务贸易统计分析方法研究报告》，编制《上海服务贸易统计分析报告》《2018 年上海服务贸易外国附属机构统计报告》。推进数字贸易、文化贸易、技术贸易、服务外包、专业服务、运输服务等重点领域数据采集和分析工作，开展 3 次分领域服务贸易统计直报培训。会同上海中医药管理局开展 15 家试点单位的中医药服务贸易统计工作。会同中国科学院加快“上海服务贸易大数据综合服务平台”一期建设。

3. 精心组织第二届中国国际进口博览会上海交易团服务贸易分团各项工作

2019 年，组织上海市服务外包、技术贸易、旅游服务、教育服务、文化创意等近千家企业参与第二届进口博览会服务贸易采购活动。组织召开两次服务贸易重点企业采购需求排摸会、一次中外服务贸易企业对接洽谈会。在展会期间做好服务贸易统计成交数据报送工作，并举办官方配套活动——“一带一路”服务贸易推介洽谈会。

三、 2020 年上海服务贸易工作展望

围绕一个“中心”，即以服务贸易对外开放为中心；聚焦两个“重点区域”，即自贸试验区新片区和虹桥商务区，打造四个“高地”，进一步推进深化上海服务贸易创新发展试点。

（一）持续深化创新试点，打造服务贸易制度创新高地

1. 科学规划新一轮服务贸易发展

启动服务贸易“十四五”规划编制工作，对标国际最高标准：包括 WTO 服务贸易协定（TISA）谈判最新进展、OECD 服务贸易限制性指数（STRI）相关内容以及最新国际双边/区域自贸协定有关服务贸易的最新规则，推动提升上海服务贸易新一轮发展，并加强服务贸易事中事后监管与风险防范制度研究。

2. 加强服务贸易区域统筹协调

开展长三角服务贸易一体化发展模式研究，探索建设长三角一体化服务贸易发

展综合试验区，加快形成长三角服务贸易优势互补、联动发展的格局。建立完善市、区联动的服务贸易发展绩效评价与考核机制，推动各区服务贸易特色领域集聚发展并形成规模效应，发布服务贸易区域特色地图和重点领域指南。聚焦自贸试验区新片区、虹桥商务区和长三角一体化示范区，集聚一批服务贸易企业和项目，形成错位发展和全面发展的新格局。

3. 深化服务贸易对外开放广度和深度

聚焦空运、海运，开展对运输企业、国际货代企业、船级社等企业与机构的调研，着力破解国际运输领域的政策瓶颈与障碍，拟出台提升运输自由度的开放措施。探索开放包括会计咨询、软件设计、影视娱乐、金融保险、医疗保健、电子商务、数字经济等在内的服务行业市场准入，加强对知识产权保护、数据跨境自由流动等标准的研究。以港澳台地区专业人士资格互认为突破点，会同相关部门，研究出台提升服务业领域人员移动自由度的开放措施。

（二）持续聚焦功能提升，打造服务贸易主体培育高地

1. 实施服务贸易重点企业和潜力企业培育计划

建立重点企业和重点项目资源库，发布《上海市服务贸易促进指导目录（2019 年版）》，实现对服务贸易所有领域的全覆盖，培育 100 家高端化、国际化、品牌化的服务贸易潜力企业。推荐并支持国家服务贸易创新发展基金参投上海市服务贸易重点企业和重点项目，鼓励各类资本创设数字贸易、技术贸易、文化贸易等领域的创新发展基金、信用保证基金、并购引导基金和中小企业创新创业基金。

2. 推动特色金融支持服务贸易主体发展

加大出口信用保险和进出口信贷对服务贸易的支持力度，创新出口信用保险服务方式，扩大出口信用保险覆盖范围。搭建功能完善的综合金融服务平台，探索“互联网＋金融”模式，完善上海自贸试验区银行业务创新监管互动平台，鼓励商业银行建设以服务贸易为特色的试点支行。

3. 推出服务贸易便利化新举措

支持研发、设计、检测等“两头在外”新业态保税监管，加快落实综合保税区研发、检测、维修便利化政策。全面推进服务贸易纳入国际贸易“单一窗口”和无纸化工作，优化技术贸易和服务外包管理事项纳入国际贸易“单一窗口”后的相关办理流程，推动商务与税务部门业务管理系统数据对接，推动服务出口退税向服务贸易全领域推开，扩大服务贸易出口退税、出口零税率的政策覆盖面。

（三）持续挖掘特色领域，打造服务贸易转型示范高地

1. 围绕数字贸易发展三年行动方案，加快打造数字贸易国际枢纽港功能

建设虹桥数字贸易跨境服务集聚区，积极打造全球数字贸易总部基地。培育一批国家数字服务出口基地和上海市服务贸易示范基地（数字贸易）。依托自贸试验区临港新片区的创新机制，试点开展数据跨境流动的安全评估，研究跨境数据流通和交易风险。进一步完善数字贸易交易促进平台功能，完成二期项目建设，提升版权、翻译、金融等公共服务能力。聚焦云服务、大数据、物联网、人工智能等领域，重点支持实施一批高端化、国际化和规模化的数字服务重大项目，着力培育数字贸易龙头企业和独角兽企业。推动全球数字经济交流合作，开展全球数字贸易规则的比较研究。提升宽带接入能力、网络服务质量和应用水平，构建安全便利的国际互联网数据专用通道，建设 5G 示范商务区。

2. 助力科技创新中心建设和科技兴贸战略，积极拓展技术贸易海外市场

搭建并用好各类平台，拓展国际技术贸易合作渠道，促进上海技术贸易国际交流与合作，加大技术贸易海外拓展力度。加强对国外经济政策与行业数据进行搜集和分析研究，开展技术贸易相关课题研究，不断完善相关政策。发挥财政资金的杠杆作用，加大在技术引进、吸收、再创新过程中对企业的引导和支持力度，不断提升自主研发和创新能力，在人才引进、知识产权申请和保护等方面营造良好的创新环境。

3. 顺应数字化、智能化、高端化发展新趋势，加快推动服务外包转型升级

推动服务外包向高技术、高附加值转型，向价值链高端延伸，全面提升“上海服务”品牌影响力。加快发展生物医药研发外包等特色优势领域，研究生物医药研发外包的发展路径，进一步探索研发用生物材料涉证通关和风险评估等问题。

4. 发挥海派文化、中医药等特色领域优势，推动文化旅游融合发展

加快国家文化出口基地（徐汇）建设，对接商务部制定的出口基地的考核评价指标，推动基地建设，并不断提升国际竞争力。探索文化和旅游的融合发展，挖掘具有海派特色的文化旅游产品，对接长三角旅游城市，设计更丰富的旅游线路，提升国际游客的满意度，吸引更多国际游客选择上海市作为国内旅游的首站。发展以中医药文化、中医药健康理念及养生、康复、医疗技术方法体验为核心的中医药健康旅游。联合相关部门研究外国人来沪就医签证的相关政策。推进中医适宜技术产品转化，并在海外活动中进行推广。

5. 聚焦宝山区等邮轮旅游服务贸易核心区域，加快打造邮轮配套服务集聚区

加快落实《关于支持宝山区发展邮轮服务贸易的若干措施》，积极支持打造邮轮

配套服务集聚区，培育服务贸易新增长点。支持相关机构开展国际邮轮服务贸易研究、邮轮服务贸易人才培训。加强对上海邮轮供应协会的指导和支持，支持协会加强与国内外邮轮相关协会的合作，支持协会制定邮轮供应行业发展规划、制定行业标准、统计行业数据。

6. 加强分类指导和行业自律，提升国际货代行业发展能级

引导一批主营业务突出、经营模式先进、海外网络健全等向综合物流业发展的大型国际货代企业做大做强；重点培育一批以专业化为基础、创新运营和操作模式、扩展服务项目、专项业务优势明显的专业化国际货代企业。关注国际物流产业链上各行业经营行为的规范性、合法性，协调平衡行业利益。加强对企业备案登记的后续管理，提高在新形势下的管理水平。发挥行业协会行业自律管理作用，建立行业评估与政府监管的同步互认机制，将国际货代行业信用等级评估结果作为分类管理依据。进一步扩大各层次专业人才培训范围和内容，积极引进境内外优质国际物流培训服务。

（四）持续营造良好环境，打造服务贸易公共服务高地

1. 完善服务贸易海外市场拓展促进体系

强化上海服务贸易全球促进联盟功能，推进国际服务贸易领域创新合作，发布“全球知名服务贸易展会活动指引”，开展“服务贸易海外展”和“知名服务贸易企业路演”品牌活动。持续建设服务外包、技术贸易、文化贸易等重点领域服务贸易境外促进中心，加快形成以“一带一路”国家和地区市场为重点的服务贸易海外市场拓展体系。编制发布日本、德国、巴拿马、比利时等服务贸易海外重点市场拓展系列指南与上海服务海外宣传册。

2. 创新服务贸易相关展会活动形式

依托中国国际进口博览会、中国（上海）国际技术进出口交易会等优势，打造线上线下相结合的“6 天＋365 天”服务贸易交易促进平台。提升“一带一路”服务贸易交易洽谈会实效性，将“上海软件贸易发展论坛”更名为“全球数字贸易发展高峰论坛”，并支持引进境外知名展会在沪举办相关配套活动和高峰论坛。

3. 不断完善上海市服务贸易大数据综合服务平台

健全服务贸易重点企业联系机制，编制服务贸易动态分析报告，加强对服务贸易总体情况和重点领域的动态监测。推进数字贸易、中医药服务、邮轮旅游和跨境电子商务等新兴领域的专项统计试点工作。加强重点区域服务贸易统计工作指导，探索发布各区服务贸易统计数据，编制《创新上海服务贸易统计方法研究报告》。

4. 加大服务贸易人才引进和培养力度

加大海内外高端人才引进力度，依托上海自贸试验区新片区，完善签证和居留便

利化政策，开设高端人才便捷服务通道，利用多双边税收和社保协定等手段，建设国际化人才集聚区；依托大专院校智力资源，探索搭建服务贸易国际人才校企合作培养基地。创新推行国际服务贸易人才培育计划，研究制订国际服务贸易人才标准。在重点领域，进一步系统开展“通用技能＋专业技术＋岗位实训”的培训项目。

第二节　服 务 外 包

一、 2018—2019 年上海服务外包发展情况

2018 年以来，上海认真贯彻《国务院关于同意深化服务贸易创新发展试点的批复》(国函〔2018〕79 号)、《国务院关于促进服务外包产业加快发展的意见》(国发〔2014〕67 号)，围绕国际经济、金融、航运、贸易、科技创新中心建设打造服务贸易核心功能，以服务贸易创新工作带动服务外包转型升级，加快发展高技术、高附加值服务外包产业，推动从主要依靠低成本竞争向更多以智力投入取胜转变，加快推进结构调整，扩大离岸服务外包规模，推进相关企业“走出去”，提高服务外包企业便利化水平，取得了积极成效。据商务部业务系统统一平台初步统计，2018—2019 年，上海服务外包合同金额分别达 108.4 亿美元和 135.0 亿美元，同比增长 13.3%和 22.2%；离岸执行金额分别达 80.6 亿美元和 94.8 亿美元，同比增长 14.7%、14.8%(图 5.2)，并呈现以下特点。

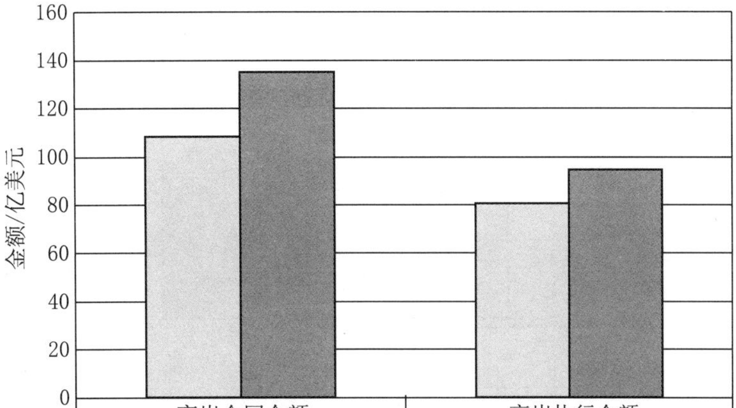

	离岸合同金额	离岸执行金额
2018年/亿美元	108.4	80.6
2019年/亿美元	135.0	94.8

图 5.2　2018—2019 年上海离岸服务外包情况

数据来源：上海市商务委员会。

（一）业务集聚度不断提升、区域布局渐趋完善

2018年，上海市共有5个服务外包示范区和16个服务外包专业园区，集中了上海市60%左右的服务外包企业和近80%的离岸服务外包执行金额，业务类型覆盖软件信息技术、生物医药研发、金融服务、人力资源、工业研发设计等服务外包重点领域，初步形成高集聚度、高覆盖率的离岸服务外包全产业链。

（二）转型升级效应明显，产业结构不断优化

上海服务外包开始逐步从劳动密集型的低端业务向智力密集型的高端业务转型升级。2018—2019年，知识流程外包(KPO)执行金额分别达20.6亿美元和23.6亿美元；信息技术外包(ITO)执行金额分别达40.8亿美元和47.7亿美元；业务流程外包(BPO)执行金额分别达16.9亿美元和23.5亿美元(图5.3)。2018年，以上三者的占比分别为26.3%、52.1%、21.6%；2019年，以上三者的占比分别为24.9%、50.3%、24.8%。大数据市场营销、共享经济服务、基于区块链技术的智能服务、基因测序和分析等新模式新业态层出不穷。此外，截至2018年底，上海拥有305家技术先进型服务企业，数量和规模均居示范城市首位。近90%的BPO业务执行额都是由技术先进型服务企业贡献，显示了上海高端服务外包业务的技术密集度。

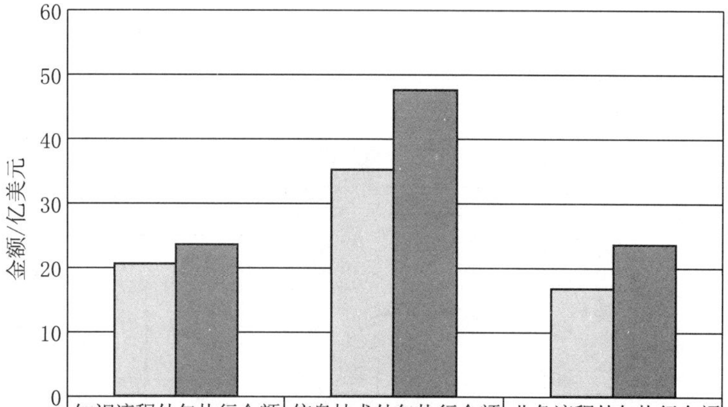

	知识流程外包执行金额	信息技术外包执行金额	业务流程外包执行金额
□2018年/亿美元	20.6	35.2	16.8
■2019年/亿美元	23.6	47.7	23.6

图5.3　2018—2019年上海离岸服务外包执行金额

数据来源：上海市商务委员会。

（三）主体规模持续增长，吸纳就业能力增强

截至 2018 年底，上海市共有服务外包企业 2 147 家。执行金额中，目前以外资企业和港、澳、台资企业为主，分别占比 68.6%和 20.7%，内资企业占比下降为 11.7%。《财富》世界 500 强企业中有近 40 家从事服务外包业务，其中通用汽车、福特汽车、飞利浦、西门子、汇丰、花旗和思爱普（SAP）等在沪设立全球或亚太业务流程共享中心和数据处理中心，IBM、英特尔、联合技术、辉瑞、惠与、思科和惠普等企业也将全球研发中心或重要研发基地设在上海。药明康德、海隆软件、易保网络、万得数据、睿泰集团等本土品牌企业不断成长，在金融数据、数字教育、基因测序等知识密集型领域形成先发优势。同时，与高端业务相匹配的服务外包人才结构也逐步形成。2018 年，上海市服务外包企业已经吸纳就业人员 42.83 万人，其中 87.9%为大学生，学历层次高于全国平均水平。

（四）政策力度逐步加大，带动效应日益明显

2018 年，在国家原有支持服务外包政策的基础上，上海率先发布《上海服务贸易（含服务外包）产业重点发展领域指导目录》，并进一步加大国家服务外包专项资金的配套力度，对纳入指导目录的企业首次给予研发投入和海外并购的资金支持。同时，扩大上海服务贸易专项资金支持范围，在原有的海外设点、促进活动、实训体系、总部建设等项目外，将中高级人才培训、聘请境外专家以及设立国际市场网络营销平台等内容纳入支持范围，帮助企业做大做强。此外，2018 年，离岸业务额超 1 000 万美元的服务外包重点企业数量已分别达到 141 家。2019 年，业务占比居前五位的为浦东新区、闵行区、静安区、徐汇区和黄浦区。

（五）离岸市场呈多元化发展，辐射联动功能加强

2018—2019 年，上海的主要发包来源地包括美国、中国香港、新加坡、瑞士、日本、德国等，2018 年离岸执行金额占比分别为 33.8%、12.5%、10.9%、7.8%、7.7%、5.8%，2019 年离岸执行金额占比分别为 38.4%、11.1%、8.3%、7.2%和 6.2%和 5.6%（图 5.4）。此外，2019 年爱尔兰发包执行额增长率达到 60.6%，占比达到 5.5%，成为发包国第 7 位。2018—2019 年“一带一路”沿线国家和地区对上海的发包执行金额分别为 10.5 亿美元和 10.0 亿美元，同比增长 8.7%、−4.3%（表 5.1）。上海服务外包交易促进中心等公共服务平台的功能也进一步完善，辐射带动长三角乃至中西部地区承接全球服务外包业务。

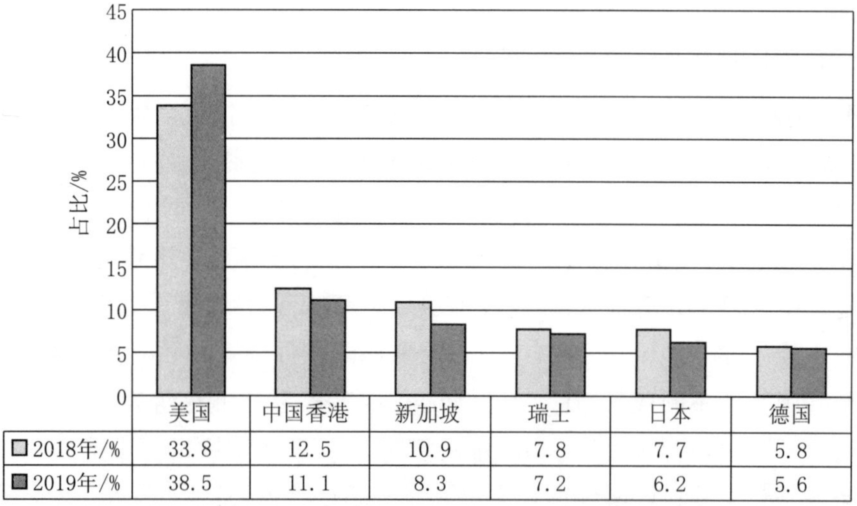

图 5.4　2018—2019 年上海离岸服务外包前 6 位来源国家和地区

数据来源：上海市商务委员会。

表 5.1　2018—2019 年上海离岸服务外包按国别和地区前 10 位情况

排名	国家和地区	合同数		协议金额/万美元		执行金额/万美元	
		2018 年	2019 年	2018 年	2019 年	2018 年	2019 年
1	全　球	8 012	7 465	1 104 332	1 349 825	825 662.5	947 778
2	美　国	1 175	1 153	331 475.7	507 655	276 907.7	364 466
3	中国香港	911	563	141 464.2	158 737	114 372.8	105 040
4	新加坡	358	363	113 728.6	90 346	88 266.9	78 990
5	瑞　士	97	91	86 722.6	100 867	62 489.7	68 045
6	日　本	2 785	2 678	72 631.6	68 586	61 944.4	58 364
7	德　国	261	217	55 734.2	64 412	46 767.1	53 221
8	爱尔兰	32	41	57 447.9	87 430	32 553.6	52 268
9	英　国	184	126	35 790.5	25 558	28 861.0	22 956
10	瑞　典	44	45	4 881.7	37 564	13 588.8	21 227

二、 2018—2019 年上海服务外包主要工作

（一）落实情况

1. 落实“一带一路”

2018 年，扩大上海服务贸易全球促进联盟规模，吸引“一带一路”国家和地区的

机构会员加入，搭建全球化的服务贸易促进网络。推动全国首个服务贸易英文网站上线，并在海外主流社交媒体上开通账户进行推介。举办“亚欧地区服务贸易推介洽谈会”，15 个服务贸易项目完成签约；举办“上海软件贸易发展论坛”，多家中日软件企业达成合作意向；举办“国际邮轮服务贸易高峰论坛”，发布南非、匈牙利、以色列等 3 部服务贸易海外重点市场拓展指南和数字贸易、邮轮旅游、中医药和文化贸易等 4 部产业研究报告，开展“上海文化贸易海外行”活动，降低企业开拓海外市场的信息成本。完善上海服务外包交易促进中心功能，建设美国关岛、捷克、印度、爱尔兰信息交流中心，加强与印度软件与服务业企业行业协会（NASSCOM）、捷克投资局、泰国科技署、丹麦投资局等合作；推动数字贸易和技术贸易项目库建设，扩大与“一带一路”沿线国家和地区信息服务的交流与合作，构建多元化市场新格局。

2. 落实中国制造 2025 战略

一是推动制造业服务化。2018 年，鼓励制造业企业提升服务能力，探索发展“设备+服务”的模式，通过离岸服务外包的方式开展跨境服务，比如上海微电子装备（集团）股份有限公司将光刻机设备制造和相关服务相结合，打造知识产权体系，澜起科技股份有限公司从芯片设计拓展至芯片制造，不断延长产业链，全面提升服务附加值。对相关企业和项目通过引导基金给予融资支持，帮助其加快形成核心竞争力。二是发展生产性服务业。2018 年，上海着力鼓励跨国公司地区总部开展共享中心和研发中心服务，包括销售、市场、供应链、研发、设计等服务，同时培育和支持专业化的服务企业，为垂直行业提供一体化解决方案。对生产性服务企业给予税收和资金等多方面政策支持，加快形成完整的流程服务价值链，目前已有几十个地区总部开展服务外包业务，400 多家外资研发中心落户上海，一批专业化的生产性服务企业快速成长。三是助推工业信息化。2018 年，上海引进和培育了一批如思爱普有限公司、上海国际商业机器工程技术有限公司、上海海隆软件有限公司、上海新致软件有限公司等有一体化解决方案提供能力的软件企业，以及一批和垂直领域深度融合的专业信息技术企业。同时，积极吸引全球知名工业企业在沪建设销售、生产和供应链管理体系，通过服务外包的方式为全球分支机构提供相关服务。四是助力产品质量提升。2018 年，上海发展检验检测外包服务，打造市北高新园区检验检测服务集聚区，建设计量测试服务体系，推动建设国家核电仪器仪表产业计量测试中心、国家商用飞机产业计量测试中心、国家智能网联汽车产业计量测试中心，搭建智能网联汽车关键零部件测试平台。

3. 落实“双创”战略

一是鼓励服务外包创业。2018 年，依托服务外包公共服务平台，提供融云服务、投融资、办公场所等要素于一体的创业解决方案，如上海浦东软件园的孵化器，累计孵化了 400 余家企业，其中，“爱酷空间”面积达 5 000 平方米，并实施“房租由你定”入驻政策，并为企业牵线搭桥获得股权融资，已有 120 多家企业获得了机构投资，融资额超过 50 亿元，诞生 4 家独角兽企业，6 家企业在资本市场上市。二是鼓励服务外包创新。2018 年，持续对服务外包企业发生的研发费用给予资金支持，鼓励企业应用新技术、发展新模式、探索新业态，一方面加快形成更为完整的产业链，另一方面涌现出云计算、大数据、区块链等新技术和垂直领域深度融合的创新业务。

4. 落实“互联网＋”战略

在落实“互联网＋”战略方面，2018 年重点推动服务外包企业数字化转型。一是发布国内首份数字贸易发展报告——《2017 年度上海数字贸易发展报告》，并探索开展数字贸易的统计分析。二是加快建设临空经济园等一批数字贸易园区，争取打造为国家数字服务出口基地。三是探索数字化“产品＋服务”出口模式，推动光刻机、物联网等高新领域项目。四是举办面向服务外包企业的数字贸易培训课程，扶持博彦科技（上海）有限公司、美库尔商务信息咨询（上海）有限公司、易保网络技术（上海）有限公司、睿泰集团等一批聚焦信息技术、大数据、金融、教育的数字服务外包企业，帮助企业提升数字化业务占比。

5. 落实大数据战略

一是鼓励企业应用大数据技术。2018 年鼓励一批专业服务企业将大数据技术应用于市场营销、金融保险、医疗健康等领域，不断创新服务模式和服务业态。二是搭建服务外包大数据平台。2018 年启动上海服务贸易大数据统计监测平台项目建设，建立重点企业信息库并采集相关数据，研究发布“上海服务贸易竞争力指数”。

（二）辐射带动

1. 服务外包产业对区域经济发展的贡献

上海发展服务外包产业，对长三角区域乃至长江经济带都有明显的辐射带动效应。一是通过打造产业链提升区域服务外包能力。2018 年，一方面上海将部分对基础设施和人才需求相对较低的服务外包业务，如编程服务、呼叫中心服务等，转移至长三角和长江经济带其他城市，如南京、成都、昆山、南通等，带动当地服务外包产业发展，形成长三角城市群各有侧重，协同分工、优势互补的区域发展格局和较为完整的产业链条。另一方面，上海在承接全球跨境业务和服务业转移后派生出大量的需求，长三角乃至长江经济带城市通过承接这类业务融入全球价值链。

2. 服务外包产业对构建开放型经济新体制的贡献

一是拉动开放型经济的规模增长。2018 年，上海离岸服务外包执行额达到 80.5

亿美元，占服务出口额比重达到13.5%，对服务出口的拉动效应明显。二是促进开放型经济的制度创新。2018年，在生物医药研发样本通关、科研测试物品免办3C认证等政策方面进行创新，提升贸易便利度。2019年，推进生物医药研发外包的通关便利化工作，优化研发生物样本通关检疫流程。全面提升上海作为服务外包示范城市的综合竞争力。三是打造开放型经济的功能载体。2018年，认定和培育一批服务外包示范基地、示范项目和公共服务平台，为开放型经济发展提供重要支撑。

3. 服务外包产业对产业转型升级的贡献

一是加快数字化转型。2018年，鼓励应用数字技术，加快提升服务外包数字化业务占比，目前已达到90%左右，高于服务出口中数字化业务的平均比重。培育一批数字技术和垂直领域融合发展的重点企业，如"数字+旅游"的携程旅游网络技术(上海)有限公司，"数字+教育"的睿泰集团，"数字+金融"的支付宝(中国)网络技术有限公司和银联国际有限公司等。2019年，搭建数字贸易项目推广、资源共享、合作交流的平台，拓展与国际标准相接轨的数字版权确权、估价和交易流程服务功能，建设数字内容和产品资源库，帮助服务外包企业开展数字化转型。对接国家服务贸易创新发展引导基金，支持数字化服务外包重大项目。探索建设国际互联网数据专用通道，积极推动建立畅通的国际通信设施。二是加快服务化转型。2018年，推动制造业的服务化转型，从单纯的产品交付转向产品+服务的合作模式，如上海微电子装备(集团)有限公司的光刻机产品，美时医疗技术有限公司的磁共振机产品等，都形成了完整的配套服务体系，提升了产品附加值。

（三）体制机制

1. 强化服务外包政策环境营造

2018年，发布《上海市服务贸易促进指导目录(2017年版)》，将服务外包纳入指导目录，在培育重点上突出基于数字能力的服务外包和基于知识能力的服务外包。加强服务外包知识产权保护，积极落实《关于印发〈关于加快上海知识产权服务业发展的意见〉的通知》(沪知局〔2016〕133号)，引导和鼓励服务外包企业推进知识产权的创造、运用、保护和管理。并加快落实一批鼓励政府部门购买专业服务政策、扶持服务外包企业投融资政策、扶持服务外包企业融资担保补助政策、鼓励和引导企业研发创新政策以及鼓励高校毕业生创业政策等一系列相关政策。2019年，发布《上海市服务贸易促进指导目录(2018年版)》，完善服务外包促进目标和培育重点，明确国家、上海市和各区三级重点培育标准，分别对龙头企业、重点企业和潜力企业给予政策扶持。研究服务外包基金支持政策，结合服务外包转型升级的特点，对服务外包企业发展的给予融资支持，吸引社会资本进入服务外包领域。

2. 加强服务外包企业信用建设

2018 年，支持上海服务外包交易促进中心建设服务外包企业信用评价体系，完善线上平台运营。2018 年，累计已有 150 家企业完成了网上信息认证。中心还与全球相关的信用管理服务机构进行合作交流，进一步完善信用评价体系。2019 年，完善上海服务外包交易促进中心等公共服务平台，加强与中国服务外包研究中心等智库的合作，提升上海市在交易撮合、资源配置、信息共享、信用评价、产业研究等方面的服务功能，将上海打造为全国服务外包资源配置的重要节点，提升全球发包资源与国内接包能力的匹配度，进一步帮助扩大服务外包交易规模。

三、 2020 年上海服务外包工作展望

（一）加快推动服务外包数字化转型

搭建数字贸易项目推广、资源共享、合作交流的平台，拓展与国际标准相接轨的数字版权确权、估价和交易流程服务功能，建设数字内容和产品资源库，帮助服务外包企业开展数字化转型。对接国家服务贸易创新发展引导基金，支持数字化服务外包重大项目。探索建设国际互联网数据专用通道，积极推动建立畅通的国际通信设施。

（二）不断优化服务外包政策体系

完善服务外包促进目标和培育重点，明确国家、上海市和各区三级重点培育标准，分别对龙头企业、重点企业和潜力企业给予政策扶持。研究服务外包基金支持政策，结合服务外包转型升级的特点，对服务外包企业发展给予融资支持，吸引社会资本进入服务外包领域。

（三）打造服务外包良好的发展环境

继续完善上海服务外包交易促进中心等公共服务平台，加强与中国服务外包研究中心等智库的合作，提升上海市在交易撮合、资源配置、信息共享、信用评价、产业研究等方面的服务功能，将上海打造为全国服务外包资源配置的重要节点，提升全球发包资源与国内接包能力的匹配度，进一步帮助扩大服务外包交易规模。加快推进生物医药研发外包的通关便利化工作，优化研发生物样本通关检疫流程。全面提升上海作为服务外包示范城市的综合竞争力。

第六章　利 用 外 资

第一节　总体运行情况

一、 2018—2019 年上海利用外资发展情况

2018—2019 年，面对国内外风险挑战明显增多的复杂形势，上海认真落实外商投资法和《国务院关于进一步做好利用外资工作的意见》精神，坚持市区联动、委办联手，深入调研，研提政策，服务企业，全力做好“稳外资”各项工作，推动形成全面开放新格局。上海新设外资项目数、合同外资金额、实到外资金额保持“三同步、高增长”，实到外资创历史新高，引资结构进一步优化，总部集聚度和能级进一步提升，营商环境不断改善。

（一）引资规模不断向高质量发展

2018—2019 年，上海新设外资项目数分别为 5 597 个和 6 800 个，同比增长 41.7%、21.5%；合同外资金额分别为 469.4 亿美元和 502.5 亿美元，同比增长16.8%、7.1%；实到外资金额分别为 173 亿美元和 190.5 亿美元，同比增长 1.7%、10.1%。连续第二年实现项目数、合同外资金额、实到外资金额同步增长。截至 2018 年底和 2019 年底，上海累计引进实到外资金额分别为 2 404.4 亿美元和 2 549.9 亿美元（表 6.1）。

表 6.1　2015—2019 年上海利用外资年度对比情况

年　度	合同外资		实到外资	
	金额/亿美元	同比增长率/%	金额/亿美元	同比增长率/%
2015	589.4	86.5	184.6	1.6
2016	509.8	−13.5	185.1	0.3

续表

年　度	合同外资		实到外资	
	金额/亿美元	同比增长率/%	金额/亿美元	同比增长率/%
2017	401.9	−21.2	170.1	−8.1
2018	469.4	16.8	173	1.7
2019	502.5	7.1	190.5	10.1

（二）服务业引资结构优化

2018—2019 年，上海新设外资服务业项目数分别为 5 422 个和 6 604 个，实到外资金额（含增资）分别为 154.6 亿美元和 172.9 亿美元，占比分别为 89.3%、90.8%。“1＋4”引资结构更加明显，呈现以商务服务业为主，信息服务业、商贸业、金融服务业、房地产业均衡发展的格局。2018—2019 年，以总部项目为主的商务服务业作为上海引进外资第一大领域，以地区总部、投资性公司为主的商务服务业实到外资连续 4 年增长，实到外资金额分别达到 55.2 亿美元和 56.2 亿美元，同比增长 10.5%、11.4%，占上海市的比重分别为 31.9%和 30%。科技服务业、信息服务业成为外资增长新动力。2018—2019 年科技服务业实到外资金额分别为 7.36 亿美元和 12.04 亿美元，同比增长19.8%、63.6%。以“互联网＋”项目为主的信息服务业实到外资金额分别为 22.51 亿美元和 28.23 亿美元，分别增长 1.3%、25.4%。2018—2019 年商贸业实到外资金额分别为 21.1 亿美元和 19.0 亿美元。2018—2019 年，受融资租赁项目回落，金融服务业实到外资金额分别为 23.4 亿美元和 19.0 亿美元。2018—2019 年，房地产业等传统服务业引进外资实到外资金额 18.6 亿美元和 20.4 亿美元，同比增速分别为−18.6%、9.7%（表 6.2）。

表 6.2　2018—2019 年上海主要服务业实到外资情况

产业/行业	实到外资金额/亿美元	
	2018 年	2019 年
商务服务业	55.1	56.2
信息服务业	7.4	12.0
科技服务业	22.5	28.2
商贸业	21.0	19.0
金融服务业	23.4	19.0
房地产业	18.6	20.4

（三）高能级制造业加快落户

2018—2019年，新设外资制造业项目数分别为128个和117个，实到外资（含增资）金额17.84亿美元和17.1亿美元，同比增长120%、−2.1%，占比分别为10.3%、9%。2019年实到外资金额1 000万美元以上制造业项目23个，主要集中在电气机械、化工、生物医药、专用设备、汽车零部件制造领域。2018—2019年，高技术制造业实到外资金额占制造业实到外资金额的比重约为60%和38.5%。此外，2018年新引进特斯拉新能源汽车制造标志性项目，投资总额140亿元；新设西门子实验系统（上海）有限公司、上海发那科智能机械有限公司等一批高端制造项目。2019年，新引进上汽英飞凌汽车功率半导体（上海）有限公司、优裴斯（上海）控制系统有限公司等高端制造项目；梅赛德斯—奔驰零部件制造服务有限公司、中俄国际商用飞机有限责任公司等项目增资到位。

（四）服务业扩大开放深入推进

落实外商投资准入负面清单和"上海市服务业扩大开放40条"，引进首家股份制外商投资性公司"益海嘉里金龙鱼粮油食品股份有限公司"、首家外商独资船舶代理公司"伟朋特（上海）国际船舶代理有限公司"、首家外资控股证券公司"摩根大通证券（中国）有限公司"、首家外资保险控股公司"安联（中国）保险控股有限公司"等。上海自贸试验区成立五周年以来，外商实际投资逐年增长，临港新片区的成立也为上海自贸试验区吸引外资注入了新的活力。2018—2019年，新增实到外资金额分别达到61.6亿美元和68.4亿美元，同比增长2.6%、7.7%，占上海市实到外资金额的比重为35.6%、35.9%。此外，截至2018年底，54项扩大开放措施已有32项落地，累计引进项目2 817个，其中2018年新增服务业扩大开放项目413个，包括首家外商独资资信调查及评级机构"穆迪（中国）有限公司"、全球最大的在线旅游公司投资设立的"易新达旅（上海）国际旅行社有限公司"、瑞士金融理财规划学院投资设立的首家金融教育领域独资职业技能培训机构——瑞伯职业技能培训（上海）有限公司、日本知名游戏开发商万代南梦宫投资设立的外商独资演出经纪机构——万代南梦宫（上海）互动娱乐有限公司。截至2019年，上海自贸试验区新增服务业扩大开放项目413个，累计超过3 200个。

（五）外商投资企业经营情况企稳好转

2018—2019年，上海外商投资企业营业收入同比分别增长5.7%、−1.3%，纳税总额增长9.3%、−12.1%，利润总额增长0.6%、−2.9%，从业人数增长0.5%、−4.7%。此外，2018年信息服务业、金融服务业、商务服务业、交运仓储业、商贸业营业收入增长较快，同比涨幅分别为14.5%、11.7%、9.2%、8.8%、7.6%，2019年，零售业、金融服务业、科技服务业、住宿餐饮业营业收入增长较快，涨幅分别为 13%、9.6%、9.1%、6%，主要下降领域为汽车制造、电子设备制造、电气机械制造、批发业和房地产业。

（六）亚洲和美国对沪投资增长较快

2018—2019 年，在上海投资的国家和地区分别为 182 个和 188 个。2018 年投资上海前 10 位国家和地区（以实到外资金额计）分别为中国香港、德国、新加坡、开曼群岛、日本、美国、英属维尔京群岛、英国、法国、荷兰，合计实到外资金额 157.8 亿美元，占上海市实到外资金额的 91.2%，2019 年投资上海前 10 位国家和地区（以实到外资金额计，不含自由港）分别为中国香港、新加坡、荷兰、日本、美国、爱尔兰、英国、韩国、德国、法国，合计实到外资金额 167.9 亿美元，占上海市的 88.2%。2018—2019 年，中国香港对沪实际投资金额分别为 99.9 亿美元和 118.3 亿美元，同比增长 3.1%、18.4%；新加坡对沪投资较快增长，实到外资金额分别为 10.0 亿美元和 16.3 亿美元，同比增长 47.6%、61.9%；欧洲对沪投资大幅增长，实到外资金额分别为 28.0 亿美元和 22.1 亿美元，同比增长68.2%、－21.3%。日本对沪实际投资金额分别为6.5亿美元和 6.8 亿美元，同比增长－17.1%、4.7%；受到好时（中国）投资管理有限公司、开市客（中国）投资有限公司、科迪华（中国）投资有限公司、盛美半导体设备（上海）有限公司、福特汽车融资租赁（上海）有限公司等项目资金到位推动，美国对沪实际投资金额分别为 4.7 亿美元 6.0 亿美元，同比增长分别为－16%、29.6%（表 6.3）。

表 6.3　2018—2019 年上海市实到投资国家和地区情况

国家和地区	对沪投资金额/亿美元	
	2018 年	2019 年
中国香港	99.9	118.3
新加坡	10.0	16.2
欧　洲	28.0	22.1
日　本	6.5	6.8
美　国	4.6	6.0

二、 2018—2019 年上海利用外资主要工作

（一）全力做好“稳外资”工作

1. 推进大项目签约落地

2019 年 5 月和 9 月，分别组织上海外资项目集中签约活动，上海市市长应勇等领

导见证签约，共有80个项目签约涉及总投资额148亿美元，包括德国安联保险集团投资100亿元设立首家外资控股保险公司、美国摩根大通公司投资8亿元设立首家外资控股证券公司等首创性项目落地。会同上海市经济和信息化委员会及上海自贸试验区管委会、临港新片区管委会、上海化学工业区管理委员会等，形成合力推进特斯拉超级工厂、英威达已二腈等制造业重点项目落地。2019年初特斯拉超级工厂在临港产业区正式开工建设。美国英威达集团总投资超过10亿美元的已二腈生产基地项目落户化工区。

2. 配合做好中美经贸摩擦应对工作

2019年，制定“百企调研”方案，通过走访、座谈、访谈等形式，对上海部分外资企业特别是美资企业进行了专题调研，对面上外资企业在中美经贸摩擦升级后的经营发展等情况进行了排摸分析，配合综合处撰写专报。同时，配合商务部外国投资管理司、外交部欧洲司和商务部驻上海特派员办事处做好针对外资企业受中美经贸摩擦影响的现场调研和问卷调查，为应对中美经贸摩擦提供基础信息。

（二）大力推进优化营商环境建设

1. 政企合作圆桌会议形成服务企业长效机制

2019年牵头组织了9场政企合作圆桌会议：分别通过欧盟商会、美国商会、日本贸易振兴组织、德国工商大会等在沪外国商会机构，组织了欧盟企业、美资企业、日资企业、德资企业、法资企业等5个专场会议；依托上海市长咨询会观点建设研讨会组织了1场会议；此外还组织了2个生物医疗领域和1个规划环保安全生产的专场会议。会前精心选择参会企业和典型具体问题，并事先发给相关部门提前进行回答准备。每次会议由分管市领导主持，上海市发展改革委员会、上海市经济和信息化委员会、上海市规划和自然资源局等20余个部门及上海海关、外汇管理局上海市分局等中央在沪单位负责人与外资企业代表面对面交流，宣讲最新政策，倾听企业困难问题，按职责回复企业问题；当场无法解答或解决的，会后主动联系企业推进解决，上海市商务委员会牵头将企业问题列成清单，会同相关部门逐项研究推进解决。外资企业代表共提出186个问题，目前问题的解决率约为85%。

2. 健全完善外商投资企业投诉工作机制

2019年，认真落实国务院一系列文件精神，进一步建立完善上海市外商投资企业投诉工作联系机制，由上海市商务委员会分管领导担负召集人，各相关委办局指定了一名联系人，各区明确了投诉和合法权益保护机构、负责人和联系人，共同推进外资企业问题的解决。在上海已有的外商投资企业投诉协调机制基础上，制定工作流程图，规范窗口接收、登记指派、初步核实、协调办理、汇总反馈、材料归档等内部流程并规定办理时限，推动外商权益保护工作向规范化、流程化和讲求时效发展。

3. 多措并举加大企业权益保护

建立重点外资企业联系制度，上海市商务委员会根据企业类型、功能、社会贡献度等标准拟制重点外资企业名单，建立一对一服务联系，各区相应配备联络人；通过电话、微信、上门等形式，与企业保持沟通，做到无事不扰，有求必应。针对外资企业相关纠纷事项已进入司法程序仍选择向政府部门寻求帮助的情形，上海市商务委员会注重发挥外聘政府法律顾问等专业人士的作用，为其提供专业帮助，引导其依法维权。依托上海市外商投资企业协会等平台举办早餐会、外资研发论坛、白玉兰奖获得者恳谈会等活动，发挥"外资服务直通车""投资促进沙龙"等微信平台作用，进一步营造安商稳商的良好氛围。

（三）落实《外商投资法》相关工作

1. 加大宣传力度

2019 年 9 月，上海市政府举办外商投资法专题辅导讲座，听取商务部李成钢部长助理的辅导报告。上海市领导、各委办局、各区政府主要负责人及 50 家外资企业和部分在沪贸易投资促进机构的代表参加了讲座。认真学习《外商投资法》，精心准备制作宣传课件，支持各区进行普法宣传。分管委领导分别到浦东、普陀解读《外商投资法》。先后为上海市外国投资促进中心和浦东、黄浦、嘉定、松江、金山等区商务部门、投资促进部门及重点外资企业宣传解读《外商投资法》，取得良好效果。2019 年 7 月组织上海市外资业务培训，就《外商投资法》、2019 年版外商投资准入负面清单、地区总部新政策等进行解读，各区商务（投促）部门、开发区共 80 余人参加。

2. 做好政策措施储备

2019 年 9 月，制定出台《关于本市进一步促进外商投资的若干意见》，围绕地方政府如何贯彻落实外商投资法，从进一步扩大对外开放、吸引外商投资、保护外商合法权益等三方面提出了 26 条措施，进一步彰显上海坚持利用外资不动摇的决心和信心。12 月，根据《国务院关于进一步做好利用外资工作的意见》（国发〔2019〕23 号）精神，重点围绕扩大开放、投资促进、投资便利和投资保护等方面，牵头提出上海贯彻落实意见。

3. 推进地方立法工作

配合商务部开展《外商投资法》配套实施细则、外商投资信息报告制度的研究和相关制度设计。区分市级部门、相关商协会、各区商务（投促）部门、律所会计师事务所等专业机构，以及外商投资企业等维度，召开了立法调研会。成立外资立法起草工作组，完成《外商投资促进条例》立法论证报告，推动列入 2020 年上海市人大正式立法项目。

三、 2020 年上海利用外资工作展望

2020 年是全面建成小康社会和“十三五”规划的收官之年。上海将以习近平新时代中国特色社会主义思想为指导，深入贯彻习近平总书记考察上海重要讲话精神，抓住外商投资法正式实施的重大机遇，围绕强化开放枢纽门户功能，全力做好招商引资和安商稳商工作，打造新时代高质量外资集聚地。

（一）突出“三个聚焦”，开展精准招商

聚焦重点区域，抢抓自贸试验区临港新片区、虹桥商务区、长三角一体化发展示范区建设的机遇，推动企业集聚、产业集群、创新集成；聚焦重点产业，着力吸引集成电路、人工智能、生物医药等先进制造业、战略性新兴产业以及高附加值服务业投资；聚焦重点项目，紧盯世界 500 强和行业龙头，引进一批优质企业、优质项目，推动更多跨国公司地区总部和功能性机构落户。

（二）着眼“五位一体”，加快构建外资工作新格局

落实一批政策，全面贯彻外商投资法及其实施条例，抓紧出台落实国务院利用外资 20 条的具体措施，抓好已出台政策的落地，最大程度释放政策红利。用好一个平台，增强外资促进服务平台功能，完善投促项目库、资源库和活动库，形成项目清单、政策清单、责任清单。办好一系列活动，以筹备好第三届进口博览会为契机，以城市推介大会为龙头，精心策划系列投资促进活动，形成品牌效应。完善一套机制，巩固和丰富政企沟通圆桌会议、重点外资企业联系服务等制度，当好政策宣传员、项目推进员和问题协调员。打造一支队伍，加强与国际机构合作，优化整合“体制内＋体制外”的资源力量，形成专业化、国际化的投资促进队伍。

（三）深化“一网通办”，不断优化营商环境

聚焦满足市场主体需求、便利市场主体经营，实施优化营商环境 3.0 版。提高政务服务“一网通办”应用效能，统筹建立“涉外服务一件事”专窗，提升外资企业和外籍人士在上海办事的便利度，不断提升投资贸易便利化水平，支持外资企业不断做大做强。上海将继续坚定不移扩大开放，使上海永葆富有吸引力的外商投资热土的魅力，

更好地服务全国开放发展大局。

第二节　总 部 经 济

一、 2018—2019 年上海总部经济发展情况

2018—2019 年，上海市新增跨国公司地区总部及总部型机构分别为 45 家和 50 家，其中，2018 年有 18 家企业被认定为亚太区总部（洲际集团、帝亚吉欧集团、邱博集团等知名跨国公司将大中华区或亚太区总部放在上海）；2019 年有 28 家企业被认定为中国、亚洲区、亚太区及更大区域总部。2018—2019 年，新增研发中心分别为 15 家和 20 家，外商在上海累计设立跨国公司地区总部分别为 670 家和 720 家，研发中心分别为 441 家和 461 家。此外，2018 年跨国公司地区总部数量占上海市外商投资企业的 1.3％，营业收入占比 9.9％，利润总额占比 17.3％，从业人数占比 6.2％，纳税总额占比 11.6％。

二、 2018—2019 年上海总部经济主要工作

上海市商务委员会一方面积极引进一批具有投资、管理、研发、贸易、结算等多功能的总部，另一方面主动服务企业，帮助现有在沪跨国公司总部实现功能提升，促进增加新的功能板块。通过推进一批高能级地区总部扎根上海，实现对全球资源的合理配置和高效利用，为提升城市能级和核心竞争力提供有力支撑。

（一）完善跨国公司地区总部政策体系

2019 年，上海市商务委员会按照上海市领导批示要求，会同相关部门通过走访调研、组织专题座谈等形式，对上海市跨国公司地区总部发展中存在的问题进行了梳理，同时借鉴吸取上海市智库、政企合作圆桌会议和大调研工作中企业提出的意见建议，形成鼓励上海市跨国公司地区总部发展的政策措施，出台发布《上海市人民政府关于本市促进跨国公司地区总部发布的若干意见》（沪府规〔2019〕30 号）及《上海市鼓励跨国公司设立地区总部的规定》（沪府规〔2019〕31 号）。新版总部政策从优化总部认定标准、促进地区总部发挥功能、加大总部功能配套保障力度三方面鼓励上海外资总部经济发展。其发布实施，吸引更多的跨国公司地区总部、功能性机构集聚上海，积极参与上海“五个中心”建设；引导在沪跨国公司地区总部、功能性机构提升能

级、拓展功能，深度融入全球产业链、价值链、创新链；帮助上海破解各种要素跨境流动的障碍，营造更加法治化、国际化、便利化的投资贸易环境，提升上海在国际经济竞争中的地位和影响力。

（二）鼓励总部企业强功能、提能级，推进总部企业数量和质量再上新台阶

1. 制定和实施总部拜访计划

根据上海外资企业的纳税贡献度、行业领先度、功能性机构作用发挥度等指标，上海市商务委员会列出建议拜访跨国公司总部名单，统筹安排市区两级领导拜访，通过市区两级领导持续拜访在沪外资企业所属跨国公司总部，密切与跨国公司高层的交流沟通、坚定跨国公司在沪投资发展的信心。

2. 做好重点企业排摸及梳理工作

依托各区商务主管部门，做好重点企业的排摸、梳理工作，建立总部项目储备库，协同各区加大对潜在总部企业的关注度和培育力度，增强政策宣传、推送的精准度。点对点对潜在企业进行挖掘，了解企业需求，解决企业痛点，帮助企业落户。

3. 鼓励提升总部能级

鼓励一批在沪跨国公司地区总部升级为亚太区或更大区域的总部，支持外资研发中心转型升级为全球研发中心和开放式创新平台。

（三）优化营商环境，加大服务总部企业力度

一是发挥上海市外资工作领导小组等市级协调机制的作用，推进部门间联动协调。根据上海市出台的促进外资发展的系列文件精神，建立健全外商投资权益保护机制，在上海市已有的外商投资企业投诉协调机制基础上，建立完善联系机制，由上海市商务委员会召集，各相关委办局指定一名联系人，各区明确投诉机构、负责人和联系人，协调解决外资企业反映的权益保护问题。制定上海市外商投资权益保护工作流程图，规范窗口接收、登记指派、初步核实、协调办理、汇总反馈、材料归档等内部流程并规定办理时限，推动外商权益保护工作向规范化、流程化和讲求时效转变。二是健全上海市区联动、委办联合、委内联手的服务各类总部企业的快速反应机制，推进“重点企业联络员制度”等制度，加大为总部企业提供一对一服务的力度。响应总部企业诉求，积极协调各行业主管部门解决企业各种疑难杂症。三是举办各类活动，深度了解企业需求并扩大各类政策普及度。2018 年以来，结合大调研工作，将政企合作圆桌会议作为服务企业的重要平台与抓手，上海市政府召集市相关部门召开了 15 场政企合作圆桌会议。四是按期举办各区及开发区商务干部的培训，培养一支业

务精良的专业队伍，提升各区及开发区为外资企业服务的业务水平和工作能力。线上运营“外资服务直通车”微信服务群，打造 7×24 无休的在线服务平台，及时发布政策信息和行业动态，为跨国公司地区总部了解行业发展动向、政策信息、问题反映等提供便利。

（四）举办地区总部颁证仪式

2019 年，上海市举行了第 30 批和第 31 批跨国公司地区总部和研发中心颁证仪式。共 52 家跨国公司地区总部和研发中心获得证书，既有世界 500 强制造业企业，也有细分领域的行业领先企业。如财富 500 强企业日本伊藤忠伤逝株式会社、美国可口可乐公司、行业龙头企业全球最大的外币兑换公司通济隆外币兑换（中国）有限公司、全球最大的乳制品集团之一的恒天然集团、全球前五大汽车零部件供应商李尔公司、世界排名前五的挪威船级社和意大利船级社、世界知名乳制品企业明治株式会社、全球知名人工智能计算公司英伟达集团、世界焊接行业领先企业的林肯电气公司、世界排名前三位的摄像头芯片提供商美国豪威科技股份有限公司、国际顶级光学薄膜镀膜设备制造商光驰科技股份有限公司等。

第三节　外资研发中心

一、 2018—2019 年上海外资研发中心发展情况

近年来，落户上海的外资研发中心，集聚了大量高端人才，促进了上海产业水平的提升和产业结构的转型升级。2018—2019 年，上海市新增外资研发中心分别为 15 家和 20 家；截至 2018 年底和 2019 年底，外商在上海累计设立外资研发中心分别达 441 家和 461 家，上海已成为中国内地吸引外资研发中心最多的城市之一，呈现以下特点。

（一）行业分布集中在高新技术产业

2018—2019 年，生物医药企业设立外资研发中心分别为 4 家和 7 家。2018 年，信息技术企业设立外资研发中心 7 家，2019 年，汽车及零部件企业设立外资研发中心 7 家。截至 2018 年底和 2019 年底，信息技术行业外资研发中心数量分别为 93 家和 95 家，占上海市总的新增外资研发中心的 21.1%和 20.6%；生物医药行业外资研发中心数量分别为 106 家和 113 家，占上海市的 24%和 24.5%。此外，全球最大的 10 家

制药企业中有7家在上海设立外资研发中心，包括辉瑞公司、英国葛兰素史克公司、英国阿斯利康公司、罗氏集团、诺华制药公司、美国礼来公司、勃林格殷格翰公司。

（二）投资国别集中在发达国家和地区

2018—2019年，吸引美国企业设立外资研发中心数量分别为1家和8家，吸引欧洲企业设立外资研发中心数量分别为4家和3家，吸引日本企业设立外资研发中心数量分别为3家和2家，吸引中国香港企业设立外资研发中心数量均为6家。截至2018年底和2019年底，来自美国的外资研发中心数量分别为109家和117家，占上海市25.6%、25.4%；来自欧洲的外资研发中心数量分别为75家和78家，占上海市17.6%、16.9%；来自日本的外资研发中心数量分别为53家，占上海市12.4%、11.9%；来自中国香港外资研发中心数量分别为83家和89家，占上海市19.5%、19.3%（图6.1，图6.2）。

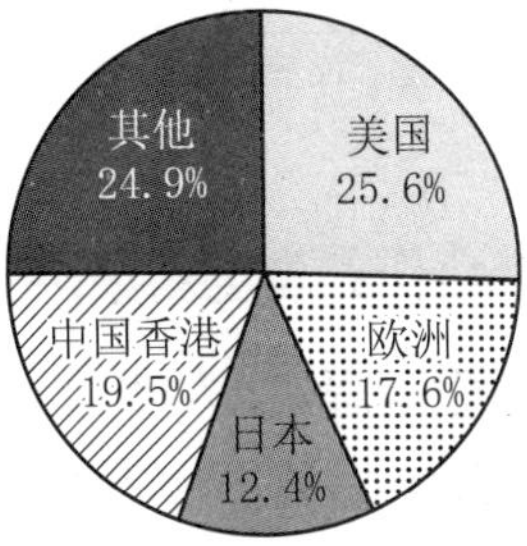

图6.1 2018年上海外资研发中心分布来源地区占比

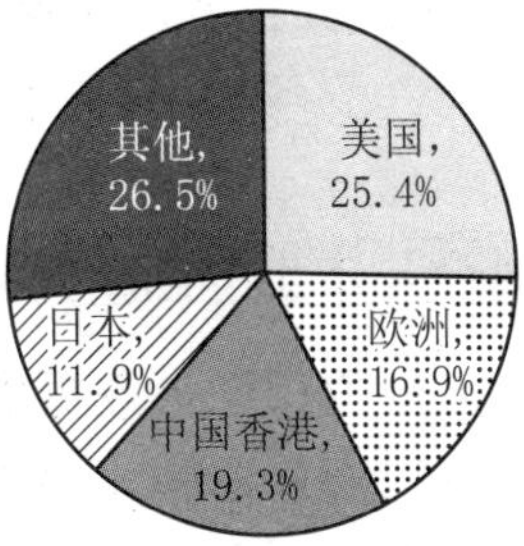

图6.2 2019年上海外资研发中心分布来源地区占比

数据来源：上海商务委员会。

（三）落户区域集中在浦东

2018年，浦东新区吸引外资研发中心6家，杨浦区3家，宝山区2家，徐汇区、普陀区、嘉定区、金山区各1家。2019年，浦东新区吸引外资研发中心7家，松江区6家，徐汇区、杨浦区各2家，静安区、宝山区、奉贤区各1家。2018—2019年，从落户上海的外资研发中心整体看，落户浦东新区的外资研发中心分别为251家和258家，占比56.9%和56%。

二、2018—2019年上海外资研发中心主要工作

上海始终坚持全球视野、国际标准，集聚外资企业及外资研发中心。2019年，上

海出台了《关于进一步深化科技体制机制改革增强科技创新中心策源能力的意见》等相关政策，鼓励外国投资者在上海设立研发中心和开放式创新平台，积极支持外资研发中心承担全球研发职能，积极参与具有全球影响力的科技创新中心建设，从而推动上海加快融入全球创新网络。

（一）推动在华新设研发中心提升能级

截至 2019 年底，上海累计设立外资研发中心 461 家，全球研发中心 46 家。其中，一些跨国公司正在不断提升上海研发中心在其全球战略体系中的层级，在上海设立全球性或区域性研发中心，推动在沪外资研发中心在上海乃至全球获得一系列研发成果。如科勒（中国）投资有限公司于 2019 年 4 月在上海设立全球研发中心，从事厨卫产品的技术研究与开发，目前该研发中心拥有注册专利 243 项，共拥有研发人员 156 名，汇聚了一批技术中坚骨干力量；总投资 8.6 亿元的罗氏上海创新中心于 2019 年 10 月在上海张江高科罗氏园区落成，现拥有约 150 名科研人员从事药物发现和早期临床开发工作，90％以上为本土科学家。

（二）外资与本土的创新元素加速融合，中外合作共享创新成果

鼓励外资企业为初创企业提供创新枢纽内的优势资源，如人才与导师、大型企业与高校、资金支持等，加速创新元素融合，推动企业高速成长。如微软加速器（上海）是微软全球第 8 个加速器，一期共为 14 家初创企业成功加速。10 家企业在加速期间获得总额 4.2 亿元的新一轮融资，企业总估值超过 66 亿元，是加速前的 3 倍以上，1 家企业在新三板上市。2019 年 6 月，作为强生公司的开放创新生态体系、亚洲首个初创企业孵化平台（JLABS）在上海张江启用，可以容纳超过 50 家生命科学和医疗健康领域初创企业，将与强生亚太创新中心、新兴市场创新中心等机构展开合作，共同打造辐射全球的亚太创新基地。

三、 2020 年上海外资研发中心工作展望

2020 年，上海市商务委员会将继续吸引外资企业在沪设立研发中心，本年度认定外资研发中心数量不少于 15 家。下一步工作安排如下。

（一）开展上海市范围内的外资研发中心调研工作

对上海市外资研发中心开展问卷调查和座谈、走访相结合的调研工作，摸清外资

研发中心的运营现状、研发情况及遇到的困难和问题。

（二）完善外资研发中心政策

2015 年，上海市政府办公厅印发的《上海市鼓励外资研发中心发展的若干意见》（沪府办发〔2015〕42 号）将于 2019 年 10 月 31 日到期，升级版的政策修订也在稳步推进中。

（三）聚焦引进重点项目

引进一批优质企业、优质项目，推动更多跨国公司地区总部和外资研发中心落户上海。

（四）鼓励参与上海科技创新中心建设

鼓励高能级的外资研发中心积极整合配置全球创新资源，面向亚太地区乃至全球开展技术创新和产品开发，推动外资研发中心积极融入上海科技创新中心建设。

第七章　对外经济合作

第一节　对 外 投 资

一、 2018—2019 年上海对外投资发展情况

（一）总体情况

2018—2019 年，在商务部和上海市政府的坚强领导和各兄弟部门的大力支持下，上海市商务委员会紧紧围绕国家“走出去”战略和“一带一路”建设，不断完善对外投资合作体制机制，推动重大项目实施，规范经营秩序，加强安全保护，上海市对外投资合作持续平稳健康发展。2018—2019 年，备案和核准对外直接投资项目分别为 792 个和 845 个，备案中方投资额分别为 168.7 亿美元和 139.9 亿美元，实际对外直接投资额分别为 130.4 亿美元和 90.6 亿美元，两年均居全国各省市第二位（图 7.1）。

（二）主要特点

1. 对外投资合作结构不断优化

对外投资产业结构持续优化，投向实体经济增幅较大。2018—2019 年，上海市备案中方投资额分别为 30.5 亿美元和 27.0 亿美元，占上海市比重分别为 18.1%、19.3%，居于行业前列。如，2018 年上海爱夫迪自动化科技有限公司出资 7 亿美元收购德国 FFT，该公司为全球领先的柔性自动化生产线解决方案提供商，主要为德国、美国、日本、中国等国家的一线汽车制造商提供柔性自动化生产线解决方案、定制化工程设计和实现。再如，2019 年北辰汽车（上海）有限公司对其瑞典子公司博乐斯达性能

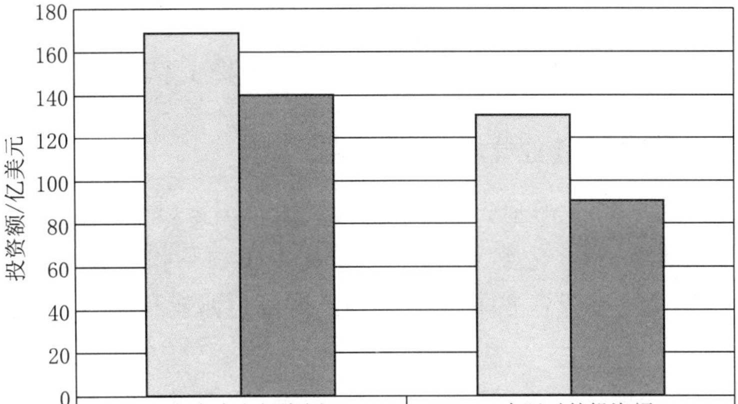

	备案中方投资额	实际对外投资额
2018年/亿美元	168.7	130.4
2019年/亿美元	139.9	90.6

图 7.1　2018—2019 年上海对外直接投资情况

数据来源:上海商务委员会。

有限公司增资 45 亿瑞典克朗,将用于购买沃尔沃旗下 Polestar 相关车型的知识产权转让费等,所涉车型已于 2019 年中期开始在中国生产并进行全球销售。

2. 跨国投资并购仍是主流

2018—2019 年,上海市对外投资并购额分别为 91.5 亿美元和 68.9 亿美元,占总额的 54.3%和 49.2%。如,2018 年复星医药并购以色列最早从事生命科学研究之一的峰克斯投资有限公司,获得了针对领先的、创新的生命科学技术。锦江集团收购丽笙酒店集团,其全球布局拓展至 120 余个国家,酒店数量超过 1 万家。再如 2019 年,上海云钜创业投资有限公司(支付宝旗下)先后投资 1 亿美元和 1.8 亿美元收购巴西和孟加拉相关支付公司股权,从事移动增值业务、手机软件开发及信息技术服务。

3. 民营企业担当主力军

2019 年,上海市民营企业备案中方投资额 79.8 亿美元,占上海市总额的 57.1%。如上海佑磁信息科技有限公司在中国香港投资 2.2 亿美元新设成立芯合半导体有限公司,主要致力于先进制程工艺下高性能逻辑芯片制造的技术开发与产业实现。

4. 中国香港、美国为主要投向地

2019 年,亚洲、南美洲(包含避税地)和北美洲为上海企业对外投资主要投向地,备案中方投资额分别占上海市总额的 68.5%、13.6%和 8.1%。从国家和地区来看,中国香港和美国最受青睐。上海企业对中国香港备案中方投资额 46.3 亿美元,占上海市总额的 33.1%;对美国备案中方投资 9.1 亿美元,占上海市总额的 6.5%。

二、 2018—2019 年上海对外投资主要工作

（一）积极推动企业参与“一带一路”建设

2018—2019 年，上海企业对“一带一路”沿线国家(地区)的备案中方投资额分别为 29.3 亿美元和 39.5 亿美元，占上海市比重 17.4%和 28.2%，同比增长 128.9%、34.9%。2018 年主要投资方向为马来西亚、印度尼西亚和缅甸，东盟地区的投资引领“一带一路”。

1. 聚焦重点项目，打造和推动一批具有影响力和带动力的功能性平台和标志性项目

2018 年，上港集团投资 2 亿美元获 25 年以色列海法新港特许经营权，拟将其打造成地中海枢纽港。上海医药投资 5.57 亿美元并购美国医药流通行业三巨头之一康德乐的马来西亚子公司，将致力于构建具有国际竞争力的综合性医药产业集团。境外园区建设深耕发展，由上海企业投资建设的国家级境外经贸合作区印尼青山产业园，园区及入园企业已完成总投资额约 41.2 亿美元，园区累计总产值约 66.5 亿美元，带动当地就业逾 2.4 万人，为当地创造税收超过 3.8 亿美元。

2. 召开上海市“一带一路”走出去企业座谈会

2019 年，上海市商务委员会同上海市国际贸易促进委员会、国家开发银行上海分行召开以“共建‘一带一路’，共享发展新机遇”为主题的“一带一路”企业“走出去”座谈会。座谈会上举行了相关“走出去”签约仪式，上海市商务委员会与国家外汇管理局上海分局、中国出口信用保险公司上海分公司与国家开发银行上海分行分别签署合作备忘录，联手助推上海企业向“一带一路”沿线国家和地区走出去。光明集团与华建集团、上海电气与中船重工 711 所分别签约“一带一路”沿线经贸合作项目，优势互补，抱团出海。

3. 积极组织“走出去”企业参加首届中非经贸博览会

2019 年 6 月 27 日至 29 日，第一届中国—非洲经贸博览会在湖南省长沙市举办，现场设立近 100 平方米的上海地方展区，展区内容包括地方形象展示、对非合作成果展示、“走出去”重点企业和项目展示等。上海市商务委员会积极组织上海电气集团、上海隧道工程有限公司、上海城建国际工程有限公司、上海建工集团、上海医药集团等近十家“走出去”企业参展参会，其中上海医药苏丹项目被列入国家对非项目集中展示区进行重点推介。

4. 推动一批具有影响力和带动力的标志性项目

2019 年，上海民图投资控股有限公司投资 1 亿美元持有马卡蒂市地铁有限公司

20%的股份，投资菲律宾金融中心马卡蒂市地铁大交通项目，该交通项目包括总长近11千米的地铁系统的设计、建造及运营。由上海鼎信投资(集团)有限公司建设的国家级境外经贸合作区印尼青山产业园，进一步投资扩产，在园区内新投资年产38万吨镍铁及配套350 MW火力电厂项目，总投资约5.3亿美元。

（二）加强“走出去”公共服务体系建设

着力构建国际化、专业化、市场化的走出去公共服务体系，打造以服务企业为核心的“走出去”生态圈，为企业提供信息服务、融资服务、投资促进、人才培训、风险防范等服务，支持企业稳妥高效的“走出去”。

1. 持续完善“五位一体”的公共服务体系

信息服务方面，持续运营“走出去服务港”微信公众号，每日为企业提供重点国别、重点领域投资合作指南、法律法规、产业政策和安全形势等动态信息，2018—2019年关注用户分别超过3.7万人和近5万人，阅读数分别超过400万次和500万次，关注人员覆盖全国各省市企业、机构和政府相关部门。2018年新编制发布了对外投资合作年度报告、可持续发展投资报告、美国基础设施领域投资合作报告、“一带一路”投资合作报告、“一带一路”工程承包指南、东盟投资指南等指引。2019年新编制发布了两本对外投资指南报告，分别为《2018年度对外投资合作报告》和《“一带一路”投资指数报告》。

金融服务方面，2018年，与国家开发银行、中国进出口银行、中国出口信用保险公司等建立了推进政、银、企融资对接工作机制，银行重点支持在“一带一路”沿线实施的国际产能合作、基础设施和互联互通重点项目。2019年，召开“走出去”工作政银企三方座谈会，邀请到上海市金融工作局、上海市银行保险监督管理局、上海市国际贸易促进委员会、国家开发银行上海分行、中国进出口银行上海分行、中国出口信用保险公司上海分公司、中国银行及“走出去”民营企业代表参会，以此探索建立政银企三方长期有效沟通机制，助力企业开展对外投资合作。

投资促进方面，建立“一带一路”重点对外承包工程项目库，开展2018年上海市“一带一路”和国际产能合作重大项目调查，紧密跟踪重点对外承包工程项目进度和在建情况。常态化举办投资促进活动，与热点国家和地区官方机构和专业服务机构合作，根据需要举办各类投资促进活动，发掘合作新领域和新机遇。2019年，与热点国家和地区官方机构和专业服务机构合作，根据需要举办各类投资促进活动，发掘合作新领域和新机遇。如支持塞浦路斯工商会举办“塞浦路斯——即将崛起的国际商业中心”投资推介会，组织100多人参会，进一步深化两地间经贸文化交流。

人才培训方面，通过政府购买服务的方式，连续4年在法律、税务、融资、商务、人力资源、并购后管理、海外工程承包、社会责任、风险防范等不同领域进行实用型跨国经营人才培训。截至 2018 年底，新开设了 15 个不同专题 75 个班次的培训项目，当年度跨国经营人才培训班已培训了超过 4 130 人次。2019 年新开设了 7 个不同专题 56 个班次的培训项目，当年度跨国经营人才培训班已培训 3 000 人次。此外，为进一步提高培训效率、便于企业人员学习相关知识，创新“走出去”培训班模式，“走出去”空中课堂正式上线，向企业免费开放。

风险防范方面，2018 年，与国际 SOS 组织合作开展风险防范实务培训，推送安全信息 540 条，培训安全人员超过 530 人次。开展“双随机、一公开”抽查工作，排查上海市“走出去”企业相关经营情况。2019 年，指导上海市海外救援中心联合相关专业机构先后开展多期“走出去”风险防范实务培训，如境外中资企业机构和人员风险防范——海外投资法律风险防范班，从最热点、最常见、最敏感的对外投资法律问题的实务领域来为相关人员解读政策、预防风险。

2. 组建上海市层面的“走出去”综合服务平台

2018 年，为进一步推动服务上海企业更快更好“走出去”，通过借鉴中国香港贸易发展局的模式和经验，上海市商务委员会指导上海市国际贸易促进委员会组建成立了上海市企业“走出去”综合服务中心，目前已正式揭牌。上海市国际贸易促进委员会正式成立了贸易投资促进部，负责上海市企业“走出去”综合服务中心的筹建和推进工作，已建立了“上海市企业走出去综合服务工作联席会议制度”“上海市企业走出去合作伙伴机制”“上海市企业走出去专业服务机构名录库”等。

3. 支持上海国际商会设立“上海国际商会非洲委员会”

2019 年，为积极建立政企沟通渠道、搭建多方合作平台，形成“雁群效应”，上海市商务委员会积极支持上海国际商会，动员组织上海市已到或计划到非洲地区进行贸易投资的企业组建“上海国际商会非洲委员会”。该委员会将设轮值主席一名，由企业家担任；秘书长一名，由上海国际商会秘书处或上海市企业“走出去”综合服务中心委派，上海市企业“走出去”综合服务中心设立“非洲事务部”对接开展各项工作，共同助力企业开拓非洲市场，务实推进中非经贸合作。

第二节　对外承包工程及劳务合作

一、 2018—2019 年上海对外承包工程发展情况

2018—2019 年，上海新签对外承包工程合同额分别为 119.0 亿美元和 125.4 亿美

元，同比增长 9.6%、5.4%；完成营业额分别为 75.4 亿美元和 94.0 亿美元(图 7.2)。2019 年，新签合同以大中型项目为主，新签合同额超 5 000 万美元的大中型项目 55 个，合同额合计为 97.5 亿美元，占总额的 77.7%。

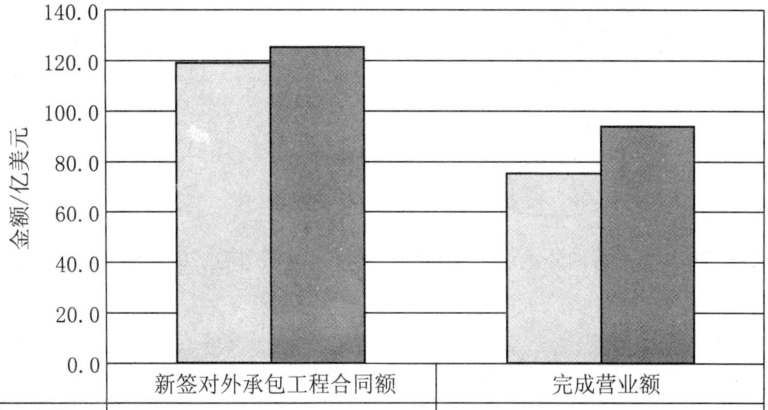

	新签对外承包工程合同额	完成营业额
2018年/亿美元	119.0	75.4
2019年/亿美元	125.4	94.0

图 7.2　2018—2019 年对外承包工程发展情况

数据来源：上海商务委员会。

从市场分布来看，亚洲的发展中国家是主要市场。2018—2019 年，亚洲地区新签合同额分别为 81.0 亿美元和 100.6 亿美元，占总额的 68.1%和 80.2%；工程市场以阿拉伯联合酋长国、印度尼西亚等国为主。2019 年，其他地区新签合同额为 24.9 亿美元，占总额的 19.8%。

从行业分布来看，2018 年，电力工程、制造加工设施建设等上海优势行业作用显著，2019 年，新签合同的重点行业为电力工程建设、一般建筑和交通运输建设。2018—2019 年，电力工程建设项目新签合同额分别为 45.5 亿美元和 36.9 亿美元，分别占总额的 38.3%、29.4%。2018 年，制造加工设施建设项目新签合同额 25.3 亿美元，占总额的21.3%；石油化工项目、工业建设项目新签合同额分别占比 11.3%、10.4%。2019 年，一般建筑项目新签合同额 23.7 亿美元，占总额的 18.9%；交通运输建设项目新签合同额 22.2 亿美元，占总额的 17.7%。

从企业性质来看，国有企业引领对外承包工程，是新签合同的重要主体。2018—2019 年，国有企业新签合同额分别为 94.9 亿美元和 115.5 亿美元，同比增长 17.9%、21.7%，占上海市总额的 79.8%、92.1%；民营企业新签合同额分别为 14.9 亿美元和 7.8 亿美元，同比增长 71.6%、−47.5%，占上海市总额的 12.6%、6.3%；外资企业新签合同额分别为 9.1 亿美元和 2.1 亿美元,占上海市总额的 7.7%、1.7%(图 7.3,图 7.4)。

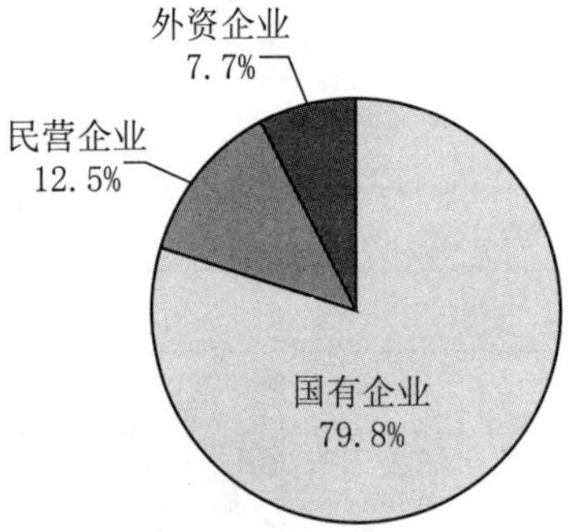

图 7.3　2018 年上海对外承包工程结构

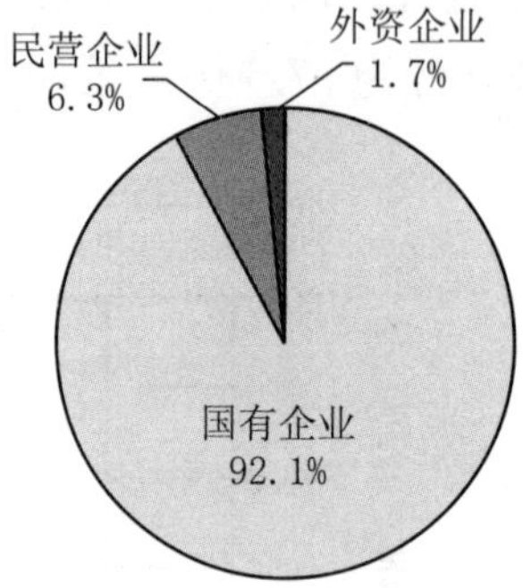

图 7.4　2019 年上海对外承包工程结构

从地域分布来看,“一带一路”沿线发展成效明显,“一带一路”沿线新签项目占比较高。2018—2019 年,上海企业在“一带一路”国家新签对外承包工程合同额分别为 87.3 亿美元和 93.0 亿美元,同比增长 20.4%、6.5%,均占上海市新签合同额的 73.4%。

二、 2018—2019 年上海对外劳务合作发展情况

2018—2019 年,上海对外劳务合作新签劳务人员合同工资总额分别为 4 449 万美元和 7 091 万美元,劳务人员实际收入总额分别为 18 286 万美元和 40 493 万美元;派出各类劳务人员分别为 18 572 人次和 29 069 人次(其中境外工程承包项目下派出劳务人员分别为 8 764 人和 9 226 人);期末在外人数分别为 37 632 人和 41 445 人(其中境外工程承包项目下期末在外人数分别为 14 585 人和 14 582 人)。

为进一步提升“一网通办”改革效能,切实提高企业和群众办事的便捷度、体验度和满意度,上海市商务委员会通过对上海市对外劳务合作公共服务平台信息系统进行改造升级,在对外劳务合作项目审查中创新使用对外劳务合作专用章的电子印章,在确保电子印章合法、安全、可靠地使用的同时,实现数据平台一体化,使对外劳务合作项目审查的流程更加优化,大大缩减了企业获件的时限,优化营商环境。

第三节　对外援助

一、 2018—2019 年上海对外援助发展情况

2018 年,上海 7 家援外培训承办单位共计承办援外培训项目 53 个,其中双边班

14个、多边班39个,学历学位教育项目3个,部级研讨班2个,为107个发展中国家政府机构和企事业单位培训人才1 661人,其中451人来自“一带一路”沿线国家。上海企业承接国家援外工程建设和咨询监理项目20个,援建项目分布于16个国家,项目合同金额合计30.9亿元。召开援外培训工作座谈会,引导各承办单位进一步加强学员与上海企业的对接交流,助力企业在当地国家开展经贸投资合作。配合首届中国(上海)进口博览会(以下简称“进口博览会”或“进博会”),安排258名援外培训班学员(来自亚洲、非洲、北美、拉美、中东欧、加勒比、太平洋岛国等地区的49个国家的政府部门官员和企业高管)在确保安全有序可控的前提下进馆集体参观,为主场外交贡献力量。

二、 2018—2019年上海对外援助主要工作

2019年,上海商学院等7家援外培训承办单位共承接国家援外培训项目53项,其中有主要面向非洲、“一带一路”沿线及拉美国家的双边项目25个,面向亚洲、葡语国家多边项目28个。共为96个发展中国家和地区的政府机构和企事业单位培训人才1 406人,其中1 235人来自“一带一路”沿线及共建国家。培训内容涵盖了宏观和区域发展规划、金融与财经管理、基础设施建设、中小企业发展、基础教育、海事管理等领域。积极发挥援外培训平台机制,助推上海企业开拓国际市场。援外培训班开班期间,引导上海“走出去”企业借助援外研修平台与来华研修的政府部门和相关机构代表建立沟通联系,组织培训班与企事业单位对接会200多场次。

2019年,上海市商务委员会积极支持上海建工集团股份公司、上海宝冶集团公司等5家企业获得商务部援外工程总承包资质,上药控股、上海机械成套公司等6家企业获得援外物资总承包资质。上海建工集团、华东建筑有限公司设计研究院、上海建筑设计研究院、现代建筑设计集团等企业承接国家援外工程建设和咨询监理项目47项,合同金额合计41.5亿元。援建项目分布于29个国家,为受援国建设道路、机场等基础设施,农业、体育、医院等民生公益设施和政府设施。

第八章　贸易投资服务

第一节　公 平 贸 易

一、2018—2019 年全国及上海国际经贸摩擦情况

（一）全国受国外经贸摩擦新立案件情况

2018—2019 年，共有 28 个国家和地区对华启动贸易救济调查，分别为 109 起和 98 起，比上一年增加 34 起和减少 11 起，增幅为 45.3%、−10.2%。其中，反倾销分别为 61 起和 59 起，同比增加 7 起、减少 2 起；反补贴分别为 30 起和 9 起，同比增加 18 起、减少 21 起；保障措施分别为 18 起和 30 起，同比增加 9 起、12 起。2018 年，在国外对华启动的 30 起反补贴调查中有 20 起同时伴随反倾销调查，占同期国外对华反倾销调查总数的 32.7%，同比增加 8 起。2019 年，国外对华启动的 9 起反补贴调查均伴随反倾销调查，占同期国外对华反倾销调查总数的 15.3%，同比减少 11 起。

2018—2019 年，在对华发起贸易救济调查的 28 个国家和地区中，发达国家和地区分别共有 5 个和 4 个，分别是美国、欧盟、澳大利亚、加拿大、新西兰和美国、欧盟、澳大利亚、日本，共启动贸易救济调查分别为 43 起和 25 起，同比增加 10 起、减少 19 起，增幅为 30.3%、−70.2%；发展中国家分别为 21 个和 22 个，对华启动贸易救济调查分别为 60 起和 62 起，同比增加 21 起、2 起，增幅为 53.8%、3.3%；转型经济体均为 2 个，对华启动贸易救济调查分别为 6 起和 11 起，同比增加 3 起、5 起，增长 200%、83.3%。在贸易救济调查中，美国分别为 28 起和 14 起，同比增加 8 起、减少 14 起，占比分别为 25.7%、14.3%；印度分别为 15 起和 12 起，同比减少 1 起、3 起，占比分别为 13.8%、12.2%。2018 年，中国台湾居于第三位，共有 7 起，占比 6.4%。2019 年，阿根

廷居于第三位，共有10起，同比增加5起，占比10.2%。

2018年贸易救济调查共涉及纺织、化工、机械、建材、金属制品、汽车、轻工、食品、冶金、医药、有色金属、造纸等12个行业。2019年在上一年的基础上新增了电子和农产品2个行业，共涉及14个行业。2018—2019年，涉及冶金行业的案件数均居首位，分别为33起和21起，同比增加20起、减少11起，占调查总数的30.3%、21.4%；其次是化工行业，分别为21起和16起，同比增加7起、减少5起，占比19.3%、16.3%；机械行业居于第三位，均为13起，占比11.9%、13.3%。

（二）我国对外发起的贸易救济案件情况

按我国调查机关统计方式，2018—2019年，我国分别启动反倾销调查7起和5起、反补贴调查2起和1起。从对象国来看，我国发起的贸易救济调查分别涉及国家和地区9个和6个。其中，发达国家和地区分别为4个和3个，分别是日本、美国、欧盟、澳大利亚和日本、美国、欧盟；发展中国家和地区分别为4个和3个，分别是韩国、泰国、印度、印度尼西亚和韩国、马来西亚和新加坡。其中，涉及日本的贸易救济调查均为3起，美国分别为2起和5起，韩国、欧盟、印度各2起，其余国家均为1起。

2018年，我国对10起反倾销调查做出终裁，对3起反倾销调查做出初裁；同时对2起反补贴调查做出终裁。在我国启动的7起反倾销调查中，2起为化工产品：分别为林二氯酚、苯酚；2起为农产品，分别为高粱、大麦；1起钢铁产品（不锈钢钢坯和不锈钢热轧板/卷）；1起机械产品（立式加工中心）；1起医药产品（7-苯乙酰氨基-3-氯甲基-4-头孢烷酸对甲氧基苄酯）。其中，我国对高粱和7-苯乙酰氨基-3-氯甲基-4-头孢烷酸对甲氧基苄酯均启动"双反"调查。2019年，我国对4起反倾销调查做出终裁，分别是对原产于巴西的进口白羽肉鸡的反倾销调查，对原产于日本和印度的进口邻二氯苯的反倾销调查，对原产于美国、欧盟、韩国、日本、泰国的进口苯酚的反倾销调查，以及对原产于欧盟、日本、韩国、印度尼西亚的进口不锈钢钢坯和不锈钢热轧板/卷的反倾销调查。

（三）上海经贸摩擦情况

1. 上海涉国外经贸摩擦新立案件影响情况

2018—2019年，上海共涉及国外对华贸易救济调查新立案件分别为50起和40起，同比减少18起、10起，降幅为26.5%、20.0%。其中，反倾销均为28起，同比减少2起、保持不变；反补贴分别为20起和8起，同比增加6起、减少12起；保障措施分别为 2 起和 4 起，同比持平和增加 2 起。从具体涉案国家和地区来看，美国分别为 29 起和 12 起，同比增加 12 起、减少 17 起，占比 58%、30%；印度分别为 7 起和 5 起，同比减少 1 起、2 起，占比 14%、12.5%；2018 年，中国台湾居于第三位，共有 6 起，占比 12%；2019 年，欧盟为 5 起，占比 12.5%。从具体涉案领域来看，五矿化工、轻工和机电行业是主要涉案领域，其中，2018 年五矿化工行业涉案数居于首位，共 30 起，同比减少 11 起，占调查总数的 60%；其次是轻工行业，共 15 起，同比减少 8 起，占比 30%；机电行业居于第三位，共 5 起，同比减少 14 起，占比 10%。2019 年，轻工行业的案件数居于首位，共 21 起，同比增加 6 起，占调查总数的 52.5%；其次是五矿化工行业，共 16 起，同比减少 14 起，占比 40%；机电行业居于第三位，共有 3 起，同比减少2 起，占比 7.5%。

2. 上海参与我国贸易救济案件调查情况

2018 年，在我国发起的 9 起贸易救济调查案件中，上海企业参与申诉 1 起反倾销调查，即对原产于美国、欧盟、韩国、日本和泰国的进口苯酚的反倾销调查。同时，上海企业参与申诉的对原产于泰国的进口双酚 A 的反倾销调查做出终裁，对原产于美国、沙特阿拉伯、马来西亚和泰国的进口乙醇胺同样做出终裁。2019 年，在我国发起的 6 起贸易救济调查案件中，上海企业参与申诉 1 起反倾销调查，即对原产于美国、韩国和欧盟的进口三元乙丙橡胶的反倾销立案调查。同时，上海企业参与申诉的 1 起案件做出终裁，即中国石化上海高桥石油化工有限公司参与申诉的对原产于美国的进口苯酚的反倾销调查。

二、 2018—2019 年上海公平贸易主要工作

2019 年，上海市商务委员会坚持以习近平新时代中国特色社会主义思想为指导，全面贯彻落实党的十九大、十九届二中、三中、四中全会精神和习近平总书记全面依法治国新理念新思想新战略，以实施“三大任务，一大平台”为契机，进一步强化制度创新，扎实推进公平贸易工作。

（一）加强产业安全预警，提升产业安全综合保障能级

加强日常国际经贸风险监测，针对重点国家和地区，加强贸易政策风险防范，编制《重点国别贸易政策汇编》。开展电子信息等三大上海重点产业链国际经贸风险防范研究。发布全球经贸预警信息近 2 000 条、《上海产业安全预警 2018 年年报》《2019 年产业安全预警季报》。开展中美贸易摩擦影响专题调研，为企业应对、政府决策提

供参考。深化技术性贸易措施应对,完善技术性贸易措施数据采集与分析系统,加强电机等重点行业企业防范和应对技术性贸易措施风险服务,率先完成技术性贸易措施对地方贸易影响评估分析,发布单一行业受技术性贸易措施影响评估报告。

(二)积极搭建国际合作平台,提升产业国际竞争力

组织举办第二届产业国际竞争力论坛并作为第二届进口博览会官方配套活动,发布《2019 上海产业国际竞争力指数报告》《长三角城市群产业国际竞争力报告》和《2020 年提升长三角产业合作行动方案》。推动产业国际竞争力联盟工作开展,充分发挥产业国际竞争力联盟对区域产业高质量发展的带动作用。贯彻落实长三角一体化国家战略,构建区域经贸联动新机制,在化工、汽配等领域成立长三角经贸摩擦应对合作联盟,围绕应对贸易救济调查等内容,以"防范国际经贸风险,推动产业高质量发展"为主题,召开"长三角行业公平贸易及产业合作发展论坛",发布《长三角化工行业经贸摩擦报告》《上海及长三角汽车零部件贸易发展报告》。

(三)应对贸易摩擦长期化,提升公共服务质效

依托上海市 46 家公平贸易工作站,拓展公共服务向产业链上下游延伸,加强行业贸易动态监测、贸易政策指引、人才培训等工作,开展公共服务项目 23 项,编写行业信息简报、报告等 40 余篇,公共服务覆盖上海市主要贸易产品领域和重点市场,惠及企业近 5 000 家。分行业、区域组织举办"经贸摩擦风险防范系列培训活动",针对性开展关税排除实务操作等政策解读、实务培训 30 余场,受训企业 3 500 余家。依托上海中小企业经贸摩擦服务平台开展"两反一保"等信息通报、专题辅导 100 余场/次,通过协调应对,上海市重点产业、重点企业的应诉率保持 100%;在已裁决案件中,企业总体胜诉率超过 70%,产品海外市场得到有效维护。

(四)坚定维护多边贸易体制,进一步完善贸易环境

强化贸易政策合规,按照《上海市贸易政策合规工作实施细则》及 WTO《补贴与反补贴措施协议》等有关规定,2019 年对上海市 30 余项贸易政策进行合规咨询、审查,为国家多、双边磋商提供信息保障及支撑。深化贸易调整援助试点,延长《中国(上海)自由贸易试验区贸易调整援助试点办法》有效期,围绕"涉外法律援助、信息咨询服务、贸易结构优化"加快优化上海贸易调整援助试点工作体系,获得国家贸易调整援助试点立项。以《新加坡调解公约》的签署为契机,扎实推进亚太国际商事争议解决中心建设,支持"沪港商事调解研讨会"在上海举办,积极培养专业商

事争议解决人才。

（五）强化上海国际贸易知识产权海外维权服务

加强知识产权保护和海外维权服务，指导上海国际贸易知识产权海外维权服务基地开办针对欧美、日韩等国的不同领域商标、专利、生物医药等专题培训 9 场，举办第三届国际贸易知识产权海外维权高级研修班，累计培训长三角地区的重点龙头企业、学员近 300 名。形成《2019 年国际贸易知识产权维权专题研究报告》，为相关部门和企业制定决策策略提供参考；帮助上海禾赛等企业积极应对美国“337 调查”案件；建立长三角国际贸易知识产权海外维权联盟，实现多层次的跨区域国际贸易知识产权协同发展机制。

（六）牵头小型部长会议保障工作，确保会议成功举办

配合商务部完成进口博览会新增主场外交活动——小型部长会议的筹办工作，会同进口博览局、国家会展中心（上海）共同做好会议的地方保障工作。构建上海市、委内两个层面的会议保障工作机制。经与各有关单位紧密配合，小型部长会议与进口博览会在外事、证件、礼遇、安保、医疗等方面无缝衔接，纵横信息沟通顺畅，地方保障有力到位，确保了会议在上海成功的举办，对推进 WTO 各成员就相关议题达成共识发挥了重要作用。

三、 2020 年上海公平贸易工作展望

（一）深化自贸试验区产业安全预警体系，完善产业安全预警防范机制，提升产业安全保障能级

对重点产品、市场开展经贸评估及影响分析。加强经贸领域重大风险排摸、政策追踪、趋势研判，针对性提出应对预案和对策措施。发挥制度创新优势，丰富地方贸易政策工具箱，制定贸易调整援助地方操作手册。

（二）完善上海涉外法律风险防控体系，提升企业、行业经贸摩擦应对能力

支持上海中小企业经贸摩擦服务平台、知识产权海外维权服务基地、技术性贸易措施行业示范平台，开展经贸摩擦应对工作。搭建上海知识产权海外维权服务网络及地方技术性贸易壁垒动态应对与影响评估体系。发布企业海外合规经营指引，启动海外法律服务平台布点建设。

（三）优化上海及长三角公平贸易公共服务网络，加强上海公平贸易工作站制度保障，完善市区联动工作机制

积极开展预警建设、摩擦应对、贸易救济、政策合规等公平贸易公共服务项目。搭建长三角产业安全预警与法律服务保障体系，筹办长三角公平贸易发展论坛，探索区域公平贸易工作新路径、新模式。

第二节　亚太示范电子口岸

一、2018—2019年上海亚太示范电子口岸发展情况

在亚太示范电子口岸网络运营中心（AOC）、亿通国际等机构共同努力下，2018—2019年，亚太示范电子口岸（以下简称“APMEN”）新增经济体分别为1个（菲律宾）和1个（新加坡），新增成员口岸分别为4个（菲律宾的宿务港和Inter Commerce公司，秘鲁的卡亚俄港，马来西亚的国际贸易单一窗口运营商DNeX公司）和3个（澳大利亚提名1-stop、新加坡国际港务集团PSA、秘鲁VUCE）。至此，APMEN成员范围从成立初的“8＋11”发展至2018年的“11＋19”再到2019年的“12＋22”，APMEN国际影响力进一步扩大，得到APEC各相关经济体的肯定和认可。

二、2018—2019年上海亚太示范电子口岸主要工作

（一）APMEN联合运营委员会工作机制运行顺畅

2018年，第四次APMEN联合运营委员会（AJOG）会议（上海）、第四次APMEN公私对话会（PPD）（厦门）、第三期APMEN能力建设培训班（上海）成功举办。2019年，APEC贸易投资委员会（CTI）第三次会议在智利召开期间，上海电子口岸（亿通国际）高管作为亚太示范电子口岸网络联合运营委员会（AJOG）会议主席代表与新加坡、中国香港、智利、秘鲁和APEC政策支援小组的CTI代表以及部分APMEN成员进行会谈，并就增加新成员口岸、启动新试点项目等问题达成共识。

（二）APMEN互联互通理念得到有效推进

在上海市商务委员会积极推动下，通过复制APMEN互联互通成熟理念，“协同推进亚太示范电子口岸网络（APMEN）互联互通”写入“推进《上海市贯彻落实〈长江

三角洲区域一体化发展规划纲要〉实施方案》工作方案”。目前,上海电子口岸(亿通国际)等已根据方案精神制定了下一步推进计划。

(三) APMEN 试点项目得到务实推进

根据 APMEN 成立时的相关规定,APEC 贸易投资委员会(CTI)2018 年需对 APMEN 过去几年的工作进行评估,以决定是否继续进行该项目。2018 年 5 月《APMEN 2015—2018 年整体进展报告》获得通过,2018 年 8 月《APMEN 评估报告》交 CTI 第三次会议审议,并提交了《APMEN 职责范围(更新版)》(TOR)。在各方努力下,CTI 审议完成《APMEN 评估报告》,《APMEN 职责范围(更新版)》(TOR)在 11 月 APEC 巴新会议上获得通过。

在 2018 年一期成果基础上,2019 年积极推进海运可试化试点项目二期工作,未来将推动更多 APMEN 成员间海运数据的交换,提高 APEC 经济体跨境贸易的可视性、数据完整性和透明度。此外,厦门电子口岸作为中方提名的第二个 APMEN 口岸成员,与中国香港国泰航空有限公司、传讯香港有限公司(GLS)合作,采用“单一窗口+空运物流”模式,正式上线启动厦门口岸空运进出口运单电子化项目,缩短进口单证流转时间,优化换单报关提货流程,进一步推动“单一窗口”在航空货运领域有效实现降本提效。

(四) APMEN 公私对话会和能力建设培训顺利举办

2019 年 8 月 30 日,第五届 APMEN 公私对话会在智利圣地亚哥举办,来自 APEC 经济体、APEC 秘书处、APMEN 成员口岸、各国政府机构及企业界的 50 余名代表参加会议,就 APMEN 试点项目的最新实践与前景展望展开讨论。2019 年 11 月 8 日至 21 日,APMEN 第四次能力建设培训在上海及厦门成功举办,为来自 16 个经济体的 34 名成员提供了 10 场专题培训和 3 场研讨会,并在上海和厦门组织了实地考察,有效帮助参训经济体学员提升电子口岸建设、推动数字化贸易方面的能力。

第三篇

专　　题

第九章 中国（上海）自由贸易试验区

第一节 总体运行情况

一、总体概况

上海自贸试验区制度创新进一步激发了市场创新活力和经济发展动力。一是自贸试验区经济活力持续保持。截至2019年底，自贸试验区累计新设立企业6.4万户，6年来新设企业数是前20年同一区域企业数的1.8倍；累计新设外资企业1.2万户，占比从自贸试验区挂牌初期的5%上升到20%左右。2018—2019年自贸试验区实到外资金额分别为67.7亿美元、79.6亿美元，连续2年保持增长。二是贸易便利化改革效应持续显现。自贸试验区进出口额继续保持增长，2018—2019年分别实现进出口总值1.46万亿元、1.48万亿元，占上海市比重均超过40%（表9.1）。2019年洋山港和外高桥港区合计完成集装箱吞吐量3 907万标箱，同比增长3%，推动上海港集装箱吞吐量连续10年位居世界第一位。

表9.1 2018—2019年上海自贸试验区主要经济指标及其增长速度

指　　标	单　位	2018年		2019年	
		绝对值	同比增长率/%	绝对值	同比增长率/%
一般公共预算收入	亿元	648.2	12.0	588.6	−9.2
外商直接投资实际到位金额	亿美元	67.7	−3.5	79.6	17.6
全社会固定资产投资总额	亿元	638.1	−6.2	725.7	13.7
规模以上工业总产值	亿元	4 965.0	−0.7	4 652.4	−2.5

续表

指　　标	单　位	2018 年		2019 年	
		绝对值	同比增长率/%	绝对值	同比增长率/%
社会消费品零售额	亿元	1 515.7	1.4	1 602.9	5.8
商品销售总额	亿元	40 874.9	7.2	43 008.4	4.5
服务业营业收入	亿元	5 724.0	11.8	5 787.3	9.9
外贸进出口总额	亿元	14 600.0	4.1	14 841.8	4.4
出口额	亿元	4 542.5	8.3	4 493.5	3.8
期末监管类金融机构数	个	887	4.5	921	3.8

二、 2018—2019 年建设推进情况

（一）加强改革系统集成，开放和创新融为一体的综合改革试验区建设取得新成效

1. 服务业扩大开放取得新成效，一批首创性外资项目落地

自贸试验区版外商投资负面清单经 5 次修订后，从 2013 版的 190 条减少到 2019 版的 37 条，开放度和透明度进一步提高。截至 2019 年底，54 项扩大开放措施累计落地项目数超过3 200个，全国首家股份制外商投资性公司落户，全国首家外国投资金融教育培训机构、首家获批开展基金投顾业务的中外合资金融机构、全国首家外资保险控股公司等开业，两家外资私募成为首批获得投顾资格的外资机构，首家外资综合医疗机构开院运行。率先试点跨境服务贸易负面清单管理模式，2018 年 9 月上海市政府正式印发《中国（上海）自贸试验区跨境服务贸易特别管理措施（负面清单）》。

2. 贸易便利化水平进一步提升，推动综合保税区“21 条”措施率先落地

2018 年，试点签发自动进口电子许可证，90%以上的非机电类自动进口许可证实现全程无纸化，机电类自动进口许可证办理时间压缩至 8 个小时，推进集装箱设备交接单无纸化。上海海关签发首份原产地预裁定，企业凭该预裁定可叠加使用原产地自主声明制度。国际贸易“单一窗口”功能全面深化，功能模块增加到 10 个，2018 年新增“进博专区”功能，覆盖 22 个口岸和贸易监管部门，信保融资业务上线试运行，成功实施首单信用保险保单融资业务。2018 年 11 月 19 日，金桥出口加工区（南区）经国务院批复转型升级为综合保税区，2019 年 11 月准予封关运行。2019 年 8 月，全国首架综合保税区租赁（退租）飞机异地委托监管成功实施。

3. 积极培育新业态、新模式，离岸贸易、服务贸易、数字贸易加快发展

2018年深化航运制度创新效应，国际船舶管理企业首创试点支付船长借支资金，首家船舶维修企业参与关税保证保险扩大试点。2019年10月31日，成功举办“上海自贸试验区推进离岸转手买卖贸易发展推介会”，成立“中国(上海)自贸试验区离岸转手买卖产业服务中心”和“离岸转手买卖先行示范区”，2019年推出货物转手买卖贸易试点企业249家，占上海市试点企业总数的83%。2019年，率先实施自由进出口技术无纸化备案登记管理试点，办事时间由3天缩短至0.5天。数字贸易交易促进平台于2019年10月正式启动上线。

4. “双自联动”效应持续加强，助推科技创新中心建设提速

药品上市许可持有人试点深入开展，上海市首个上市许可持有人和生产企业相分离的品种于2018年1月获批上市，我国首个自主研发的抗癌新药于2018年9月在上海自贸试验区内获批上市。医疗器械注册人试点率先启动，全国首个医疗器械注册人制度试点产品于2018年2月获准上市。知识产权保护全面加强，2018年2月，中国(浦东)知识产权保护中心启动运行，全国首个自贸试验区内国家级版权服务中心启动运行。2019年4月，浦东新区国际人才港顺利开港，全国首创设立外国人来华工作居留审批“单一窗口”和“一网通办”服务系统，工作许可、居留许可审批时间从12个工作日压减至5个自然日。推进外国人才工作许可制度创新，2019年7月率先承接国内人才引进直接落户审批权和留学人员落户审批权。

（二）加强同国际通行规则相衔接，开放型经济体系的风险压力测试区建设取得新进展

1. 金融开放创新进一步深化

2018年出台《中国(上海)自由贸易试验区关于扩大金融服务业对外开放进一步形成开发开放新优势的意见》，围绕银行业、证券业、金融市场对外开放等领域提出了25条创新举措。“沪伦通”于2019年6月正式启动。国家外汇管理局上海分局于2019年7月印发《进一步推进中国(上海)自贸试验区外汇管理改革试点实施细则(4.0版)》支持总部经济和结算中心发展，并实施开展资本项目收入结汇支付便利化试点。2018年12月发布自贸试验区第9批金融创新案例，自贸试验区成立5年来累计已发布110个自贸试验区金融创新案例。太平人寿保险有限公司上海自贸试验区分公司签下首份创新型跨境再保险业务合同，首笔实收保费超过1亿元，突破了跨境再保业务只能以本币计价的局限。2019年9月，中国信登信托受益权账户管理系统上线运行，实现全国集中管理的信托收益权账户体系建设“零”的突破。

2. 期现联动试点不断深化

我国第一个国际化期货品种原油期货于 2018 年 3 月上市交易，交易规模已达全球第三位。20 号胶期货作为上海期货交易所第二个国际化品种，2019 年 8 月在上海国际能源交易中心正式挂牌交易，并于 12 月生成首张仓单进入交割业务。全球首个不锈钢期货 2019 年 9 月在上海期货交易所上市。黄金期权于 2019 年 12 月在上海期货交易所上市，成为我国首个贵金属类期权产品。沪市首个跨市场股票期权产品沪深 300ETF 期权上市。“上海银”集中定价合约挂牌，上线买方挂牌功能，促进期现联动。

3. 经济领域风险防范化解率先破题

建设经济领域风险防范化解平台，按照监管要素标准化、监管方式智能化、监管流程闭环化理念，在危险化学品、建设交通、重点产业、社会事业、金融服务、农林牧渔等 8 个重点领域 104 个行业建设综合监管场景，创新智能监管应用。2018 年 8 月，成立上海金融法院，加强对跨境金融活动和跨行业、跨市场等复杂金融活动的监测和风险快速处置。

（三）进一步转变政府职能，打造提升政府治理能力的先行区取得新突破

1. “证照分离”改革试点全面深化

截至 2019 年底，国务院批复的第一批 116 项、第二批 47 项和浦东新区自主改革的 35 项，共 198 项“证照分离”改革试点已全部实施。2019 年 8 月，国务院部署在全国自贸试验区开展“证照分离”改革全覆盖试点。率先在全国探索开展“一业一证”改革，目前已在便利店、体育健身场馆、宾馆、药店、饭店等 43 个区级事权行业核发行业综合许可证 71 张，总体实现审批事项压减 76%，审批时限压减 88%，申请材料压减 67%，填表要素压减 60%。在全国率先试点低风险食品生产许可告知承诺制。

2. 事中事后监管体系不断完善

“六个双”制度化、标准化建设不断推进，2018 年 6 月印发《浦东新区“六个双”政府综合监管实施办法(暂行)》。率先推动以动态、风险、信用、分类“四个监管”为核心的风险防范方式转变，围绕数据流和业务流建立了完整的流程闭环，形成经济领域重大风险防范化解体系和防范化解能力。在全国率先开发上线“企业年报智能管理系统”，引入人工智能、语音机器人等技术，推动企业年报工作便捷高效。

3. 服务型政府建设加快推进

2019 年 3 月起，浦东新区企业办事“一网通办”在 327 项涉企审批事项全覆盖的基础上，实现 100%全程网上办理，市场准入审批领域实现人工智能辅助审批全覆盖，实际办理时间压缩 85%。推进不动产登记服务再提速，实行“0+1+3+5”的办理模

式，按办结时间分类为当场、1个自然日、3个自然日、5个自然日。聚焦工程建设项目"开工难、验收难"问题，在上海市率先制定综合竣工验收阶段土地验核环节实施告知承诺的操作办法。加强法制保障，《为中国（上海）自贸试验区建设提供优质高效法律服务的实施意见》于2019年1月3日发布，提升自贸试验区法律服务能级。

（四）创新合作发展模式，服务国家"一带一路"建设、推动市场主体走出去的桥头堡作用进一步发挥

1. 充分放大进口博览会溢出效应

复制推广首届进口博览会的便利化政策，推广诚信企业强制性认证产品免办3C证明。帮助企业用好ATA单证新政，协调监管部门，推动完善非ATA单证项下暂时进境展品转回保税片区的通道流程。加快"一带一路"国家和地区商品中心建设，伊朗、捷克、希腊、东帝汶等国家馆启动运作，原斐济国家馆于2019年7月升级为南太平洋岛国联合馆，森兰"一带一路"国别汇启动运营，区域内已有10个国别（地区）商品中心。此外，浦东新区已有外高桥国际化妆品展示交易中心、上海自贸试验区红酒交易中心等13家平台入选"上海国际进出口商品展示交易平台"。

2. 初步形成机制化的经贸合作网络

2018年10月，在国家认证认可监督管理委员会的支持下，设立"一带一路"技术交流国际合作中心和中东海外分中心，并搭建与国外检验检测认证机构的沟通平台，推动检验检测结果采信与认证机构互认，帮助企业应对技术性贸易壁垒，为企业"走出去"提供支持，更好地拓展国际市场。深化亚太示范电子口岸网络试点，2018年成员拓展到"一带一路"沿线11个经济体的19个口岸，海运物流可视化、空运物流可视化、电子原产地证数据交换等项目取得明显进展。

3. 进一步拓展金融服务功能

2018年，加快与境外人民币离岸市场战略合作，发行马来西亚、俄罗斯、匈牙利等国的"熊猫债"，推动上海证券交易所与莫斯科交易所启动市场数据合作、为"一带一路"框架内的互联互通提供投融资支持。长三角资本市场服务基地于2019年4月正式启用，与19座长三角城市（城区）、80多家机构联盟，对接企业2 000多家，助推9家浦东新区企业成功在科创板上市，占全国1/8。

三、 2020年工作展望

2020年是浦东新区开发开放30周年，是上海自贸试验区立足新起点、实现新跨

越的关键之年。我们将坚决贯彻党中央、国务院和上海市委、市政府的决策部署，继续“大胆试、大胆闯、自主改”，主动服务全国改革开放大局，全面对标国际最新经贸规则，持续探索差异化发展路径，不断彰显改革开放“试验田”作用。

（一）对标国际最新经贸规则，推动上海自贸试验区建设全面“升级”跨越

重点是强化全球资源配置功能、科技创新策源功能、高端产业引领功能和开放枢纽门户功能“四大功能”，深度对标国际最新经贸规则，更好地服务三项新的重大任务，全面谋划、配合推出上海自贸试验区新一轮建设方案。

（二）聚焦系统改革，提升政府治理体系和治理能力现代化水平

深入推进简政放权、放管结合、优化服务，深化行政审批制度改革，改善营商环境，激发各类市场主体活力。抓紧落实“证照分离”改革全覆盖试点，全力推动商事主体登记进一步提速，着力打造“六个双”智慧监管升级版，率先推动政务服务迈入智能新时代，打造国际一流营商环境。

（三）聚焦全面开放，充分彰显上海自贸试验区的示范“窗口”作用

充分发挥上海自贸试验区联通国际国内“两个扇面”的门户枢纽作用，强化自贸试验区服务“一带一路”和长三角一体化等方面的辐射带动作用。率先落地一批全国首创性项目，建立健全外商投资促进工作机制，加速完善国际商事纠纷解决机制，推动海关特殊监管区功能升级，着力推动服务贸易发展。

（四）聚焦功能创新，率先在强化全球资源配置功能上发挥“标杆”效应

加快资源配置向高端化提升，市场平台向国际化发展，提升自贸试验区的全球资源配置能力。进一步提升总部经济能级，支持持牌类金融机构发展，建设离岸转手买卖先行示范区，全力打造全球外资资管高地，加快推进高端航运业发展，进一步放大融资租赁业务规模，推动平行进口汽车产业发展，打造全球维修高端产业基地。

（五）聚焦创新发展，推动产业链、创新链向高端化跃升

充分发挥“双自联动”优势，进一步培育核心技术、做大产业规模，提升核心竞争力，推动产业高质量发展。优化外商投资企业科技创新服务，支持生物医药产业创新发展，加快完善集成电路产业链，加速推进高端制造产业发展，全面推动人工智能融合发展，建立高能级的金融科技生态圈。

第二节　分片区运行情况

一、保税片区

（一）2018—2019年发展情况

2019年，保税片区四区合计完成进出口总额1 541.0亿美元，同比增长3.5%，其中外高桥保税区完成进出口额1 278.7亿美元，同比增长2.7%；外高桥保税物流园区完成进出口额32.5亿美元，同比下降2.6%；洋山保税港区完成进出口额125.6亿美元，下降3.1%；浦东机场综合保税区完成进出口额104.1亿美元，增长29.8%。2019年保税片区新设企业1 252家，其中，外资企业361家。截至2019年底，保税片区现有注册企业3.3万家，按性质分，外资企业1.1万家，合同外资金额33.6亿美元，内资企业2.2万家。

（二）2018—2019年主要工作

1. 自贸试验区保税片区制度创新全面深化

一是积极落实投资领域开放措施。上海试验试验区保税片区优化外商投资负面清单管理，落实境外投资备案管理，推进"单窗通办、受审分离"服务机制改革，推进建设领域审改工作。2018年，保税片区实到外资金额为28.1亿美元，占浦东新区三分之一；完成境外投资项目数96个，同比增长52.4%，中方对外投资额32.2亿美元；两批54项扩大开放措施落地项目200余个。

二是深化贸易监管模式创新。协调海关等部门推进关检深度融合，压缩进境通关时间。推动贸易类企业货物状态分类监管常态化运作，支撑中小企业参与试点的企业信息化公共服务平台用户达70余家。自贸专区与国际贸易"单一窗口"3.0版实时对接并新增海关特殊监管区域物流作业、"进口博览会"板块和信用保险等服务功能，区内企业用户数超6 700家。

三是协同推进金融创新与风险防范。金融机构进一步集聚，区内首家金融控股公司中化资本有限公司落户。争取外汇管理部门支持，试点开展便利企业跨境贸易外汇结算业务。落实类金融企业变更联席会议审议机制，配合开展交易场所、类金融企业风险排查。

四是推动信息监管服务平台扩大应用。优化信息共享和服务平台与市法人库的数据对接，推动共享服务平台信息应用，完善互联网金融企业风险监测系统（一期）项目功能。完成区域企业公共信用基础评价模型建设，完善企业信用档案，按照"双推送”模式持续提高公共和金融信用信息的窗口查询量。

2. 自贸试验区保税片区功能创新不断拓展

一是打造多层次总部经济体系。2018 年，自贸试验区保税片区新增跨国公司地区总部 10 家，累计引进 94 家，占浦东新区 30.9%，占上海市 14.0%。区内 250 余家各类总部型企业经营收入同比增长 8%，占保税片区经济总量比重超过 50%。

二是提升平台经济服务能级。推动区内机床平台升级为国际智能制造产业园，推进非特化妆品备案试点，推动钟表珠宝专业贸易平台启动运作。大宗商品现货市场建设稳步推进，推出电解铜、乙二醇等多个商品掉期交易品种，标准仓单交易平台上线运作。推进动态调整平行进口汽车试点企业，平行进口汽车业务试点实现区域全覆盖。国际中转集拼扩大直客模式试点企业范围，洋山保税港区叠加进口分拨、出口集拼功能的货代模式稳步推进。

三是拓展新型经济运营模式。2018 年，区域融资租赁企业近 2 000 家，经营性租赁收取外币租金政策常态化运作，市、区融资租赁业扶持政策落地。跨境电子商务进出口并举的多元化模式运行，跨境电子商务交易额占上海市近 40%。船舶设备保税维修和船用物料区港直供业务试点成功；上海自贸试验区国际生物医药科技创新中心、复旦科技园创新中心等科创平台启动运行。

四是积极服务“进口博览会”。2018 年，区内化妆品、智能制造、文化等专业贸易平台以及澳大利亚、中东欧十六国、智利等国别商品中心成为首届中国国际进口博览会“6＋365”的常年展示交易平台，洋山保税港区跨境电子商务示范区成为“进口博览会”跨境进口电子商务联盟主要载体；建立常年展示交易平台境外人员服务站，为境外人员出入境提供便利，区内直接参展企业达 102 家，占浦东新区参展企业数的 48%。

五是打造服务“一带一路”系列品牌。2018 年，打造境外投资服务品牌，区域投资目的地包括俄罗斯等 20 多个“一带一路”沿线国家和地区，初步完成年度境外投资白皮书编制。打造自贸试验区国别(地区)商品中心品牌，新增捷克、伊朗等国别商品中心。打造对外文化贸易品牌，引进中国(上海)自贸试验区版权服务中心，与中国国家博物馆、中国国家画院、国家图书馆等签约文创产品合作，国家对外文化贸易基地入驻企业 670 余家。

二、 陆家嘴金融片区

（一）2018—2019 年发展情况

截至 2019 年底，浦东新区共有银证保持牌类金融机构 1 078 家，包括外资法人银行、外资保险法人公司在内，浦东新区在多个金融细分领域的集聚度全国第一位；在沪各类外资金融机构总数达517家，占上海金融机构总数的31%。其中，陆家嘴金融城承担着重任。截至2018年底，陆家嘴金融城共有持牌类金融机构849家（占上海市总数60%）。其中银行类机构225家、证券类393家、保险类231家。银行类机构包括交通银行等20家商业银行总行（占上海80%）、33家非银行金融机构、85家商业银行分行（占上海58%）、银行经营网点达310家。商业银行国际化程度全国最高，聚集汇丰、花旗、渣打等外资法人银行19家，排名前十的外资法人银行全部落户陆家嘴。陆家嘴还集聚大量资产管理、私募证券、股权投资、融资租赁、金融科技、信用评级、金融信息服务等新兴金融机构，总量约6 000家。陆家嘴金融城已经成为全球资管亚太中心、全球资管发展战略高地，全球资管规模排名前10名的资管机构已有9家落户陆家嘴。陆家嘴金融贸易区入驻企业4万多家，形成以金融、航运、贸易三大产业为核心，以专业服务业、文化旅游会展等产业为重点的“3+2”现代服务业发展体系。

（二）2018—2019年主要工作

1. 打造总部企业集群

陆家嘴金融城的总部经济发展势头强劲，截至2019年底，陆家嘴金融城已汇聚外企、央企、国企和民企等各类总部机构逾600家，总部经济正进入高质量发展的快车道。截至2018年底，共有136家跨国公司地区总部、国内大企业总部、营运总部、区域性总部、高成长性总部，其中经上海市商务委员会认定的跨国公司地区总部有100余家，约占浦东新区的三分之一。

2. 不断完善营商环境

陆家嘴金融城围绕全球资源配置、科技创新策源、高端产业引领和开放枢纽门户四大功能，推出“首席企业服务专员”机制，在机构开业落户、发展引导、项目对接等方面提供专业服务，全面实施“五大倍增行动”。首席企业服务专员并非“一对一”，而是“多对一”，服务内容包括工商登记、办公楼租赁、合作客户的寻找等，多人对接服务企业，强化对企业的全生命周期服务，千方百计、想方设法优化服务，解决企业各类需求。

三、张江高科技片区

（一）2018—2019年发展情况

2018—2019年，张江科学城完成税收总额分别为393.2亿元、315.8亿元（剔除退税因素后)，同比增长 14.5%、—19.7%；完成一般公共预算收入 96.5 亿元、81.3 亿元(剔除退税因素后)，同比增长 14.0%、—15.8%。2018 年，引进外资新设项目 169 个，吸引合同外资金额 56.0 亿美元；实到外资金额 17.8 亿美元，同比增长 29.3%。新认定跨国公司地区总部 3 家，区域性或国内大企业总部 3 家，高成长型总部 5 家，信息技术产业中内资 5 000 万元以上的大项目 15 个，文化创意产业也有相应的发展，并获多个奖项和称号。2019 年，张江科学城完成全口径工业总产值 2 834 亿元，完成固定资产投资 320 亿元；前 11 个月，完成内资注册资本 270.3 亿元；实到外资金额 20.1 亿美元，同比增长 14.1%。

(二) 2018—2019 年主要工作

1. 总部经济发展迅速

2018 年，新认定跨国公司地区总部 3 家：上海恩艾仪器有限公司、奇华顿管理咨询上海有限公司、阅霆信息技术(上海)有限公司，区域性或国内大企业总部 3 家：华勤通讯技术有限公司、上海微创医疗器械(集团)有限公司、上海沃威沃水科技有限公司，高成长型总部 5 家：亿企赢网络科技有限公司、博彦科技(上海)有限公司、百联全渠道电子商务有限公司、中钢银通信息技术服务有限公司、维亚生物科技(上海)有限公司，营运总部：奇华顿日用香精香料(上海)有限公司。截至 2018 年底，共有跨国公司地区总部 54 家，占上海市(670 家)8.1%，占浦东新区(304 家)17.8%。

2. 积极推进国际人才高地建设

2018 年，张江科学城深化自贸试验区永久居留推荐直通车制度。4 月率先试行自贸试验区外籍高层次人才持永久居留身份证注册科技型企业享受国民待遇和张江核心园人才办事窗口“无否决权”改革。张江科学城高端人才创办的企业首批获得内资企业营业执照。研究制定张江科学城专项发展资金管理办法，配合新区建交委研究制定浦东新区人才租房补贴实施细则。落实“十三五”创新人才财政扶持办法，兑现 2017 年度第一批获得资格认定的企业 70 家。帮助科学城重点单位引进特殊重点人才，户籍审批时间缩短 3 个月，5 月在芬兰新增海外人才工作站。完成天之骄子 9 号、10 号楼人才公寓装修改造工程并投入使用，增加唐城、慧智公寓 2 处社会化房源供张江人才使用。

3. 提升政府审批和服务效能

加大审批协调和跟踪服务力度。运用好全科医生、倒排项目审批时限表、建立审批项目微信群、项目进展月报周报等工作机制，主动跨前对接服务，做好“五个一批”重点项目的审批协调服务，确保项目按时开工建设。做好“双高”认定、外资项目“双随机”抽查、外资研发中心认定。推进各项审批制度改革。制定并下发《张江科学城建设项目综合验收改革实施方案(试行)》,试点开展持永居久居留身份证外籍高层次人才创办科技型企业。实行市场准入、项目建设受理单窗通办,方便企业办理各类事务。

四、金桥开发片区

(一)2018—2019年发展情况

2018年,金桥经济技术开发区实现工业总产值2 436.1亿元,同比增长3.7%;实现营业收入7 262.2亿元,增长1%;完成税收收入533.3亿元,增长4.9%;完成地方财政收入69.4亿元,增长13.6%;吸引实到外资金额1.5亿美元;完成全社会固定资产投资总额72.1亿元。吸引合同外资金额5.8亿美元;引进内资注册资本53.3亿元;实现利润总额365.5亿元。2019年,金桥经济技术开发区工业总产值近2 500亿元,税收近500亿元,总部企业达到43家,不断刷新园区产值密度、创新浓度和经济贡献度。

(二)2018—2019年主要工作

1. 加快城市副中心建设

密切配合上海市、浦东新区规划和国土资源管理部门开展金桥城市副中心总体规划编制和核心区的国际方案征集,中期成果频现亮点。加强专题研究,深入开展金桥公共服务配套设施课题并形成高质量成果;完成区域评估以及公共交通研究、产业研究和副中心发展等4个专题研究,助力金桥城市副中心建设。推动重点项目,加快B单元和金鼎天地规划编制,促进啦啦宝都、T17地块“第五中心”和碧云E商业中心、蓝天路地下廊道等重点项目建设。

2. 招商引资显现新成效

聚焦招商项目,注重重大项目的引进。做大增量,成功引进中移(上海)产业研究院、上海影创科技公司、清佑(上海)计算机科技有限公司、迈润智能科技(上海)有限公司、黑芝麻智能科技(上海)有限公司、仙知机器人等人工智能企业落地;推动上汽英飞凌汽车功率半导体(上海)有限公司、上海拿森汽车电子有限公司、上海几何伙伴智能驾驶有限公司等新能源汽车企业落户;吸引赛夫华兰德(上海)投资有限公司、三得利研发中心、埃地沃兹创新中心、欧励隆(中国)投资有限公司等跨国公司地区总部入驻;引进像上空间(上海)文化传播有限公司、SMG影视制作服务配套基地、今日头条视讯、上海实迅网络科技有限公司(大股东是中国网)、摩尔空间MOLSPACE(电影频道投资)等移动视讯项目进驻。同时做强存量,推动铭大实业集团、欧姆龙自动化(中国)有限公司、中移智行网络科技有限公司等 9 家龙头企业实现总部升级、增资扩产。金桥开发区的主导产业链日趋完善,产业集群日显成效。

3. 综合营商环境更优化

深化审批制度改革,挂牌成立金桥企业服务中心,推进“单窗通办”窗口建设,以“一次办成”为目标,企业办事由原来的多窗口跑改为一个窗口办事,不同审批事项之间的部分信息也得以共享,缩短办事时限,提高审批效率。对标国际一流,不断提升营商环境。聚焦智慧园区配套建设:借助金桥 E 服务平台(首期),配合推进 Office Park、由度工坊、金领之都等园内餐厅、园区产业物业资源数据接入 E 服务平台系统;开发“智荟金桥”APP,整合对接高频次、强刚性服务需求,包括吃、住、行及文化体育、公益、心理关爱等功能资源,有效服务开发区从业人员,服务员工超过 10 多万人次。强化交通配套建设。依托智行金桥项目,有效推进“1+2+X”智慧出行解决方案。创建信用体系示范园区。重点聚焦金桥“信易+营商环境”“信用+政务服务”两大领域,加强公共信用信息服务平台建设,推动公共信用信息和公共信用产品应用。进一步梳理金桥“信易+营商环境”工作要点,形成信用评估模型,试点开展“信易付”“信易租”“信易行”“信易停”,成为创建国家信用示范城区迎评的亮点工作。

五、 世博片区

(一) 2018—2019 年发展情况

2018—2019 年,世博片区分别完成税收收入 52.1 亿元、63.4 亿元,同比增长 20.4%、22%;分别完成一般公共预算收入 15.8 亿元、18.7 亿元,同比增长 23%、19%;实到外资金额分别完成 2.8 亿美元、4 亿美元;分别完成地区社会固定资产投资 218.4 亿元、214.2 亿元。

(二) 2018—2019 年主要工作

1. 总部企业集聚态势增强

2018 年,新认定 5 家总部,其中 2 家为区域性总部企业,2 家为高成长性总部,1 家为运营总部,至此世博地区总部企业(机构)累计达 8 家。

2. 文化板块有活力

一批热门的国际顶级赛事和演艺活动如英雄联盟和王者荣耀竞赛、2018 上海生活魔术节、中国国际动漫游戏博览会、哔哩哔哩线下展览等成功举办,年内引进文化类企业近 100 家，1 000 万元以上注册资金项目 9 个。

3. 推进高能级服务平台建设

重点打造功能性服务平台，营造优良服务环境。成立中国（上海）自由贸易试验区央地融合发展平台，推动央企与世博等地区经济融合发展、深化投资合作、完善产业配套；围绕服务上海打造全球电竞之都、浦东打造电竞之都核心区，大力发展电子竞技产业，成立浦东首个电竞产业发展服务平台，建设电竞比赛运营、电竞人才服务、电竞企业融资等方面的一站式服务体系。2018 年，开展一系列文化交流活动，组织“驻沪各国领事馆看世博”活动，向 25 个国家和地区的驻沪领事馆和各界文化人士代表展示世博地区文化发展愿景和文化发展活力。

六、 临港新片区

（一）2018—2019 年发展情况

2019 年 8 月 20 日，上海自贸试验区临港新片区正式挂牌。2018—2019 年，临港地区完成全社会固定资产投资额分别为 337.6 亿元、390 亿元，同比增长 26.4%、17.1%；工业总产值完成 1 252.6 亿元、1 198.7 亿元，同比增长 24.8%、−4.3%；新增内资企业注册数为 9 332 家、7 518 户，新增内资企业注册资本 521.9 亿元、951.9 亿元；合同外资金额 5.6 亿美元、4.8 亿美元，实到外资金额 1.9 亿美元、2.4 亿美元。

（二）2018—2019 年主要工作

1. 重大产业项目快速推进

2019 年，特斯拉超级工厂一期正式投产；华大半导体积塔项目实现厂房封顶；高效低碳燃气轮机试验装路、中科院微小卫星二期、中航商发二期、中移动 IDC 产业基地二期项目等开工建设；上飞装备飞机部件全产业链制造项目、臻格生物产业化项目、盛美半导体设备研发与制造中心等重点项目签约入驻。

2. 产业招商成效显著

2019 年，临港新片区制定发布产业地图，成立投资促进服务中心，形成“四个一”投资促进服务机制。拓宽招商渠道，组织主题招商宣介，构建全员参与的大招商体系。聚焦“卡脖子”关键领域，加快引进优质产业项目，全年洽谈项目超过 2 410 个，已签约落地 168 个，总投资 821.9 亿元。

3. 营商环境优化提升

2019 年，对标国际一流营商环境，加大“放管服”力度，推进“一网通办”“一网统管”试点运行和完善优化，一体化信息管理服务平台1.0版本搭建完成并正式启用，初步形成政府投资类工程建设“一张表格”“一个流程”的优化方案，可实现材料减少50％、办事时间减少33％。成立营商环境领导小组，全面统筹营商环境工作。公开发布《临港新片区全面深化国际一流营商环境建设实施方案》，推动特斯拉项目审批模式常态化、制度处化，深度融合制度创新工作，全面落实上海市“营商环境3.0版”改革举措。探索建立“18＋N”特色营商环境指标体系，全面评估临港新片区营商环境发展情况。

第十章　国际会展业

第一节　总体运行情况

一、2018—2019年上海国际会展业发展情况

2018—2019年，上海会展业持续快速健康发展，保持了展览能级、国际化程度、品牌效应同步提升的发展态势，领跑国内主要会展城市，向着国际会展之都的目标迈出坚实步伐。上海市主要展馆共举办各类展览及活动分别为1 032个和1 043个，同比增长1.2%、1.1%。其中，举办规模在10万平方米以上的展览会分别为42个和45个。共举办国际展览分别为300个和310个，占上海展会总数的29.1%、29.7%(图10.1)。2018—2019年，上海会展业展览总面积分别为1 880.0万平方米和1 941.7万平方米，同比增长6.2%、3.3%。其中，国际展览面积分别为1 415.0万平方米和1 502.7万平方米，占上海市展览面积的75.3%和77.4%(图10.2)，并呈现以下特点。

（一）国际会展之都建设稳步推进

1. 行业法规建设取得标志性成果

2019年，历经多次修改完善，《上海市会展业条例(草案)》(以下简称《条例(草案)》)形成，《条例》以“促进发展”立法理念贯穿立法全过程、各条款，旨在构建会展业全链条快速健康发展的行业促进体系，是全国各省、直辖市层面第一部专门的会展业法律法规，将有助于完善上海市会展业高质量发展的法治环境，助力国际会展之都建设。

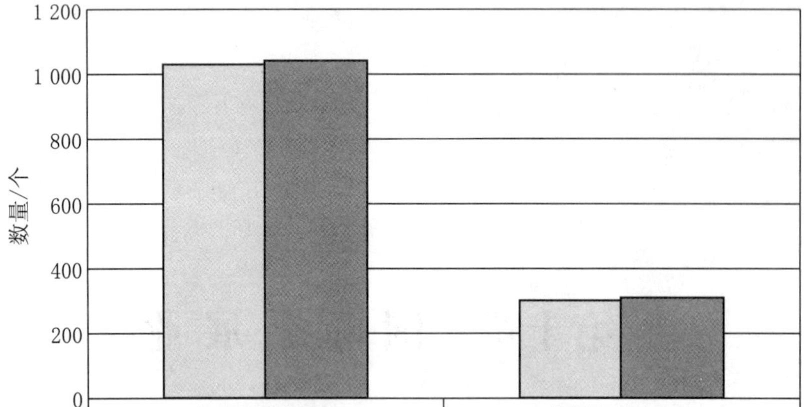

	各类展览活动	国际展览活动
□2018年/个	1 032	300
■2019年/个	1 043	310

图 10.1　2018—2019 年上海市会展活动数量

数据来源:上海市商务委员会。

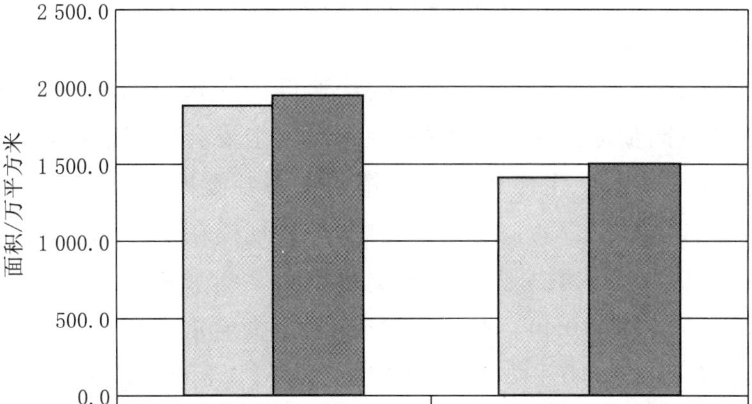

	各类展览总面积	国际展览总面积
□2018年/万平方米	1 880.0	1 415.0
■2019年/万平方米	1 941.7	1 502.7

图 10.2　2018—2019 年上海市会展活动面积

数据来源:上海市商务委员会。

2. 全球品牌展会云集汇聚

上海市已成为全球品牌商业展会登陆中国市场的首选城市。在每年《进出口经理人》发布的世界百强商展中,2018—2019 年上海保持每年均有 12 个展会入选,入榜展会数量和规模在全球主要会展城市中位列第一位。上海拥有国际展览业协会(UFI)认证的展览项目分别为 20 个和 27 个,连续两年均为全球获得 UFI 认证最多的城市。截至 2019 年底，上海已拥有国际展览业协会（UFI）的成员由 25 家增加至 28 家，仅次于伦敦和北京。

3. 组展企业正在崛起

2018—2019 年，上海市活跃的各类组展企业均为近 200 家，组展商格局大体稳定。国有、外资组展企业并驾齐驱，民营展览企业在各细分行业领域积极开拓新市场、新商机，探索办展新模式，成为会展行业探索创新的先锋。

（二）展会溢出效应持续放大

会展业在短期内集聚大量人流，据估算，2018 年，由上海市入境的 894 万人次中参展等商务目的旅客占比在 50%以上。上海 9 个主要展馆吸引参展人次超过 2 000 万。会展业已经成为提升上海国际贸易中心集聚辐射能力、配置全球资源、促进产业创新的重要平台。

（三）展览、活动、会议共同发展的格局基本形成

近年来，在展与会融合、展与会互动方面的探索和实践越来越多，“一主多专”“展览＋论坛”等成了重要展会的标配。一些重要国际会议也相继入驻上海，2018 年，全球云计算大会、世界人工智能大会等一批具有国际影响力的国际会议相继在上海举办。重大国际赛事、特色节庆、演艺活动引进的力度不断加大。

二、 2018—2019 年上海国际会展业主要工作

（一）关于稳步推进国际会展之都建设工作

1. 推进上海市会展业条例地方立法工作

组织起草了《上海市党政机关境内举办展会活动管理办法》，经上海市委常务委员会、上海市政府常务会议审议通过，于 2019 年 3 月正式印发。2019 年，在上海市人大财政经济委员会、上海市人大法制工作委员会、上海市司法局的指导支持下，《上海市会展业条例》（草案）已于 2019 年 11 月、12 月两次经上海市人民代表大会常务委员会审议。

2. 办好国际会展 CEO 峰会

2019 年 6 月 19 日，国际会展业 CEO 上海峰会在青浦区开幕。200 多位来自中、美、英、德、意、法、新加坡等世界各地的知名会展企业、行业协会和相关机构的高管出席会议。协调上海市会展业促进中心、上海市会展行业协会、上海市商务发展研究中

心编制《2018 上海会展业白皮书》，并于峰会期间发布，获得了业界的广泛关注和好评。

3. 会展业市场规范整顿

进一步规范上海市会展业市场秩序，加强对上海市举办展会的事中事后监管，召集上海市主要展馆，排摸近三年大中型场馆展会违规情况，搭建上海重点展馆联络群，在上海市主要展馆建立投诉和纠纷解决机制，在会展业促进中心设立投诉受理渠道。

（二）关于中国国际进口博览会组织筹备工作

1. 做好进口博览会溢出效应落地的各项工作

2019 年，将《关于放大中国国际进口博览会溢出带动效应的实施意见》逐条分解，向上海市 30 多个委办单位，16 个区征询贯彻落实情况，汇总 129 个具体项目，建立数据库开展定期跟踪分析。在第二届进口博览会期间，会同上海市商务发展研究中心等单位，设计中英文问卷、开展问卷调研。组织行业专家及企业家代表，围绕如何放大进口博览会溢出带动效应推进国际会展之都建设等问题进行专题研讨。

2. 继续做好进口博览会联合监管工作

2019 年，会同中国国际进口博览局牵头组织上海市人民政府台湾事务办公室、上海市外事办公室、上海市民族事务委员会、上海市规划和自然资源局等 20 个部门，在进口博览会期间设立“现场联合监管与服务组”，有效维护了进口博览会的现场秩序和良好氛围。

三、 2020 年上海国际会展业工作展望

展望未来，上海国际会展之都建设将站在新的起点，朝向新的更高目标迈进。上海会展业将会呈现以下趋势。

（一）上海会展业发展将更加规范有序

上海政府部门对会展业的支持和管理将进一步向行业立法、环境优化、平台搭建、政府购买公共服务等方式转变，通过建立符合市场机制的竞争环境，引导会展行业健康有序发展。《上海市会展业条例》已颁布实施。从立法层面推动建立具有执行力的会展业协调管理体系，建立与国际接轨的事中事后监管机制、知识产权保护机制、纠纷解决机制等，完善政策促进体系。依托上海市展览业公共信息平台，建立信用档案和违法违规信息披露制度，加强行业信用监管和知识产权保护。会展业标准化体系将不断完善。上海会展业将对接国际标准，形成面向市场、服务产业、主次分

明、科学合理的会展业标准化工作体系。把会展业标准纳入上海地方标准系列，适时推动上升为国家标准乃至国际标准。

（二）办展市场主体将进一步多元化

目前，上海会展业已形成政府或相关部门、协会、商会、企业多方主体办展的格局。预计未来数年，上海境内展的办展主体仍将以企业为主，行业协会为辅。外资企业以举办大型展会为主，民营企业多举办小型展会的趋势将会更加明显。国外展览公司进入中国会展市场的渠道将会更加畅通。展览业并购仍将以全产业链式和展览项目式两种模式为主。位于产业链不同环节的企业交叉并购将成为并购主流，展览服务商将从单一业务模式向提供整体解决方案的综合品牌服务商转型。

（三）展馆建设将更注重量质齐升，体现理念创新

上海国际会展之都建设迈上新台阶，上海仍将是国内外企业发展会展业务的首选之地。国家会展中心（上海）等主要展馆将紧抓进口博览会契机，向集展览展示、论坛会议、餐饮住宿服务功能于一体的会展设施综合体转变。中小型展馆向专业化、特色化转型发展。重点展览场馆大力推进智慧场馆建设，通过信息化手段整合各类展会服务资源，提高展会技术水平和服务功能。利用新型科技手段等方法，加强改造升级设施，提升环保办展水平。展馆运营机制将更加完善。展馆管理者、会展主办者、参展商、展览服务商等各方责权进一步明晰，展馆运营将更兼顾公益性和市场价值原则，展馆使用规则也将更加公开透明和非歧视。

（四）品牌展会专业化、精细化程度将进一步提高

展览主题内容将围绕创新发展、绿色发展，大型展览逐渐向时尚消费类、智能制造、环保、新能源汽车等领域延伸。不同行业展览举办数量和规模差异化明显。未来会展将会更注重聚焦特定领域和专业客商，提升参展参会实效，发挥好展览综合功能。积极探索云上会展发展模式，推动展会服务模式创新，拓展会展业新的发展空间。鼓励会展企业用好自身现有线上平台资源，开展服务与管理创新，提升核心竞争力。将新概念、新潮流、新时尚引入展览，探索举办创新创业展、创意展、VR 互动体验展、智慧生活展、未来科技产品展等创新型展览。

（五）展览与会商旅文体等产业融合将进一步加快

“展览＋论坛”越来越成为展会的标配，会议＋展览、展览＋会议、展会与节庆、展

会与推介、展会与赛事等相关活动融合，实现会展业的业态创新。更多的会展资源将与苏州河、黄浦江沿线空间载体、国际旅游度假区等高端旅游、购物资源融合发展，构建会商旅文融合业态，形成消费新动能。通过展览和大型会议，带动会展上下游产业的集聚，吸引高端商流和人流，带动消费升级。再通过吸引创新型人才并汇聚大量信息流、技术流，形成相关尖端科创产业集群，构建起完善的会展生态系统。

（六）“智慧办展、绿色办展”将成为展览业创新发展的动力之源

“智慧办展”推动会展业模式创新。“互联网＋会展”推动信息共享，促进供需匹配，提升互动体验，实现展会管理、服务和信息利用的智慧化，推动传统模式向智慧模式的跨越。“互联网＋”创新发展将推动媒体、展览和广告等三个行业跨界融合。“绿色办展”理念将成为行业共识得到落实。“绿色、低碳、可持续”的理念将逐步深入产业链各个环节，推动会展展馆绿色建设、会展主体推进绿色办展、构建绿色会展标准体系、构建绿色会展监管体系等将不断得到践行落实。

第二节　中国华东进出口商品交易会

在国家商务部的关心和指导下，在上海市、江苏省、浙江省、安徽省、福建省、江西省、山东省、南京市、宁波市9个主办省市及其他兄弟省市的共同努力下，第28、29届中国华东进出口商品交易会（以下简称“华交会”）于每年的3月1日至3月4日在上海新国际博览中心顺利举行。两届华交会充分发挥各主办省市的地域优势，积极推动和打造华东外贸的联动发展。同时，随着华交会影响力的不断提升，华东以外地区的企业踊跃参展，各地企业得以同台竞技，取长补短，促进了外贸行业的整体提升。

一、第28、29届华交会发展情况

（一）展会面积略有扩大

2018—2019年，第28届华交会和第29届华交会招展总规模分别为12.4万平方米和12.7万平方米，展位总数分别为5 707个和5 868个。两届华交会均有14个交易团（9个主办省市交易团、3个组团城市交易团、1个联合交易团、1个境外交易团）共组织4 000多家企业参展，其中境外参展企业分别为463家和452家。共设五大专业主题展：服装服饰展、纺织面料展、家庭用品展、装饰礼品展、现代生活方式主题展。

（二）采购商与会人数略有增长

2018—2019年，第28届华交会和第29届华交会到会境外客商分别为22 311人和22 757人，人数同比增长0.7%、2%，分别来自109个和111个国家和地区。第28届华交会与会客商排名前10位的国家和地区依次为：日本、中国香港、韩国、中国台湾、美国、英国、加拿大、俄罗斯、法国、德国。第29届华交会与会客商排名前10位的国家和地区依次为：日本、中国香港、韩国、中国台湾、美国、加拿大、俄罗斯、英国、印度和意大利。

（三）出口成交基本持平

2018—2019年，第28届华交会和第29届华交会累计成交均约为23.2亿美元，呈基本持平情况。第28届华交会日、韩、美居成交前三位，对日本成交7.7亿美元，增长2.3%；对韩国成交3.2亿美元，增加67.5%，对美国成交2.2亿美元，减少34.2%；其余成交额居前的国家和地区依次为：英国、法国、加拿大、德国、意大利、新加坡和中国香港等。第29届华交会上成交额排名前10位的国家和地区依次为：日本、韩国、美国、英国、法国、中国香港、德国、意大利、加拿大和俄罗斯。

（四）聚焦新技术、新材料、新工艺

出口企业唯有保持“新”状态，才能在激烈的竞争中立于不败之地。华交会展示的新产品、新技术、新工艺以及新产品体现“中国制造”的不凡实力。如江苏捷阳科技股份有限公司根据太阳光线自动调节升降高度，保证衣物日照时间更长的智能晾衣机。

二、第28、29届华交会主要工作

（一）加强展会的融合

华交会在两届展会期间倾力举办系列论坛，为外贸企业指点迷津，提供发展的新思路。举办的论坛及活动有：华东进出口贸易论坛、华交会跨境电子商务创新发展高峰论坛、“大数据人工智能帮你轻松成交全球买家”“海外社媒＋展会助力中国外贸卖向全球”等系列分论坛。

（二）提供专业全面的贸易配对服务

一是增加华交会现场的“一对一”买家卖家对接会的场次，在第28届举办的“欧

美买家”“纺织服装”和“日本买家”3 场现场对接会基础上，第 29 届新增 1 场“‘一带一路’沿线国家买家”的专场对接会。二是现场服务更细致全面，2019 年，第 29 届华交会设立 50 个服务展位，人民银行、中国出口信用保险公司、产品质量检验机构、顺丰物流等企业或机构为外贸企业提供现场服务。

（三）加大精准招商力度

采用“组合推广＋精准招商＋定向邀请”方式，招纳更多客商到会采购，帮助外贸企业拓展市场。在美、俄、日等重点市场召开推介会，并对出访国的相关商务机构进行了拜访和推介。与有优质采购商资源的网络媒体合作，包括广交会、中国制造网、中华纺织网、中国纺织网、韩国 COEX 等资源平台。利用各类线上资源，包括搜索引擎(Google、Bing、Yandex)，社交媒体(Facebook、LinkedIn)和专业平台(Expo Promoter、Trade India、10 Times)。加大定向邀请高质量采购商的力度，在第 28 届增加邀请 300 位欧美采购商组团到会观展的基础上，第 29 届再增 100 位高质量采购商。截至第 29 届华交会，累计获得约 707 万次网站访问和社会媒体关注。

（四）推进外贸品牌建设

与各地政府紧密协作，为品牌产品最大限度地提供展示舞台。华交会自第 22 届开始设置“创新奖”评奖活动，鼓励企业加大产品创新、促进外贸转型和提升品牌铸造力度。第 28、29 届华交会均有 30 家企业荣获“创新奖”，2019 年起新增“绿色搭建奖”，共有 7 家企业获奖。

（五）促进消费升级

华交会各交易团积极动员企业参展，企业则精心挑选各类新品、名品在华交会进行展示，实现了参展企业展示展览、合作交流的期望，同时也达到了参展企业在竞争中汲取他人经验，取长补短不断成长的目的。2019 年，第 29 届华交会设置专区为跨境电子商务企业提供平台，外贸企业通过与跨境电子商务合作，以更低成本建立销售渠道拓展市场。华交会努力提升进口消费品品质，让更多更好的进口商品能够服务中国消费者，促进国内消费升级。

（六）全面启动宣传工作

第 28、29 届华交会理事会通过开展一系列工作，发挥华交会对外窗口作用，促进华交会的成功举办。这些工作主要体现在以下几个方面：一是召开华交会新闻通气会，制作《华交会新闻素材手册》，向近30家上海和中央驻沪新闻单位全面而翔实地介绍了华交会的情况和特点。二是对《华交会通讯》和华交会微信订阅号进行改版升级，改版后的《华交会通讯》采用中英文双语，华交会微信订阅号正式推出全英文商品信息及外贸讯息，凸显国际化特色。三是由上海市政府新闻办公室牵头下发了《重大会展活动宣传指导意见》，要求媒体加大力度全面、准确、生动地宣传报道华交会。第29届华交会期间，百余家媒体发布稿件600多篇，宣传力度是近年来最强一次。

（七）强化安全保障

华交会从筹备之初即开始精心准备，做了大量而精细的工作：一是制定完善各类措施预案。按照改革后的大会运行框架，修订完善了《华交会安全保卫管理办法》《华交会布撤展安全管理办法》《华交会证件使用管理办法》，研究制定了《第28届华交会安保工作预案》。二是严格布展搭建安全管理。加强布展搭建单位管理，建立布展搭建单位信息备案制度，对布展搭建单位的资质要求、押金管理、布展安全和相关责任等进行明确，努力杜绝展会安全隐患。三是积极争取公安、消防等部门支持。主动与公安、消防部门沟通协调，加强安保力量，加大安检力度，重点做好防火、防爆、防盗等工作，做好专门应急预案和预防工作。建立安全巡视督察制度。在展会期间，对大会秩序及管理情况进行巡视和抽查督促。

三、关于做好第30届华交会筹备工作的初步设想

（一）建议举办30周年庆典系列活动

一是拟定庆典方案并于第30届华交会理事会工作会议前递交各交易团审议；二是拟向各交易团征集历届华交会的图片、照片、文字等材料，供制作纪念册、主题展和电视宣传片等选用。

（二）建议重新划定境外馆（进口馆）区域位置

由于华交会是出口主导型展会，部分交易团提出该届展会将境外馆设置在E1馆（展会最佳区域）有所不妥，应考虑重新划定其合理的区域位置。

（三）建议展会日期安排在工作日

由于华交会于每年3月1至4日期间举办，展期难免逢有双休日，会影响专业观众的采购及观展，拟建议予以调整。

（四）研究设立品牌展区的可行性

对出口品牌产品、名牌产品等进一步加大扶持力度，拟从第 30 届华交会起，设置品牌产品展区。

第三节　中国（上海）国际跨国采购大会

由商务部、上海市人民政府共同主办，全国各省市自治区及新疆生产建设兵团协办的第 17、18 届中国（上海）国际跨国采购大会（以下简称"跨采会"）已分别于 2018 年 9 月 26—28 日和 2019 年 11 月 7—9 日在上海跨国采购会展中心圆满落幕。大会以"新模式、新布局、新特色"做了创新与改革，在逆向采购的基础上，打造"展＋会"新模式，并采用 3 m^2×2 m^2 开放式洽谈会新布局，对行业进行细分，增强买卖双方洽谈效果，提升行业精准对接。

一、第 17、18 届跨采会发展情况

（一）总体情况

第 17、18 届跨采会的会场面积均为 2 万平方米，分别设立 524 个展位和 439 个展位。第 17 届跨采会有共来自 27 个国家和地区的 411 家采购商参展、7 家联合国及国际组织采购机构设展；第 18 届跨采会共有来自 23 个国家和地区 246 家设展企业，其中境外采购企业 115 家，5 家联合国及国际组织采购机构。两届跨采会分别收集采购清单 5 000 余条和 3 000 余条，采购总金额分别约 230 亿美元和 180 亿美元，国内外专业观众分别达到 8 500 人次和 1.2 万人次。

第 17 届展会在原有工业品采购基础上增加了消费品采购大类，共设置九大采购专区：国际知名采购商、联合国及国际组织、中国品牌采购商、MRO 采购商、机械零部件、电子、金属工业、纺织服装、日用消费品。第 18 届展会首次聚焦建筑建材板块，共分为工业品采购商和建筑建材采购商两大展区。工业品采购包含汽车零部件、机械零部件、五金及金属加工、电子电器、照明等行业；建筑建材采购包含智能建筑、工程材料、水环境处理、绿色环保材料等行业。另外，展会现场均设立跨国采购优质供应商展示区及跨国采购贸易服务商展示区。

（二）跨采会成果

1. 采取网上预报名配对，精准匹配优质供应商

第17届跨采会采取网上预先报名和配对，做到精准匹配供应商，大大提升了采购商现场洽谈效果。

2. 与进口博览会同期举办，双馆联动结合

第18届跨采会第一次与进口博览会同期举办，也是“两会”第一次真正意义上在参展商层面联动结合。

3. 与境外采购商建立战略合作

第18届跨国采购大会首次与进口博览会在境外采购商建立战略合作。据统计，跨采会邀请的境外采购商共115家，共计238人，有90%的采购商也参加了进口博览会。

（三）跨采会宣传情况

1. 加大市场营销的宣传力度

前期在平台上投放广告，曝光量达到105万。微信公众号及网站定期发布最新采购需求。另外，两届跨采会采用微视频通过微信平台进行传播，达到快速引流的目的。

2. 两届跨采会受到了媒体的高度重视

包括人民网、新民晚报、劳动报、解放日报、中国经济网、东方网等媒体均高度重视跨采会，其中解放日报、上观新闻、《国际市场》为跨采会建立专题进行了详细报道。第17、18届跨采会微信公众号的粉丝数量同比分别增长了35%、43%，跨采大会的知名度和影响力得到了显著提升。

二、第17、18届跨采会主要工作

（一）展会联动，打造“展+会”新模式

两届跨采会期间，举办2018中国（上海）国际跨国采购论坛及系列“互联网+外贸”分论坛，工业品跨国采购数字化高峰论坛暨进口博览会工业品参展商对接会等。此外，2019年，第18届展会现场共举办了三场采供对接会：一是国际工业零部件采购商对接会，采购商来自日立、博世、泰科电子等23家国际企业。二是金属加工及电子电气对接会，包括英格索兰、施耐德、ABB等8家知名企业采购。三是4家联合国机

构举办联合国采购说明会及供应商大会。首次与联合国项目事务署联合举办，邀请到联合国采购公共平台——联合国全球市场(UNGM)的官员为企业系统地介绍联合国全球采购的规则和流程，引领更多中国企业借助联合国的全球网络开拓多元化的国际市场。

（二）线上线下融合，"中国国际跨国采购在线平台"启动

第 17 届跨采会期间上海跨国采购中心有限公司与爱姆意云商(上海)数字科技有限公司签署了战略合作协议，联手打造"中国国际跨国采购在线平台"。通过互联网线上平台，促使跨采会由贸易撮合平台向一站式贸易服务平台转型。该平台除了订单交易，同时配有供应链集成配套服务(包括金融、物流、海关等)，完善跨国采购服务链。第 18 届跨采会与爱姆意云商深度合作，增加了工业零部件、MRO 件集中展示区域。既有传统的线下对接采购模式，又有适应工业品采购发展大趋势的数字化采购新模式。

（三）汇集"专家智库"，跨国采购专家委员会正式成立

2018 年，跨国采购专家委员会正式成立，来自上海市政协常委、中国采购供应链工作坊、复旦大学美国研究中心等十多名各行业采购精英组建成专家智库，树立行业权威。

第十一章　中国国际进口博览会

举办中国国际进口博览会(以下简称“进口博览会”),是以习近平同志为核心的党中央着眼于推进新一轮高水平对外开放做出的重大决策,是我国主动向世界开放市场的重大举措。

第一节　2018—2019 年进口博览会发展情况

一、 2018—2019 年进口博览会基本情况

第一届和第二届进口博览会分别共有 172 个国家和 181 个国家、地区和国际组织的代表参会,3 600 余家和 3 800 余家企业参展。6 天展会分别共计 97.6 万人和 94.6 万人入场观展;按一年计,第一届进口博览会和第二届进口博览会累计意向成交额分别为 578.3 亿美元和 711.3 亿美元,新产品、新技术发布分别为 570 余项和 391 项;场内场外分别举办了 510 余场和 380 余场配套活动。首届进口博览会上海交易团共组织 1.81 万家单位(企业)和超过 15 万名专业观众,累计成交额 60.2 亿美元,占全国成交额的 10.4%。采购成交额排名前 5 位的国家和地区分别是瑞士(21.5%)、美国(13%)、中国香港(9.6%)、日本(9.6%)、法国(7.1%)。采购企业中,国有企业占 43.8%,外资企业占 34.9%,民营企业占 14%。采购商品中,50%为食品及农产品,18.7%为智能及高端装备产品,其他成交商品也多为在国内市场首次“露面”的新品、精品。2019 年第二届进口博览会共组织采购商 20 633 家,付费专业观众 167 030 人,分别较首届增长 29.9%和 34.8%;累计意向成交金额 66.6 亿美元,较首届增长 10.6%。民营企业采购商大幅增长,占比超过 58%。

二、 2018—2019年进口博览会主要工作

（一）重大活动保障有力

两届进口博览会按照我国四大主场外交活动收官之作的定位，针对欢迎宴会、开幕式、WTO小型贸易部长会议等重大活动密度大、时间紧、要求高的特点，配合细化优化活动保障方案，确保场地改造、环境优化、安全保卫、能源通信等保障任务落实到位，各项重要外事活动均圆满顺利。积极组织智库专家、产学研专家嘉宾参与互动交流。

（二）安全保卫万无一失

第一届和第二届进口博览会分别圆满完成512批次和562批次要人警卫任务，分别开启102个和25个验证、104个和92个安检通道，实现零疏漏、零差错、零失误。两届进口博览会期间上海市社会面平安和谐稳定。2018年，首届进口博览会设立49个远端安检点，安检效率从每小时200余人次提高到不低于1 500余人次。持续开展“严打击、扫顽疾、净环境、保平安”专项行动，上海市报警类“110”警情比常态下降45.9%。2019年，第二届进口博览会设立了30套太赫兹智能安检、100套常规安检设备，安检效率提升20%。深化智慧公安赋能进博安保，完成5.16亿对象“一人一档”建档，及时调度指挥处置各类安全风险隐患。

（三）交通组织顺畅高效

按照精准、有序、可控的目标，上海精心设计交通组织方案，科学调度轨道交通、地面公交、团队大巴、出租汽车等各类交通资源。两届进口博览会期间，累计运送分别约86万人次和88.2万人次进口博览会客流。2018年，首届进口博览会轨道交通“三线三站”进出站客流49.4万人次，单日最高周边轨道交通车站进出站客流22.5万人次、离场保障出租发车3 790车次、接驳巴士运送客流2.6万人次、团队大巴服务1 126车次，集约化交通出行比重每天高于75%。推出“进口博览会交通APP”提供地图和导航服务，下载用户超过130万。2019年，第二届进口博览会设置集约大巴“即停即走”下客区域，全面开放轨交2号线徐泾东站4号、5号口作为进离场主要出入口，平均入场时间不超过30分钟，较首届缩短一半。

（四）内外嘉宾接待周到

进口博览会期间，来访的内外宾团组级别高、数量多、范围广，保障任务繁重艰

巨。2018—2019 年，上海以提升内外宾体验度和满意度为目标，围绕迎、行、住、食、转各环节，落实一团一方案，全面优化迎送、酒店、用车、联络官、VIP 医疗保障等接待安排。第一届和第二届进口博览会圆满完成接待任务，其中副部级以上外宾团组分别为 168 个和 126 个、副部级以上重要外宾 390 位和超过 200 位，重要内宾团组 219 批和 337 批，省部级领导 275 位和 171 位。

（五）新闻宣传有声有色

着眼为开展新闻报道工作提供全方位、精准化、人性化服务，高标准建设进口博览会新闻中心，设置媒体咨询服务区、专用工作区、公共工作区、采访室等多个功能区。2018 年，首届进口博览会期间上海媒体报道 4 000 余篇，视频报道 800 多个，相关微博微信近千条，总点击量、浏览量超过 5 亿次。2019 年，第二届进口博览会展期 6 天全网共发布超过 38 万条次进口博览会相关报道，有关微博话题阅读总量已近 40 亿次。国际社会评价积极正面，舆情基本稳定。

（六）城市服务井然有序

坚持精益求精，努力锻造进口博览会城市服务“金牌”。餐饮物流保障更精准：2018 年首届进口博览会展馆内设置 100 多个供餐点，建立“双供应一追溯”制度，确保“供得上、吃得安”，2019 年第二届进口博览会创新设立“云仓”模式；医疗服务更便捷：2018 年首届进口博览会设立现场医疗点、开设定点医院，2019 年第二届进口博览会展馆内搭建 5G 移动医疗保障平台；住宿服务更贴心：2018 年首届进口博览会实行酒店价格临时管控措施，酒店平均出租率超过 70%，同比增长 6%，2019 年第二届进口博览会推出“六个一”创新举措；通关服务更便捷：2019 年第二届进口博览会推出货物无纸通关、人员无感通关等举措；志愿服务更专业：2018 年首届进口博览会注重招募擅长英语并兼顾小语种志愿者，展会期间提供了 23 万多次语言服务，2019 年第二届进口博览会招募 6 000 多名“小叶子”志愿者，148 名小语种志愿者。

（七）城市运行总体平稳

两届进口博览会期间，重要设施运行稳定。2018 年，首届进口博览会期间场馆采取多回路、柴油发电机组热备份、UPS 三重供电保障，确保供电、供水、供气等运转正常；完成国家会展中心场馆改造和诸光路地道等配套基础设施建设。2018 年，首届进口博览会全面完成 700 多项 426 万平方米绿化提升和环境整治项目，以及黄浦江两岸 20 千米岸线景观照明、近 100 千米架空线落地工程。2019 年,第二届进口博览会开创全世界最大单体建筑中完成 5G 覆盖的先例。

第二节　2018—2019 年进口博览会工作重点

进口博览会之所以取得圆满成功,是习近平总书记亲自关心、亲自指导、亲自推动的结果,是党中央、国务院坚强领导,国家各部委和各兄弟省市大力支持的结果,也是上海市上下齐心协力、共同奋斗的结果,主要有四大方面的做法和体会。

一、 坚持组织创新

(一)中央统一指挥部署

办好进博,关键在党。两届进口博览会期间,习近平总书记高度重视进口博览会工作,多次做出重要指示。2018 年,中央批准成立进口博览会筹委会(以下简称"筹委会")。根据不同筹备阶段特点,筹委会先后成立进口博览会筹备工作现场指挥部、进口博览会执委会,做到现场资源和力量有效统筹。

(二)全国范围紧密联动

2018—2019 年,商务部和上海市通力协作、全面推进进口博览会筹办工作;中央宣传部组织中外媒体,抓好新闻舆论宣传;外交部统筹安排重大外交活动;公安部全面部署安全保卫工作;兄弟省市与上海共同做好联防联控、协同保障。加强军警民联动,为进口博览会成功举办提供有力保障。2018 年,首届进口博览会积极做好采购对接,组建中央企业 98 家、全国 36 个省区市交易团。

(三)上海市上下高度协同

2018—2019 年,组建进口博览会城市保障领导小组,由上海市委、上海市政府主要领导担任双组长,上海市委、上海市政府相关副秘书长担任各保障组组长,协调力量进一步加强。明确任务书、时间表、路线图,坚持问题导向、挂图作战、压实责任,确保重大节点目标如期完成。组织成立"进博一线党建联盟",设立各类临时党组织,深入开展"进博先锋行动"和进口博览会立功竞赛等活动。上海市人民代表大会、上海市政协会议积极为进口博览会筹办工作做好监督、建言献策。2018 年,制定《首届中国国际进口博览会城市保障总体方案》和 19 个专项保障方案。2019 年,制定 22 个专项方案，明确181个重点任务、369个节点工作。

二、坚持制度创新

（一）创新通关制度

新设会展中心海关，实施大数据管理、简化食品企业注册等举措，扩大展品可结转特殊监管区等措施的适用范围。2018年，首届进口博览会全国海关24小时不间断视频联网监控值守，第一时间现场解决通关保障问题。运用“互联网＋”创新口岸智能通关模式，大大提升境外旅客通关效率。开发跨境贸易管理大数据平台，实现货物“靠泊即提”。2019年，第二届进口博览会创新超大客流旅检现场工作模式，通关效率提升63％。

（二）创新保税展示交易常态化制度

2018年，首届进口博览会允许展会展品提前备案、以担保方式放行展品、延长展品有效期至1年、展品展后进入保税监管场所或特殊监管区域视同离境予以核销、对展品展中销售和现场成交适用中西部国际展会的税收优惠政策，开展保税展示交易常态化制度创新试点等。2019年，第二届进口博览会加快常年保税展示展销常态化政策落地，建成虹桥商务区保税物流中心（B型）、绿地全球商品贸易港等49个交易服务平台，促进展品变商品。

（三）创新监管制度

加强知识产权保护、行政执法、市场监管等现场联合监管服务。首届进口博览会设立4个现场综合服务站，采取柔性监管方式，及时妥善处置纠纷和突发事件，累计受理现场咨询和投诉类事件222件。2019年，第二届进口博览会为参展进口婴幼儿配方乳粉企业提供绿色通道，帮助获得产品配方注册证书或产品临时许可证书，并可在相关特殊区域增加90天展示时间，更快实现在国内市场的便利供应。

（四）创新权益保护制度

加强国际高水准知识产权保护。2019年，首次为进口博览会参展商品提供专利优先审查服务，实现展会期间知识产权零投诉。通过固化、推广进口博览会好的经验举措，为市场营造更加稳定、公平、透明、可预期的良好环境。

三、 坚持管理创新

（一）充分发挥上海能服务、善辐射作用

创新公共服务模式，2018 年，首届进口博览会主动对接兄弟省市贸易投资需求，组织多场层次高、水准高、质量高的贸易促进活动。2019 年，第二届进口博览会推进“一网通办”“一网统管”，充分运用大数据、云计算、物联网等新技术，形成供电、供水、供气等智慧保障新模式。创新交通组织模式，2018 年，首届进口博览会推出 45 条特色参观线路，2019 年，第二届进口博览会增强进博交通 APP 功能，均衡客流举措效果明显。创新安全保卫模式，2019 年，第二届进口博览会实施 1 天警卫安保加 5 天常态加强安保的“1＋5”模式，做到少扰民、不扰民，实现管理无感、安全有感。

（二）充分发挥进口促进新平台作用

2018 年，首届进口博览会联动长三角地区以搭建一站式交易服务平台为抓手，为参展商“参展一周、服务一年”，促进展品变商品，让更多优质商品和服务以上海为枢纽，更加便捷地进入我国市场，助力打造永不落幕的博览会，千方百计放大进口博览会这一开放式合作平台的溢出效应。

四、 坚持开放创新

（一）对标世界先进城市，高水准高质量完成城市建设项目

2018 年，首届进口博览会在国家会展中心“不停展、不闭馆”情况下，仅用 4 个月就完成了常规需要 2 年才能完成的场馆改造项目，在较短工期内完成了黄浦江及 4 座跨江大桥灯光改造、场馆周边 219 万平方米、上海市其他区域 207 万平方米绿化景观升级。

（二）着眼于提供一流体验，打响“上海服务”品牌

2018 年，首届进口博览会在上海市酒店、餐饮、旅游等 45 个重点窗口行业举办“迎进口博览会，创文明示范窗口，树上海服务形象”系列活动。2019 年，第二届进口博览会组织 37 项国家级、市级非遗项目和 69 个老字号品牌设立上海非遗、老字号展示专区，彰显海派文化魅力和老字号创新成果。

（三）首次召开上海城市推介大会

2019 年，第二届进口博览会上，600 多位进口博览会参展嘉宾出席，进一步向世界传递了我国和上海坚定不移扩大开放的强烈信号，充分展现了上海开放、创新、包容的城市品格。

第三节 2020 年进口博览会展望

一、 继续放大招商引资促进效应

2020 年进口博览会持续推进项目中，涉及投资促进类有 30 项。主要内容是：加大引资力度，精心筹办“2020 上海城市推介大会”，继续打响“投资上海”品牌；完善境内外投促服务网络，形成“一区一策”投促服务策略；完善“上海外商投资促进服务平台”建设，搭建上海市“投促项目库”“投促资源库”“投促活动库”等数据库；挖掘各区招商特色和优势，继续发布“进口博览会经贸考察路线”和投资促进活动一览表等。聚焦外资增能，以贯彻落实《外商投资法》、国家稳外资 20 条为契机，推进总部能级提升、重大项目落地，深入开展国别招商、展别招商，跟踪推进杜邦光刻胶、丰田燃料电池汽车、东电半导体装备等重大产业项目落地；推进中国电子科技集团等央企立项建设上海工程技术研究中心，推动工程中心成为重大共性与关键技术的供给源头及成果转化与转移的创新基地。

二、 继续放大贸易升级促进效应

2020 年持续推进项目中，涉及贸易升级类有 23 项。主要内容是：建设联动长三角、服务全国、辐射亚太的进出口商品集散地，做精、做优、做强“6 天＋365 天”常年展示交易平台建设，拓展国内外多渠道、多模式对接，依托百联集团、光明集团等壮大进口商品分销体系；聚焦展示、撮合、交易、通关等重点环节，提升平台能级，动态调整平台成员单位；积极推动新的国家和地区商品中心平台挂牌建设；做强一批千亿级商品市场平台，推进跨境电子商务综合试验区、中国（上海）宝玉石交易中心建设，提升贸易增量。加快发展新型国际贸易，以自贸试验区和临港新片区为重点，以自由贸易账户为依托，提升离岸和转口贸易规模，扩大货物转手买卖贸易推荐企业名单范围，便捷跨境金融服务。

三、 放大产业升级促进效应

2020 年持续推进项目中，涉及产业升级类有 16 项。主要内容是：精准产业招商，对接进口博览会重点产业板块，发布上海市产业地图 2020 版，聚焦集成电路、生物医药、智能制造等重点领域项目落地，同时提升国家知识产权国际运营（上海）平台服务能级。加快 G60 科创走廊建设，正式出台《长三角 G60 科创走廊建设方案》，召开 G60 科创走廊建设推进大会，启动松江 G60 脑智科创基地建设，适时推出上证 G60 成指 ETF 产品。推动长三角区域产业协同发展，正式发布长三角一体化示范区产业发展规划、产业指导目录等。同时，完善外经贸发展专项资金技术进口贴息相关政策，加大向境内转让知识产权的资金支持；正式出台《上海市会展业条例》，落实各项赋能政策；深化拓展以 5G 为重点的移动通信网，打造 5G 应用示范区；继续办好“2020 世界人工智能大会”。

四、 放大开放升级促进效应

2020 年持续推进项目中，涉及开放升级类有 17 项。主要内容是：固化推广创新举措，形成保税展示展销常态化制度，完善 3C 免办便捷通道，完善以销售价格为完税价格计征关税的模式；推进中国（上海）宝玉石交易中心政策落地。放宽市场准入，依托临港新片区、虹桥商务区等重点功能区建设，全面落实外商投资准入负面清单、服务业扩大开放 40 条等举措，在电信、保险、证券、教育、卫生等重点领域加大对外开放力度，放宽或取消跨境交付、境外消费和自然人移动等限制。深化口岸营商环境改革，加大国际贸易“单一窗口”与大数据平台融合对接，依托国际贸易单一窗口，加强上海电子口岸与亚太经济体口岸合作。同时，建立高风险品种及重大信息发布时前交流机制；优化完善进口服装安全风险评估工作；继续做好第三届进口博览会知识产权保护工作。

五、 放大消费升级促进效应

2020 年持续推进项目中，涉及消费升级类有 31 项。主要内容是：做强首发经济，加快推进全球新品首发地、高端品牌首选地建设，支持黄浦、静安、浦东、徐汇等“全球新品首发地示范区”成立全球新品首发对外合作区域联盟。支持各大电子商务平台打造全球新品网络首发中心。加强会商旅文体联动效应，推进以国家会展中心为核心、以绿地全球商品贸易港等展示和交易平台为重要载体的常态化精品旅游线路，打造旅游新地标。做强免退税经济，扩大免税商店数量和规模，争取试行更大力度的免退税政策，实施上海市老字号、新品牌进入口岸免税店计划。做优老字号，对接“世界级非遗项目展示交流”拓展工作，推进老字号重振专项行动，推进老字号品牌、非遗品牌等在进口博览会展示推介，扩大国际影响力。

六、 放大城市形象促进效应

2020年持续推进项目中，涉及城市形象升级类有21项。主要内容是：增强城市服务能级，完善“1＋N＋16＋214＋5 515”智能应用体系，深化城市运行管理和应急处置系统；继续推动100个“美丽街区”建设；抓好10条主要商业街区市容环境专项提升；开展苏州河河岸线市容环境治理；深入开展生活垃圾分类执法整治行动，加大执法和宣传力度。做好城市形象推介，继续做好2020上海投资推介大会宣传报道工作，加大对招商招展成效的宣传。

七、 放大虹桥商务区枢纽建设促进效应

2020年持续推进项目中，涉及虹桥商务区枢纽建设促进类有8项。主要内容是：深化常年展示交易服务平台建设，依托虹桥进口商品保税展示交易中心和B型保税物流中心等载体，做实展示、撮合、交易、通关等服务。政策创新变常态制度，完善以销售价格为完税价格计征关税的模式；加强进口商品通关便利化协同，同时将进口博览会期间展品通关监管、人才引进、资金结算、投资便利、人员出入境等创新政策固化为常态化制度安排。推进产业集聚，聚焦总部经济、科技服务、专业服务、人工智能、大健康医疗、绿色金融等领域，精准招商；开展国别招商、以商招商、产业链招商等投资促进活动。加快打造数字贸易国际枢纽港功能。做好长三角城市展示中心和海外贸易中心的平台对接，发起成立由长三角城市和海外促进机构参加的全球数字合作城市联盟；围绕数字贸易发展三年行动方案，加快打造数字贸易国际枢纽港功能，培育一批国家数字服务出口基地和上海市服务贸易示范基地。

第十二章　钻石珠宝贸易

第一节　2018—2019 年上海钻石珠宝贸易发展情况

2018—2019 年，上海钻石交易所钻石交易量分别为 8 370.4 克拉和 424.5 万克拉，同比下降 83.0%和 95.0%，交易金额分别为 57.8 亿美元和 42.4 亿美元，同比增长 8.2%和−26.8%。其中，一般贸易项下成品钻进口总重量分别为 241.3 万克拉和 170.3 万克拉，同比下降 8.6%和 29.4%，进口金额分别为 27.1 亿美元和 18.5 亿美元，同比增长 7.6%和−26.8%。2018—2019 年海关代征合计进口环节增值税分别为 7.2 亿元和 5.1 亿元(图 12.1)。

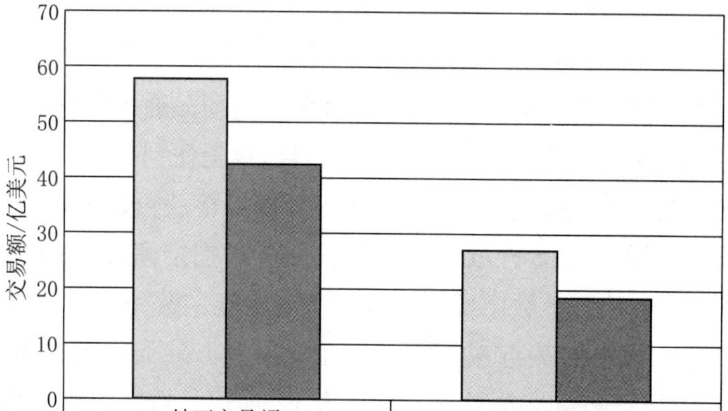

	钻石交易额	成品钻进口额
□2018年/亿美元	57.8	27.1
■2019年/亿美元	42.4	18.5

图 12.1　2018—2019 年上海钻石贸易发展情况

数据来源：上海市商务委员会。

2019 年，受中美贸易战、国内经济增速放缓、全球经济不确定性增加以及合成钻石异军突起等因素影响，宝玉石交易比 2018 年交易量有所下降。2018—2019 年，中国（上海）宝玉石交易中心交易金额分别为 29 亿元和 20 亿元。

第二节　2018—2019 年上海钻石珠宝贸易工作重点

一、 搭好平台，助力钻石、宝玉石行业发展

（一）提升上海钻石交易所国际地位和影响力

1. 积极发挥上海钻石交易所在世界钻石交易所联盟（WFDB）的主导作用

2018 年 10 月在 WFDB 第 38 届世界钻石大会上，上海被明确为与安特卫普、特拉维夫、纽约、孟买、约翰内斯堡、迪拜并列的世界七大主要钻石加工和贸易中心之一，上海钻石交易所林强总裁在大会上成功当选为 WFDB 唯一副主席，使上海钻石交易所国际地位得到进一步提升。

2. 通过开展国际钻石周等活动，加强行业企业交流，帮助会员寻找新渠道和新客户

2019 年 7 月在上海举行的中以国际钻石周活动和 9 月开馆的绿地钻石直销中心，为双方企业创造了更多商业机会，取得良好效果。

（二）积极开展对外交流与合作

2019 年，上海钻石交易所加强与中国澳门钻石宝石交易所以及广东粤海集团的交流合作，促进以上海为代表的长三角地区与珠三角粤港澳大湾区的钻石市场两地之间优势互补，通过信息交流、人员往来、货品交易，实现共同发展。

（三）宝交中心升级为国家平台，拓展要素市场平台功能作用

经国务院批准，2018 年 12 月 28 日“上海宝玉石交易中心有限公司”正式更名为“中国（上海）宝玉石交易中心有限公司”（以下简称“宝交中心”）。宝交中心在珠宝身份追溯监控物证一体套件等 19 项科技成果基础上，又新获境内诚信、区块链互信、宝玉石招商服务 3 项知识产权，为平台提供高新技术支撑。中国（上海）宝交中心作为全国唯一宝玉石全功能要素市场平台，在国家和上海市有关部门大力支持下，不断加强平台建设，行业话语权和影响力进一步扩大。

1. 大力开拓国际合作

2019 年，中国（上海）宝交中心已被联合国经济和社会理事会中唯一的珠宝机构

代表——国际珠宝首饰联合会(CIBJO)吸纳为会员,与迪拜多种商品交易中心(DMCC)、国际彩色宝石协会(ICA)签署合作备忘录,建立战略合作伙伴关系。

2. 不断完善平台功能

目前,“宝玉石交易服务平台”已在中国国际贸易“单一窗口”支付结算专区、进口博览会参展商服务专区和“一网通办”专区的三大平台同时上线,境外珠宝企业与进口博览会的参展商都可以进行线上无纸化申报与通关。宝玉石海关 HS 编码与税率的人工智能匹配,降低了报关难度,提升贸易便利化水平。

(四)“钻石和宝石精品馆”成为首届进口博览会一大亮点

2018 年 11 月 5 日至 10 日,首届中国国际进口博览会在国家会展中心举办,“钻石和宝石精品馆”成为进口博览会一大亮点和最具人气展馆之一,展览面积近万平方米,共有 27 个国家和地区约 192 家展商参展,其中“一带一路”沿线国家有 21 个,展会日均入馆参观人次超 10 万人,现场意向交易额达 3.7 亿美元。第二届中国国际进口博览会场馆 1 万多平方米,共有 28 个国家和地区约 180 家展商参展,现场成交 90 多万美元,签约成交额达 2 亿美元,继续成为进博会人气最旺的展区。

第三节　2020 年上海钻石珠宝贸易发展展望

2020 年,上海钻石宝玉石交易联合管理办公室的总体工作思路是:进一步认真贯彻落实十九届四中全会精神和习近平总书记考察上海重要讲话精神,在市商务委党组的领导下,以承接落实国家战略任务为主抓,以推动钻、宝行业发展为主线,围绕国家增设上海自贸试验区临港新片区、长三角区域一体化发展等对外开放重要举措,继续推进共建“一带一路”,继续优化营商环境,继续完善开放格局,继续深化多双边合作和扩大市场开放。坚持“守初心、担使命,找差距、抓落实”的总要求,努力推动工作迈上新台阶。

一、围绕钻石交易所成立 20 周年契机,扩大钻石产业影响力

积极响应上海市政府吸引国际组织的战略要求,推动世界钻石交易所联盟(WFDB)在上海设立代表处。围绕上海钻石交易所成立 20 周年契机,举行国际钻石珠宝设计大奖赛、召开国际钻石高峰论坛等一系列 20 周年庆活动,提升上海钻石交易所以及我国钻石产业的国际影响力。关注国内培育钻石的发展,探讨将其纳入上

海钻石交易所平台交易的可能性以及相关扶持政策和海关通关便利化措施，推动培育钻石产业健康发展。支持上海钻石交易所与中国澳门钻石珠宝交易所以及在珠三角、长三角地区的行业互联互通。

二、 扩大进口博览会溢出效应，完善宝玉石交易中心建设

完善中国宝玉石交易中心的配套建设，推动海关特殊监管区建设以及宝玉石进口优惠税收政策落地。继续做好第三届进口博览会钻石珠宝精品馆招展工作，将精品馆打造成为进口博览会的人气馆和“上海购物”的金字招牌，鼓励珠宝企业利用好“6＋365”展示交易平台，结合长三角一体化发展规划，进一步扩大进口博览会溢出效应。探讨设立亚太珠宝标准化技术联盟（AGA）上海代表处，推进宝玉石产品标准和溯源工作。

三、 加强党建和干部队伍建设，打造“4C 标准”党支部

在上海市商务委员会党组和机关党委的领导下，推进理论武装，加强思想政治建设。结合工作实际，在推动钻石与宝玉石行业发展、打造“上海购物”品牌、筹备保障进口博览会、承接 APMEN 国家战略任务等重大工作中，发挥党支部战斗堡垒作用和党员先锋模范作用，把上海钻石宝玉石交易联合管理办公室支部打造成具有钻石“净、精、强、硬”品质的“4C 标准”党支部。

第四篇

空 间 布 局

第十三章 区 域

第一节 浦 东 新 区

一、 2018—2019 年浦东新区国际经贸发展情况

（一）外贸发展情况

1. 货物贸易情况

2018—2019 年，浦东新区货物进出口额分别为 20 582.7 亿元、20 514.7 亿元，同比增长 5.2%、−0.3%，占上海市货物进出口总额的比重为 60.5%、60.3%。其中，出口额 7 077 亿元、7 129.5 亿元，同比增长 6.6%、0.8%；进口额 13 505.7 亿元、13 385.2 亿元，同比增长4.5%、−0.9%(图 13.1)。

(1) 贸易方式结构

2018—2019 年，浦东新区加工贸易进出口额分别为 3 598 亿元、3 297.1 亿元，分别同比增长 6.1%、−8.4%；一般贸易进出口额分别为 8 843.6 亿元、8 978.6 亿元，分别同比增长 4.3%、1.6%；海关特殊监管区物流货物进出口额分别为 6 261.4 亿元、7 022.5亿元，分别同比下降 0.1%、同比增长 12.2%。

(2) 进出口主体结构

2018—2019 年，浦东新区外资企业进出口额分别为 13 508 亿元、13 726.6 亿元，同比增长 2.4%、1.6%；国有企业进出口额分别为 3 634.5 亿元、3 008.7 亿元，同比增长 10.8%、−17.2%；民营企业进出口额 3 356 亿元、3 675 亿元，同比增长 11%、9.5%。

(3) 进出口市场结构

2018 年，从出口看，美国、欧盟、中国香港、东盟合计出口额占全区六成以上，同

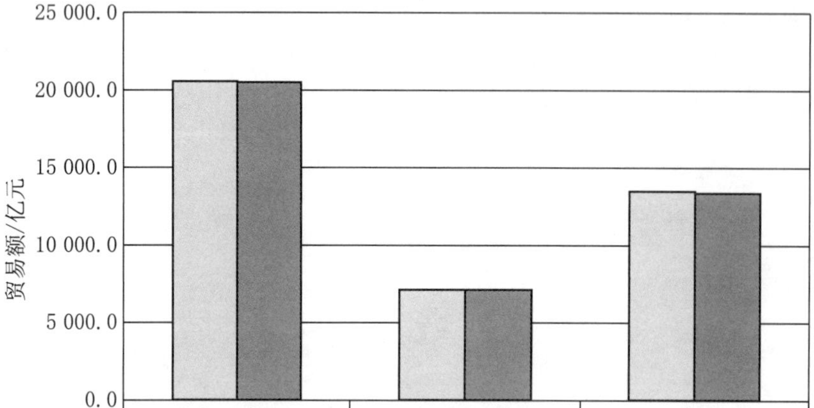

	货物进出口额	货物出口额	货物进口额
2018年/亿元	20 582.7	7 077.0	13 505.7
2019年/亿元	20 514.7	7 129.5	13 385.2

图 13.1　2018—2019 年浦东新区货物进出口情况

比增速分别为 2.8%、6.8%、7.9%、6.1%，其他主要市场表现不一，其中对日本出口增幅较大；从进口看，欧盟、东盟、美国、日本合计进口额占全区近六成，同比增速分别为 1.1%、−15.7%、−6.4%、5.2%，其中对东盟、美国进口有所下降，其他主要市场表现不一，从澳大利亚进口增长较快。2018 年，浦东新区对一带一路国家进出口额 4 076.7亿元，同比增长 1.7%。其中，出口额 1 601.9 亿元，同比增长 7.8%；进口额 2 474.8亿元，同比下降 1.8%。2019 年，浦东新区对“一带一路”国家进出口额 4 494.3 亿元，同比增长 10.5%，占浦东新区货物贸易总额的比重为 21.9%。

(4) 进出口商品结构

2018—2019 年，从出口看，机电产品出口额分别为 5 126.1 亿元、5 105.7 亿元，同比增长 5.6%、−0.4%，其中电器及电子产品占约一半，同比增长 5.2%、2%。高新技术产品出口额分别为 3 347.5 亿元、3 254.1 亿元，同比增长 6.4%、−2.8%。其中计算机与通信技术产品出口额均占近六成，分别同比增长 5.1%、−17.7%。从进口看，消费品进口总体增势良好，2019 年，化妆品、服装、手表进口额分别为 251.4 亿元、115.8 亿元、118.1 亿元，同比增速分别为 45.1%、4.5%、15.6%；集成电路进口额 1 999亿元，同比增长 21%；汽车进口额 734.6 亿元，同比下降 3.7%；医药品、医疗仪器及器械进口额分别为 893.2 亿元、366.5 亿元，同比增长 25.2%和 23.4%。

2. 服务贸易情况

2018—2019 年，浦东新区服务进出口额分别为 879.7 亿美元、871.6 亿美元，其中服务出口额分别为 274.1 亿美元、284.7 亿美元，服务进口额分别为 605.6 亿美元、

586.8 亿美元(图 13.2)。

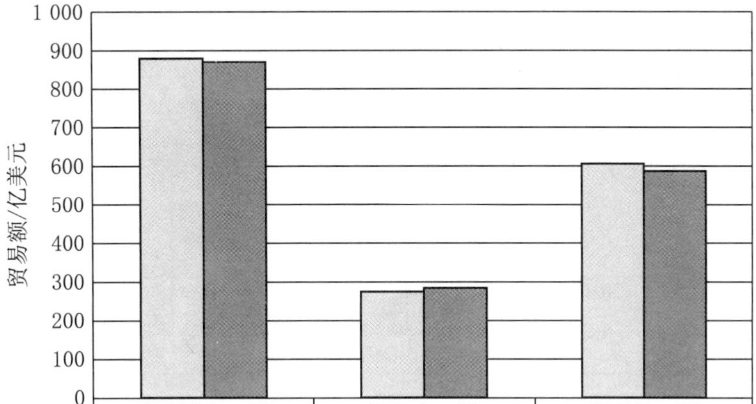

	服务进出口额	服务出口额	服务进口额
□2018年/亿美元	879.7	274.1	605.6
■2019年/亿美元	871.6	284.7	586.8

图 13.2 2018—2019 年浦东新区服务进出口情况

(二)外资发展情况

2018—2019 年,浦东新区新设外资项目数分别为 1 559 个、1 965 个,占上海市项目总数的 27.8%、28.9%,同比增长 1.0%、26.0%;利用合同外资金额分别为 165.2 亿美元、156.3 亿美元,同比下降 34.1%、5.3%,占上海市总量的 35.2%、31.1%;实到外资金额分别为 81 亿美元、87.7 亿美元,上海市占比达 46.8%、46.0%;新增跨国公司地区总部数分别为 23 家、28 家,上海市占比达 51.1%、56%,累计分别为 304 家、332 家,上海市占比达 45.4%、46.1%;新增外资研发中心分别为 6 家、7 家,累计分别为 233 家、240 家,上海市占比达 53%、52.1%(图 13.3)。

截至 2019 年底,来浦东新区投资的国家/地区总数达 168 个,对浦东新区投资前 5 位国家和地区(以合同外资为依据)依次为中国香港、开曼群岛、新加坡、美国、英属维尔京群岛,这 5 个国家和地区合计占浦东新区吸引合同外资总额的 72.7%。其中,投资来源地为中国香港的新设项目共有 638 个,同比增长 19.2%,合同外资金额102.3 亿美元,同比增长 52.1%;来自新加坡的新设项目共有 125 个,同比增长 13.5%,合同外资金额 17.3 亿美元,同比增长 29.0%;来自美国的新设项目共有 178 个,同比增长 39.2%,合同外资金额 13.4 亿美元,同比增长 102.4%;来自开曼群岛的新设项目共有 12 个,同比下降12.5%,合同外资金额 3.9 亿美元,同比下降 70.2%;来自英属维尔京群岛的新设项目共有 23 个,同比增长 30.9%,合同外资金额 3.2 亿美元,同比增长 23.6%。

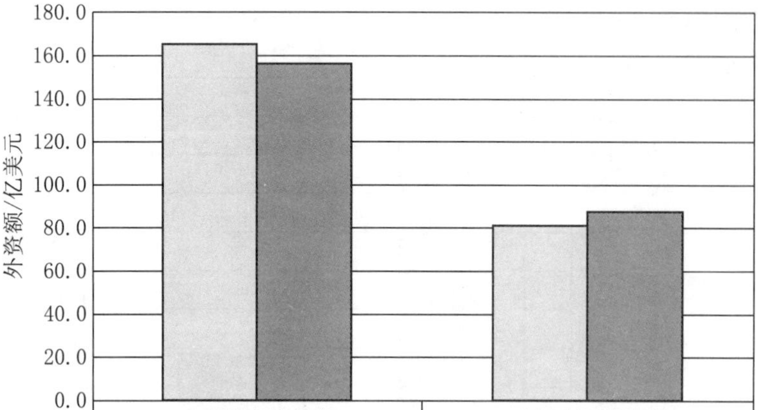

	合同利用外资额	实际利用外资额
2018年/亿美元	165.2	81.0
2019年/亿美元	156.3	87.7

图 13.3　2018—2019 年浦东新区利用外资情况

二、 2018—2019 年浦东新区国际经贸主要工作

（一）外贸主要工作

1. 全力对接服务中国国际进口博览会

一是围绕 6 天展会，配合做好招展展商工作。2018 年帮助“上海东浩兰生集团进口商品展销中心有限公司”落户，新设“上海国际进口交易服务有限公司”，会同海关帮助企业制定了保税展示功能实现方案等。二是高质量组建浦东新区交易分团，商务协调确保精准有效。在上海市交易团的统一部署下，浦东新区组建了浦东新区交易分团，由分管副区长担任团长，推进各项工作。2018 年首届进口博览会浦东新区交易分团成交金额为 434.1 万美元。三是积极促进经贸交流，提升进口博览会溢出效应。在首届进口博览会期间推动上海自贸试验区酒类跨境电子商务平台全球酒品线上发售、上海自贸试验区中东欧 16 国国家馆内捷克、塞尔维亚、综合馆联合开幕典礼、“一带一路”中意产业合作投资交流会等多项场内外投资贸易活动。

2. 认真做好中美贸易摩擦应对工作

2018 年，浦东新区建立受影响企业对口联系制度，持续跟踪重点企业在订单、产能、就业以及盈亏等方面的变化，开展企业经营风险评估工作，对可能发生的产能转移、增资项目停滞、撤资等情况及时了解。2019 年，中美经贸摩擦对浦东新区经济发展的负面影响逐步显现，会同各部门对浦东新区外贸企业进行了深入调研，加大重点企业服务力度，夯实服务工作机制，做好稳外贸工作。包括落实涉税企业服务举措、试点贸易调整援助制度、精准服务助推企业结构调整。

3. 不断提升贸易便利化水平

2018 年，配合口岸部门优化国际贸易“单一窗口”，进一步集成更多管理和服务功能，实现银行通过“单一窗口”获取结售汇辅助监管审核信息，上线邮轮港口岸限定区域通行证受理签发功能。2019 年，浦东新区着力推进贸易便利化水平提升，9 月举办“支持浦东新区改革开放再出发、加快国际贸易中心核心承载区建设签约仪式暨浦东新区贸易便利化工作推进会”，推出了扩大开放、总部经济、贸易便利化、平台建设等 4 方面 15 条举措，举行了 21 家新落户（增资）外贸重点企业项目签约仪式。

4. 着力推动离岸贸易发展

一是在国家外汇管理局上海市分局的支持下，自 2018 年 12 月开始，通过报国家外汇管理局集体审议的方式，支持有真实贸易背景，在结算中有障碍的企业开展离岸贸易业务。截至 2019 年底，已有贝加莱工业自动化（上海）有限公司、上海康明斯贸易有限公司等 33 家企业通过了国家外汇管理局的审议备案。二是 2019 年 1 月起开展 FT 账户项下离岸转手买卖贸易简化单证试点，截至 2019 年底，浦东新区共 24 家企业开展了试点，贸易额总计 118.7 亿元，占上海市的 99%。2019 年 11 月，在总结第一批试点经验的基础上推出了第二批试点企业，两批试点企业上海市总计 299 家，其中浦东新区 249 家，占上海市 83%。

5. 加快促进服务贸易发展

一是探索实施跨境服务贸易负面清单管理模式。2018 年 9 月 29 日，上海市政府发布《中国（上海）自贸试验区跨境服务贸易负面清单管理模式实施办法》及《中国（上海）自贸试验区跨境服务贸易特别管理措施（负面清单）（2018 年）》，自 2018 年 11 月 1 日起开始实施。二是服务贸易统计工作取得重要进展。在继续完善服务贸易 BOP 统计的基础上，探索服务贸易 FATS 统计取得重要突破。2018 年完成了浦东新区首份年度服务贸易 FATS 统计报告，并在浦东新区《政研动态》上发布。三是探索跨境服务贸易扩大开放。参加上海市商务委员会服务贸易负面清单的专题会，对已梳理的负面清单修订和跨境服务贸易扩大开放措施建议进行了讨论。已形成负面清单缩减的标准，初步梳理出相关负面清单缩减建议。

（二）外资主要工作

1. 坚持抓好战略招商、精准招商战略

一是聚焦总部经济和重大项目。2019 年，围绕总部经济、“六大硬核”、高端服务业等战略重点领域，新增跨国公司地区总部 28 家，推进 13 家企业进入首批上海市商务委员会民营总部名单。二是推进新领域首创项目、突破项目落地。2019 年，首家股份制外商投资性公司益海嘉里金龙鱼粮油食品股份有限公司等首创性国际高端服务业项目落地。三是发挥招商引资信息平台功能。搭建浦东新区招商引资一体化平台，形成全区“上下联动、密切配合”的招商引资集成管理工作体系。建设浦东新区楼宇经济信息库，以楼宇经济带动二次招商。四是用好财政扶持政策杠杆。制定上线“十三五”总部经济、楼宇经济、商贸服务业、航运业财政扶持办法。定向新增了高成长性总部、营运总部、国际机构(组织)地区总部等多类扶持项目，为招商引资提供精确的政策保障。

2. 大力推进统筹招商职能转变

按照浦东新区区委区政府统筹核心发展权的有关要求，对取消镇级招商职能做了全方位调研和过渡期的统筹安排。2018 年，全面走访 24 个镇，制定了《关于浦东新区取消镇级招商引资职能和考核的实施办法》。揭牌成立 18 个投资促进服务中心，先建立“五个统一”招商机制，后提出“十个统一”的升级版招商机制建议方案，对责任主体、操作口径等关键问题进行梳理。

三、 2020 年浦东新区国际经贸发展工作展望

(一) 充分发挥进口博览会溢出效应，助推浦东外贸高质量发展

1. 放大贸易带动效应，培育进口贸易促进创新示范区

提升外高桥机床、医疗器械、红酒等贸易平台功能，打造国别(地区)中心品牌，形成更具市场影响力的贸易促进体系。探索保税展示销售常态化措施，充分发挥现有 18 家浦东“上海国际进出口商品展示交易平台”作用，为参展企业提供常态化的招展留展、综合物流、保税展示等服务，全力承接好进口博览会订单溢出成果。持续推进贸易主体集聚，重点关注参加进口博览会的新面孔，发挥浦东联结国际国内两个市场的优势，进一步吸引全球知名企业在浦东设立贸易公司。

2. 承接制度溢出效应，持续优化营商环境

主动对接进口博览会各项制度创新举措，通过审批无纸化、申报自动化、通关便利化、监管全程化等贸易便利化措施，为进口博览会签约的境外商品进入国内市场提供便利。争取第二届进口博览会便利化新举措在浦东的率先推广。

(二) 紧抓自贸试验区契机，深化推进贸易监管制度改革

深化推进跨境研发贸易监管模式改革。争取海关总署、国家市场监管总局(食药

监局）等部门的支持，推进生物医药企业进口研发用试剂、样本等贸易监管模式改革，进一步简化流程、加快速度、降低成本。

（三）支持新型贸易方式发展，积极培育外贸发展新动能

持续推动离岸贸易发展。深入落实改革开放再出发的工作部署，加强政策宣传，帮助有需求的企业通过外汇账户或自由贸易账户开展离岸转手买卖贸易；探索落实支持离岸转手买卖发展的7条举措；做实做强“离岸转手买卖先行示范区”“中国（上海）自由贸易试验区离岸转手买卖产业服务中心”，充分发挥服务带动作用。

第二节　黄　浦　区

一、 2018—2019年黄浦区国际经贸发展情况

（一）外贸发展情况

2018—2019年，黄浦区进出口企业均为1 200余家，其中国有企业50余家，外资企业约700家，民营企业400余家。完成货物进出口总额分别为735.6亿元、715亿元，同比增长5.8%、−2.8%。其中货物出口额完成198.8亿元、155.5亿元，同比下降0.8%、21.8%；货物进口额完成536.8亿元、559.5亿元，同比增长8.4%、4.2%（图13.4）。

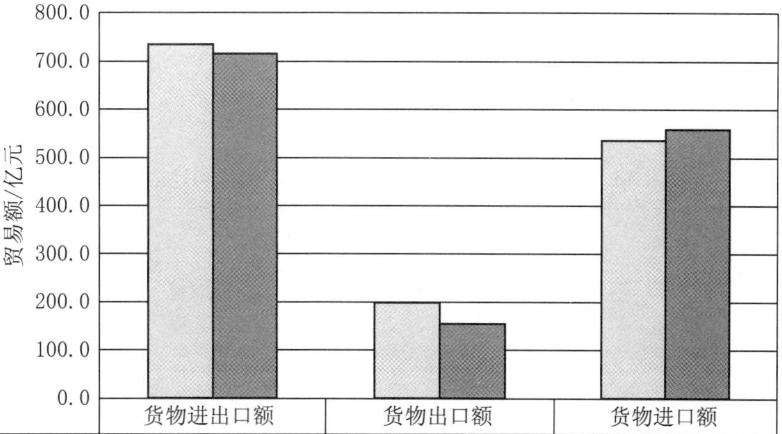

	货物进出口额	货物出口额	货物进口额
2018年/亿元	735.6	198.8	536.8
2019年/亿元	715.0	155.5	559.5

图13.4　2018—2019年黄浦区货物进出口情况

1. 企业主体结构方面

国有企业为出口大头。2018—2019 年，国有企业出口额分别为 124.1 亿元、88.05 亿元，同比下降 4.7%、29%，占出口总额的 62.4%、56.6%；民营企业出口额分别为 54.1 亿元、48 亿元，同比增长 2.6%、−11.3%，占出口总额的 27.2%、30.8%；外资企业出口额 20.6 亿元、19.5 亿元，同比增长 17.7%、−5.4%，占出口总额的10.4%、12.5%。外资企业为进口主力。2018—2019 年，国有企业进口额分别为 208.4 亿元、215.4 亿元，同比增长 34.5%、3.3%，占进口总量的 38.8%、38.5%；民营企业进口额分别为 29.9 亿元、37.1 亿元，同比增速为−4.5%、24.4%，占进口总额的 5.6%、6.6%；外资企业进口额分别为 283.5 亿元、306.9 亿元，同比增长 19.2%、8.3%，占进口总额的 52.8%、54.9%。

2. 进出口产品结构方面

出口商品涉及领域较广。出口商品包括纺织原料及纺织制品，车辆、航空器、船舶及其零附件，机电、音像设备及其零部件等，相关企业大多为传统大型国有或资源、渠道垄断型企业，包括江南造船有限责任公司、上海龙头股份有限公司、东方国际集团有限公司等，2018—2019 年黄浦区排名前 10 位企业的合计出口额占出口总额的比重分别为 60.2%、51.2%。外贸进口的主要产品为矿产品。2018—2019 年黄浦区矿产品进口额分别为 114.8 亿元、129.8 亿元，同比增长 58.8%、13%；纺织原料及纺织制品进口额分别为 46.5 亿元、51.6 亿元，同比增长 18.6%、11.1%；机电、音像设备及其零部件产品进口额分别为 44.9 亿元、58.3 亿元，同比增长 41.1%、29.6%。

3. 进出口贸易国别方面

2018—2019 年，黄浦区进口方面第一进口贸易伙伴是马来西亚，其次是日本、澳大利亚、德国等；出口方面，美国市场出口规模最大，其次是中国香港、日本等（表 13.1，表 13.2）。

表 13.1　2018—2019 年黄浦区货物进口国家和地区分布情况

国家和地区	2018 年			2019 年		
	进口额/亿元	同比增长率/%	占比/%	进口额/亿元	同比增长率/%	占比/%
马来西亚	139.2	39.7	25.9	180	29.3	32.2
日　本	40.3	2.5	7.5	33.8	−16	6
澳大利亚	34.1	194.1	6.3			
德　国				30.7	6.2	5.5

表 13.2 2018—2019 年黄浦区货物出口国家和地区分布情况

国家和地区	2018 年			2019 年		
	出口额/亿元	同比增长率/%	占比/%	出口额/亿元	同比增长率/%	占比/%
美　国	35.8	2.7	18.4	22.2	−37.8	14.5
日　本	19.5	−2.7	10.1	19.1	−2.5	12.4
中国香港	20.3	168.7	10.5	8.7	−56.9	5.7

（二）外资发展情况

2018—2019 年，黄浦区完成合同外资金额分别为 14.8 亿美元、14.9 亿美元；实际到位外资金额 12.4 亿美元、7.8 亿美元（图 13.5）。

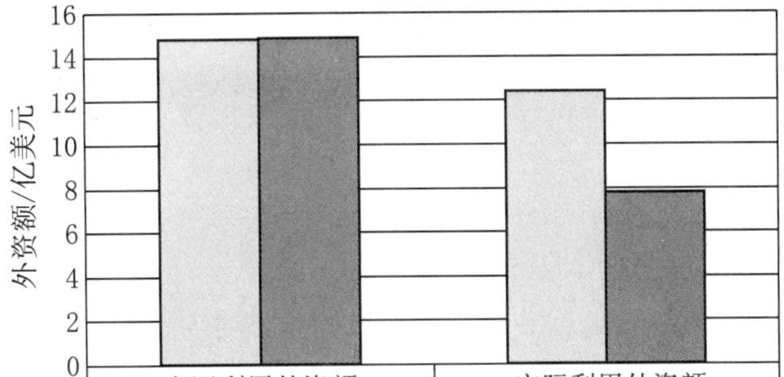

	合同利用外资额	实际利用外资额
2018年/亿美元	14.8	12.4
2019年/亿美元	14.9	7.8

图 13.5 2018—2019 年黄浦区利用外资情况

2019 年，黄浦区新设项目完成合同外资金额 8.3 亿美元，增资项目完成合同外资金额 6.5 亿美元。新引进项目合同外资超 1 000 万美元的项目 12 家；增资项目合同外资超1 000 万美元的项目 18 家；被上海市商务委员会认定为跨国公司地区总部的企业有4 家，分别是埃森哲（中国）有限公司、明治（中国）投资有限公司、希迪凯环球信息技术服务（中国）有限公司、戴珂鞋业（上海）有限公司。

二、 2018—2019 年黄浦区国际经贸主要工作

（一）外贸主要工作

1. 深化与黄浦区海关的战略合作，推进贸易便利化

深化与黄浦区海关的沟通合作，制定 2019 年度工作清单，列出 10 项具体工作事

项。2019 年共举办了 3 场面向重点外贸企业的专题政策培训会，联合海关指导重点企业申请 AEO 认证、支持保税仓库发挥功能，支持兰生大厦建设海关特殊监管区。

2. 精心策划投资促进活动，承接和放大进口博览会溢出效应

为了更好地承接和放大进口博览会溢出效应，宣传黄浦区投资环境和营商环境，促投资、促成交、促采购，分别围绕“服务贸易”“航运物流”和“跨境电子商务”的主题，组织了 3 场“对接进博 2019”系列投资促进活动，宣传黄浦区投资环境，提升客商投资黄浦区的意愿，得到了媒体的广泛报道。

3. 探索跨境电子商务发展模式

2019 年先后赴上海市商务委员会外贸发展处、上海跨境电子商务平台、上海亿贝网络信息服务有限公司（eBay）调研，探索黄浦区发展跨境电子商务的路径。与 eBay 签订战略合作备忘录，依托 eBay 平台在全球跨境电子商务领域市场份额、大数据和技术方面的领先优势，努力将黄浦区打造成为辐射带动长三角乃至全中国的、跨境电子商务金融服务中心、运营中心、物流中心、研发中心、创新创业中心和人才基地。

（二）外资主要工作

1. 积极做好跨国公司地区总部工作

鼓励跨国公司在沪集聚资源，进一步拓展集中销售、研发中心、资金管理、人力资源管理、共享服务等功能，积极引导和鼓励企业向价值链上游延伸。同时，鼓励总部企业升级为亚太区或更大区域的总部，推进总部企业数量和质量再上新台阶。全力做好跨国公司地区总部认定工作，梳理意向企业，开展深入沟通，推动一批企业积极申请跨国公司地区总部。

2. 积极对接服务进口博览会

一是积极开展投资促进活动。2019 年接待了德国奥特瑙地区经贸团、加拿大以及比利时经贸团，有效推介了黄浦区相关产业。二是积极推介区投资促进路线。2019 年设计安排的金融外滩、文化豫园和创意田子坊 3 条投资促进路线，共接待了 4 个外国团组，共 46 人次，向外国团组展示了黄浦区的产业特点和投资环境。三是积极促进项目落地。2019 年成功推动参展企业加拿大最大的奶酪生产商 saputo 项目落地。四是在第二届进口博览会期间，积极促成交，共签订意向成交额 3.0 亿美元，同比增长 30%以上。

3. 加强事中事后监管

开展 2018—2019 年外商投资企业年度投资经营信息联合报告的工作培训会，加强对外商投资事中事后协同监管。认真做好“双随机一公开工作”。根据商务部和上

海市商务委员会工作要求，早安排、早部署、早行动开展"双随机一公开"工作，做好黄浦区外商投资企业设立及变更备案监督检查工作。

三、2020年黄浦区国际经贸发展工作展望

（一）外贸工作展望

1. 积极承接进口博览会溢出效应，培育贸易竞争新优势

抓住进口博览会契机，将进口博览会上的品牌、企业资源与黄浦区的商业、商务载体资源有机对接。存量方面，要鼓励黄浦区现有进口商发展外贸代理关系，扩大进口业务范围，支持拥有全球采购网络的企业将进口博览会优质参展商纳入其供应链体系，提升企业能级；增量方面，要抓住机遇，积极引进有实力的国际零售商、采购商、贸易商，吸引跨国公司在黄浦区设立总部机构、贸易功能机构等，培育新的贸易发展增长点。

2. 持续提升贸易便利化水平，营造良好营商环境

深化与黄浦区海关的战略合作，争取各类政策创新成果在黄浦区先行先试，探索适合黄浦区重点企业发展特点的便利化政策，提升重点企业通关效率；联合海关加大政策培训和宣讲力度，针对企业关心的主题组织专场培训，为企业解读有关政策法规，剖析实际案例，指导实务操作，服务企业需求，营造有利于贸易发展的制度环境。

3. 立足产业优势，发展新型贸易方式，探索"服务赋能"

结合区域特点，充分发挥黄浦区在金融、专业服务业等方面的产业优势，以现代服务业为传统贸易"服务赋能"，推动贸易模式创新发展。如依托与 eBay 的战略合作，促进跨境电子商务与传统国际贸易、商业零售相结合，发挥黄浦区在商贸、金融、人才、企业服务等方面的优势，吸引和集聚跨境支付、分销、运营等产业链相关企业，构建跨境电子商务＋商业零售新业态。

（二）外资工作展望

1. 聚焦《外商投资法》的实施

率先贯彻落实外商投资法，结合国务院和上海市出台的一系列政策措施，出台《黄浦区关于进一步做好利用外资工作的实施意见》，突出政策新亮点，关注企业新需求。实施意见包括扩大对外开放、促进外商投资以及加强工作保障三部分。下一步，将进一步改革创新，建立与企业之间更加完善的沟通机制，不断提升为企业服务的水平。

2. 聚焦扩大开放，加大招商引资

全面落实外商投资准入负面清单管理制度。争取与上海自贸试验区以及临港新

片区取得更大关联，进一步在电信、保险、证券、科研和技术服务、教育、卫生等重点领域加大对外开放力度。积极争取自贸试验区政策在黄浦区率先复制推广，积极争取黄浦区特色举措先试先行。鼓励和支持外商投资新开放领域项目率先落地。

3. 聚焦总部项目落地

一要注重引进和培育并举，引进一批高质量的外资总部，夯实黄浦区作为外资总部集聚地的基础。二要进一步排摸梳理出一批潜在的总部，通过政策的激励效应，鼓励其集聚资源，进一步拓展集中销售、研发中心、资金管理、人力资源管理、共享服务等功能。三要鼓励总部企业升级为亚太区总部，推进总部企业数量和质量再上新台阶。

4. 聚焦进口博览会的溢出效应

充分利用进口博览会期间各国经贸团组、参展企业造访上海的机会，推出具有黄浦区特色的经贸考察路线、推介会和企业项目对接会，以各种渠道各种方式推介黄浦区，并做好会后的后续跟踪服务，推动高能级外资项目落地，充分扩大进口博览会的溢出效应。

第三节　徐　汇　区

一、2018—2019 年徐汇区国际经贸发展情况

（一）外贸发展情况

2018—2019 年，徐汇区外贸发展趋势总体平稳，完成货物进出口总额分别为 872.2 亿元、881.6 亿元，其中货物进口额为 585.1 亿元、569.2 亿元，货物出口额为 287.1 亿元、312.4 亿元（图 13.6）。

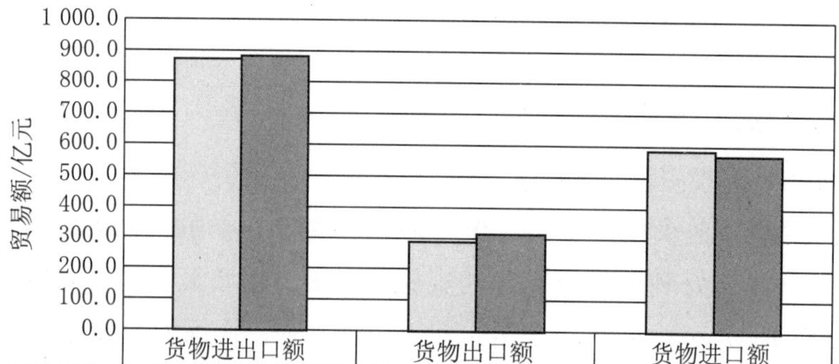

	货物进出口额	货物出口额	货物进口额
2018年/亿元	872.2	287.1	585.1
2019年/亿元	881.6	312.4	569.2

图 13.6　2018—2019 年徐汇区货物进出口情况

1. 按贸易类型分

2018—2019 年，徐汇区外贸以一般贸易为主，一般贸易出口额分别为 227.9 亿元、219.8 亿元，占出口总额 79.3%、70.3%；加工贸易出口额 51.4 亿元、55.6 亿元，占出口总额 17.9%、17.8%；其他贸易出口额 7.9 亿元、37.1 亿元，占出口总额 2.8%、11.9%（表 13.3）。

表 13.3　2018—2019 年徐汇区外贸出口贸易方式情况

贸易类别/合计	2018 年		2019 年	
	出口额/亿元	比重/%	出口额/亿元	比重/%
合　计	287.2	100.0	312.4	100.0
一般贸易	227.9	79.3	219.8	70.3
加工贸易	51.4	17.9	55.6	17.8
其他贸易	7.9	2.8	37.1	11.9

2. 按外贸商品结构分

2018—2019 年，徐汇区主要的出口商品为机电、音像设备等，出口额分别为 93.8 亿元、130.6 亿元，占出口总额的 35.1%、41.8%；其次是纺织原料及纺织制品，出口额为 51.7 亿元、51.6 亿元，占出口总额的 19.3%、16.5%；化学工业及其相关工业制品出口额为 30.3 亿元、23.1 亿元，占出口总额的 11.3%、7.4%；光学、医疗等仪器出口额为 23.1 亿元、27.0 亿元，占出口总额的 8.7%、8.6%。

3. 按商品进出口来源地分

2018—2019 年，徐汇区出口主要以美国为主，出口额分别为 78.9 亿元、74.6 亿元，占出口总额的 27.5%、23.9%。2018 年，日本和中国香港分列第二、三位，出口额分别为 26.1 亿元和 21.4 亿元。2019 年，日本和菲律宾分列第二、三位，出口额分别为 25.4 亿元和 24.7 亿元。

（二）外资发展情况

2018—2019 年，徐汇区共引进合同外资金额 11.9 亿美元、12.5 亿美元，同比增长3.1%、4.3%；实际利用外资金额 7.6 亿美元、7.6 亿美元。其中，新设企业 130 家、184 家，合同外资金额 6.8 亿美元、6.4 亿美元；增资项目 88 个、134 个，合同外资金额 5.2 亿美元、6.0 亿美元。新设及增资项目中，投资总额超过 1 000 万美元的大项目吸引合同外资金额总计达 10.5 亿美元、9.5 亿美元，分别占合同外资总额的 87.8%、76.2%（图 13.7）。

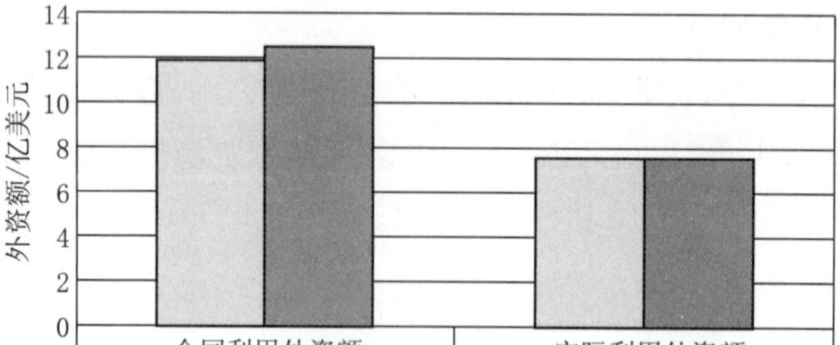

	合同利用外资额	实际利用外资额
□2018年/亿美元	11.9	7.6
■2019年/亿美元	12.5	7.6

图 13.7 2018—2019 年徐汇区利用外资情况

1. 投资行业

2018—2019 年，徐汇区外商投资企业新设分别为 130 家、184 家，外商投资企业增资 88 家、134 家。其中，以咨询、软件、总部经济为代表的现代服务业企业引进合同外资金额分别为 5.9 亿美元、9.8 亿美元，占吸引外资总额的 49.3%、78.9%。

2. 投资来源地

2018—2019 年，中国香港、新加坡、法国是徐汇区引进外资的主要来源地。其中，来自中国香港的项目个数和合同外资均占首位，新设项目数分别为 80 个、129 个，占项目总数的 61.5%、40.6%，共引资 10.0 亿美元(含增资)、7.5 亿美元(含增资)，占合同外资总金额的 84.0%、60.0%；来自新加坡的新设项目数 15 个、21 个，占项目总数的 11.5%、6.6%，共引资 0.3 亿美元(含增资)、0.2 亿美元(含增资)，占合同外资总金额的 2.1%、2.1%；来自法国的新设项目数3 个、13 个，占项目总数的 2.3%、4.1%，共引资 0.2 亿美元(含增资)、0.1 亿美元(含增资)，占合同外资总金额的 2.0%、1.1%。

3. 总部经济

2018—2019 年，徐汇区总部经济继续保持良好的发展势头，新增跨国公司地区总部经济机构分别为 6 家、5 家；总部企业新设立和增资金额合计 0.9 亿美元、1.4 亿美元，占合同外资总额的 7.9%、12.2%。截至 2019 年底，徐汇区地区总部数量累计 86 家，投资性公司 53 家，在中心城区位居第一位，在上海市仅次于浦东新区。

二、 2018—2019 年徐汇区国际经贸主要工作

（一）外贸主要工作

1. 深化关区合作，完成徐汇区政府与上海海关签订合作备忘录工作

2019 年 9 月 5 日，徐汇区政府与上海海关完成新一轮合作备忘录签约，并组织召

开人工智能和艺术品交易重点企业座谈会，针对企业需求，提出海关解决方案。本轮签订合作备忘录聚焦新形势下徐汇区经济发展重点，优化企业发展生态，充分发挥关区双方信息、政策、业务、保障等方面的资源优势，共同致力于推动上海海关深化改革、强化监管、优化服务。

2. 加强进出口贸易监测，做好“稳外贸”政策对接工作

加强中美贸易摩擦企业监测、分析、研判和对应扶持等，落实徐汇区“十三五”“稳外贸”政策举措，积极对接上海市“稳外贸”20条政策，兑现徐汇区“十三五”期间“稳外贸”政策条款，截至2019年底，给予符合条件的26家企业，资金补贴305.6万元。与外资科共同研究涉及中美贸易摩擦的企业监测工作，做好重点企业产能转移、订单情况的监测工作。完成徐汇区“2019年上海企业市场多元化重点支持企业”申报工作，共有3批22家企业获得共计776.2万元资金支持。

3. 做好服务贸易各项工作，推动徐汇区服务贸易健康发展

完成服务外包专项资金申报工作，2019年，共计申报资金项目企业16家，申报人才培训补贴1 107人次；申报认证费用补贴企业7家，申报项目8个，共计申请补贴费用27.0万元；申报研发活动补贴企业3家，申报项目3个，共计申请补贴费用111.5万元。完成服务外包公共服务平台建设资金申报工作，2019年，三优生物医药（上海）有限公司、上海漕河泾开发区人才发展培训中心等4家企业共计申报5个项目，申请金额共计6 917万元。

4. 国家文化出口基地建设工作

2019年，商务部王炳南副部长专程调研国家文化出口基地（徐汇区）建设情况，实地走访徐汇区滨江规划展示中心、上海油罐艺术中心等。通过企业座谈会，走访重点文化出口企业，了解企业需求，推动基地建设。与徐汇区文化和旅游局共同组织文化出口重点单位座谈会，研究针对性政策；接待上海市商务委员会调研组来徐汇区调研基地建设工作，接待商务部“国家文化出口基地创新实践与效果评价项目”团队来徐汇区调研，组织座谈会，走访企业等。

（二）外资主要工作

1. 全力以赴做好进口博览会相关工作

一是广泛发动、排查，不折不扣完成交易分团各项工作。结合2018年参会企业以及重点企业，开展广泛宣传发动，2019年全区报名企业数量相较上年增长超过20%，观众专业性有了很大提高。交易分团总共产生4亿元的采购意向，相较上年有

了大幅度的提高。二是主动出击、积极开展投资促进和招商工作。制定特色产业投资促进线路，进口博览会期间，有序完成瓦努阿图、突尼斯等共 4 个国家政要和经贸团的外宾接待任务，获得了外宾的赞誉和好评。三是开展徐汇区参展企业的服务工作。通过各种渠道排摸重点企业在展会期间的新品发布、全球高管来沪行程等企业需求的对接工作，并通过相关媒体及时进行专题报道和宣传。

2. 有效发挥“两翼一体”工作机制

一是发挥功能区市场化招商优势。以徐汇滨江枫林板块、上海漕河泾新兴技术开发区等为主阵地，通过中介招商、以商招商、“走出去”招商等，深化与市级相关部门、五大行四大所、律所、商会等合作关系，加强宣传推介力度，积极招大引强。二是发挥街道镇属地服务优势。鼓励街道以区域化党建、基层商会等为平台，以楼宇、园区、企业和白领为对象，丰富服务内容、拓展服务范围。协调基层站所等力量，就近便捷为企业解决难点。

3. 优化企业服务联动机制

充分利用大调研成果，进一步完善企业日常联系服务机制。打造了“12345”总客服、推广上海“企业服务云”、优化“企业服务随心选”等，提高企业问题解决率，提升企业获得感。

4. 加强中美贸易摩擦监测分析

根据上海市商务委员会下发的重点企业名单，结合实际筛选形成样本外资企业名录，定期通过统计局采集数据予以分析。同时，依托“两翼一体”工作机制，将监测预警工作纳入日常企业服务和走访工作中去。

三、 2020 年徐汇区国际经贸发展工作展望

（一）外贸工作展望

1. 促进出口，继续为推动徐汇区对外贸易总量增长服务

一是政策引导，鼓励对外贸易企业集聚及进出口贸易总量拓展。修订并落实徐汇区“稳外贸”政策，鼓励引入贸易型总部企业，鼓励现有贸易型企业做大做强。二是主动对接，加强与徐汇区海关深入合作，为企业通关便利服务。积极探索研究跨境电子商务、保税展示、文化贸易等新型贸易业态的海关监管模式。共同推动徐汇区国家级“文化出口基地”建设，共同研究探讨创新海关监管流程。三是以跨境电子商务发展为契机，积极探索内外贸协同发展新途径。探索传统制造和贸易企业利用电子商

务手段拓展外销渠道，推进传统零售与贸易企业对接，针对国内市场需求，扩大进口。四是继续关注并协助西岸艺术品保税仓库的运营，支持“上海西岸”建设发展。共同推进“保税展示常态化”建设，徐汇区滨江在海关特定监管范围内向符合海关监管要求的画廊、美术馆、艺术中心提供保税展示服务。

2. 持续推进服务贸易工作

一是做好“自由类技术进出口合同审核”“软件出口合同审核”权限下放衔接和后续审核工作，并以积累的数据为依据加强企业跟踪服务和推动优化徐汇区贸易结构工作，扩大徐汇区服务贸易增量。二是完成服务贸易商务部服务外包专项扶持资金的申报组织和初审工作；做好各项“示范企业、示范项目”申报工作。三是做好离岸服务外包合同审核、服务外包资金申请审核等项常规工作。四是积极推进国家文化出口基地建设。有重点推进国家文化出口基地建设工作，会同徐汇区文化和旅游局给予重点企业政策扶持；积极申报国家文化出口示范企业示范项目，以示范企业为抓手，着力推进数字产业、版权、影视、演出等重点文化行业走出去。

（二）外资工作展望

1. 聚焦总部龙头企业，加强投资推介和精准招商

一是发挥徐汇区综合区位优势，加强与市级相关投资促进机构合作，梳理徐汇区优势产业、资源禀赋和功能区布局，利用人工智能大会、进口博览会等外商云集的契机，结合进口博览会比较成熟的投资参观路线开展投资促进推介活动，进一步提升徐汇区的国际知名度和投资吸引力。二是聚焦外资总部和500强、行业龙头企业，重点聚焦美欧、日本等重点区域，加强与社会组织的合作，探索委托其海外机构招商机制，进一步加强走出去招商力度，通过区领导出访计划、组团出境招商推介等，积极开展投资推介和政策宣传，吸引优质外商投资。三是进一步加强与载体运营方以及中介机构的招商合作，通过产业政策、楼宇政策、招商奖励等引导，利用好存量、增量的优质载体资源为我所用、招大引强。

2. 提升综合服务能级，进一步放大以商招商效应

一是加强与“7＋N”部门的信息沟通与协作服务，在政策宣传、企业服务、信息整合上形成合力、发挥效力，敏锐把握存量大企业经营情况，为企业提供有针对性的服务，促其再投资、关联投资、并购收购等项目落地。二是加强对存量外资企业走访和政策宣传，充分发挥上海总部新政策的杠杆效应，助力销售、贸易型企业推动其升级地区总部、提升能级，在徐汇区整合集中更多资源和职能，发挥溢出效应。

第四节　长　宁　区

一、 2018—2019 年长宁区国际经贸发展情况

（一）外贸发展情况

1. 货物贸易发展情况

2018—2019 年，长宁区货物进出口额分别为 668.1 亿元、703.4 亿元，同比增长 15.2%、5.3%，其中货物进口额 389.5 亿元、433.9 亿元，同比增长 14.6%、11.4%；货物出口额为 278.5 亿元、269.5 亿元，同比增长 16.1%、−3.2%(图 13.8)。

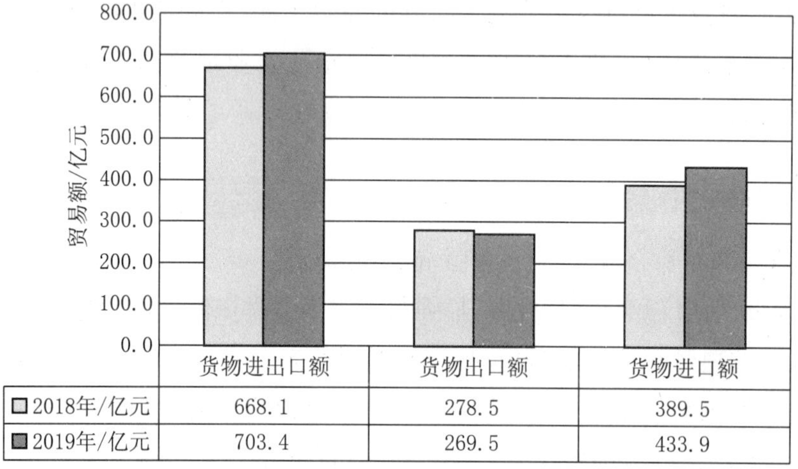

图 13.8　2018—2019 年长宁区外贸进出口情况

从企业来看，2018—2019 年累计进出口额超过 10 亿元的进出口企业共有 13 家、15 家。

从贸易方式来看，长宁区还是以一般贸易为主。2018—2019 年，长宁区加工贸易进出口额均呈现下降趋势；而区内一般贸易、其他贸易进出口额均呈现上升趋势(表 13.4)。

表 13.4　2018—2019 年长宁区贸易方式情况

贸易方式	2018 年		2019 年	
	进出口额/万元	同比增长率/%	进出口额/万元	同比增长率/%
一般贸易	6 208 680.0	17.5	6 278 716.2	1.1
加工贸易	110 182.3	−44.0	44 920.0	−59.2
其他贸易	362 146.4	14.3	710 791.8	96.3

从进出口国别来看，2018—2019年长宁区进出口主要以美国、日本、越南等市场为主(表13.5)。

表13.5　2018—2019年长宁区主要进出口国家情况

主要进出口国家	2018年		2019年	
	进出口额/万元	同比增长率/%	进出口额/万元	同比增长率/%
美　国	1 220 906.4	9.9	1 328 096.8	8.8
日　本	1 010 987.2	7.5	967 413.3	−4.3
越　南	503 200.2	63.8	515 247.6	2.4
德　国	359 715.7	−21.4	353 538.9	−1.7
韩　国	241 902.7	12.5	247 295.8	28.8

从进出口商品来看，2018—2019年长宁区进出口商品主要以纺织原料及纺织制品，机电、音像设备及其零件，塑料及其制品、橡胶及其制品，化学工业及其相关工业的产品，贱金属及其制品进出口为主(表13.6)。

表13.6　2018—2019年长宁区主要进出口商品情况

主要进出口商品	2018年		2019年	
	进出口额/万元	同比增长率/%	进出口额/万元	同比增长率/%
纺织原料及纺织制品	1 598 846.3	16.5	1 598 846.3	1.4
机电、音像设备及其零件	1 263 905.3	21.5	1 398 559.9	10.7
塑料及其制品、橡胶及其制品	689 631.5	6.2	686 024.4	−0.5
化学工业及其相关工业进出口为主	605 517.9	17.7	673 870.3	11.3
贱金属及其制品	445 501.2	13.3	423 326.2	−5.0

2. 服务贸易发展情况

截至2019年10月底，长宁区共计初审服务外包合同319个，涉及服务外包企业32家，合同金额共计2.7亿美元，执行金额共计1.6亿美元，ITO、BPO、KPO业务覆盖较全，在排名前十的合同中，ITO外包金额约占据60%。2018—2019年，长宁区登记技术进出口企业分别为38家、41家，产生技术进出口合同151份、94份，合同登记总金额19 097.3万美元、21 224.8万美元，其中技术进口合同65份、43份，合同金额2 912.4万美元、2 727.1万美元；技术出口合同86份、51份，合同金额16 184.9万美元、18 497.7万美元(图13.9)。长宁区技术进口主要集中在科学研究、专业技术服务、专业设备制造、通信设备、计算机服务业，医药制造业、建筑业等领域。其中，科学研究、专业技术服务、专业设备制造排名前三位。长宁区技术出口主要集中在制造业、软件业，专业技术服务业，化学原料及化学制品制造业等领域。其中，制造业、软件业，专业技术服务业排名前三位。

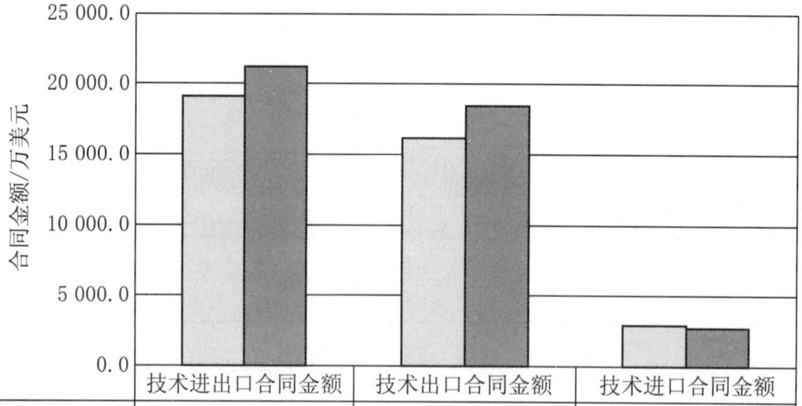

	技术进出口合同金额	技术出口合同金额	技术进口合同金额
□2018年/万美元	19 097.3	16 184.9	2 912.4
■2019年/万美元	21 224.8	18 497.7	2 727.1

图 13.9　2018—2019 年长宁区技术贸易情况

（二）外资发展情况

2018—2019 年，长宁区批准外商直接投资合同项目分别为 249 个、215 个，引进合同外资金额 10.0 亿美元、11.3 亿美元，同比增长 1.6%、12.9%；外商直接投资实际到位金额 4.6 亿美元、7.3 亿美元，同比增速为−42.9%、57.7%（图 13.10）。

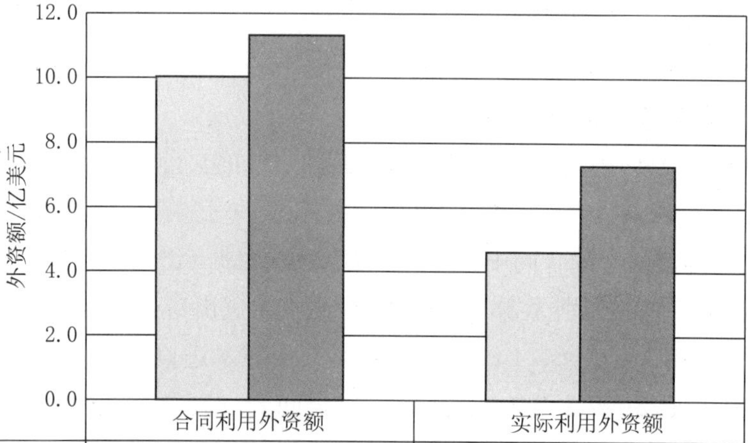

	合同利用外资额	实际利用外资额
□2018年/亿美元	10.0	4.6
■2019年/亿美元	11.3	7.3

图 13.10　2018—2019 年长宁区利用外资情况

二、2018—2019 年长宁区国际经贸主要工作

（一）外贸主要工作

1. 推动贸易便利化工作

2019 年 1 月，上海会展中心海关成立，正式落户长宁区。上海海关与长宁区政府签署了第三轮战略合作协议，努力建立更紧密的合作机制，围绕精准服务企业、制度改革创新、建立工作机制、创新课题研究等方面进行多次深入研究讨论。推动海关与街道镇联系，继续深化海关事务联络员制度，共同做好贸易企业服务。

2. 优化企业服务水平

2019 年，举办企业讲座共计 12 场，比如汇算清缴专题业务讲座、国际贸易业务交流专题沙龙、贸易企业风险防范专题培训、海关规范申报和税收征管方式改革政策培训会等。各项交流活动和业务培训为企业提供了经贸合作信息平台，对提高企业充分运用政策的能力，提升长宁区企业在中美经贸摩擦大背景下适应国际规则维护企业权益的能力有积极作用。

3. 持续做好中美经贸摩擦监测

2019 年是中美贸易摩擦激烈的一年，长宁区受影响企业数量众多，长宁区商务委员会针对区内涉税企业第一时间做好相关监测工作，通过上门走访、电话沟通、座谈会等各种形式对涉税企业进行调研，立了企业微信群，畅通信息沟通渠道，做到密切跟踪、加强分析和扶持，组织企业参加相关征税排除讲座，及时撰写《关于中美经贸摩擦对长宁区企业影响的情况报告》供领导决策参考。另外，2019 年下半年组织 16 家企业申报了 4 轮市场多元化专项资金，共计 605.8 万元。

（二）外资主要工作

1. 强化企业走访，为企业提供优质服务

2019 年，结合大调研进一步深化“必访”机制，建立了外资备案 500 万美元以上、区域“3＋2”重点产业相关联的新设、增资项目“必访”机制。为重点外资项目提供了精准服务，比如上海崇丰房地产发展有限公司，主动跨前、特事特办，认真指导企业准备外资备案手续相关材料，化解了企业备案难题；与上海市商务委员会协同合作，破解难题，完成远景能源科技（上海）有限公司和道达尔石化（上海）有限责任公司合资设立投资性公司母公司的初审工作，并为企业提供了细致高效的服务，得到了企业肯定和好评。

2. 有效提高外资利用水平

结合《长宁区关于对接中国国际进口博览会促进贸易发展的若干政策意见(试行)》(以下简称“贸易政策”),依托企业服务大讲堂品牌对区域重点外资企业开展政策培训;逐一梳理并走访有意向升级总部企业,为企业提供个性化服务;组织招商部门招商人员开展贸易政策解读,使招商人员熟悉政策并运用到实际招商工作中;加强与各街道镇、临空经济园区办公室的联动,共同为优质企业提供精准服务,已建立了有明确意向企业、有初步意向企业和潜在企业的逐级转化的清单,积极推动区内企业升级总部。

3. 全力以赴做好稳增长工作

一方面强化外资窗口备案、接待咨询等日常工作源头把关,通过日常接待和备案捕捉相关信息,提前介入、精准对接有投资意向企业,加强对已备案的新设和迁入的企业后续跟踪服务,确保企业落地长宁区。另一方面梳理出一批有潜力的企业名单,通过积极向企业宣传总部相关政策,指导企业达到总部认定标准,达到促使企业增资或新设企业的目标。

三、 2020 年长宁区国际经贸发展工作展望

(一) 结合《外商投资法》实施加强精准施策

聚焦企业需求,依托长宁区服务企业大讲堂,围绕重点外资企业需求,拟邀请外汇管理局、海关、普华永道等专业部门和机构对区里重点外资企业进行有针对性的政策培训,对企业切实存在的诉求精准施策。结合市里出台总部新政出台,加大有意向且基本符合条件的企业走访和沟通力度,加强与各街镇、相关委办局的联手,用好区域贸易政策,继续挖掘潜在总部企业,进一步扩大政策的辐射面,有效提高区域外资利用水平。

(二) 继续全面对接保障进口博览会相关工作

围绕进口博览会不同阶段的工作重点,结合长宁区产业发展战略,全方位做好展会的功能承接和辐射,促进贸易平台进一步壮大升级,继续提升贸易便利化服务功能,积极对接中国国际进口博览局和市级国企,提高长宁区进口贸易影响力和辐射力;延伸会展产业链,推动“会商旅文体”一体化发展,整合推出具有吸引力的“商旅文体”体验活动,加大外事活动宣传力度扩大影响力;发挥消费带动效应,持续调整提升虹桥商圈,进一步优化提升中山公园商圈,集聚特色消费品牌,打响“上海购物”长宁区品牌。

(三) 围绕制度创新突破,继续深化贸易便利化工作

积极推动与上海海关第三轮战略合作协议的落实,充分发挥各自政策、业务、信

息等方面的资源优势，加快打造一流营商环境。立足会展中心海关功能，聚焦企业诉求，推动相关创新政策优先在长宁区试点突破。结合进口博览会开展政策创新落地，围绕试点经验和重点企业诉求，推动区内三家“6＋365”交易服务平台建设加强联动，做强特色，为进口博览会后续大量产品进口探索新模式、新路径。排摸、聚焦服务贸易企业需求，通过以点到面的突破，为服务贸易企业提供精准服务，夯实服务外包(数字贸易)示范区基础。

第五节　静　安　区

一、 2018—2019 年静安区国际经贸发展情况

(一) 外贸发展情况

1. 货物贸易情况

2018—2019 年，静安区货物进出口额分别达 379.4 亿元、385.7 亿元，其中货物进口额分别为 257.4 亿元、262.6 亿元，货物出口额分别为 121.9 亿元、123.1 亿元。与全国贸易顺差相比，静安区以外贸进口为主，进口额占全区外贸规模的比重分别为 67.9%、68.1%(图 13.11)。

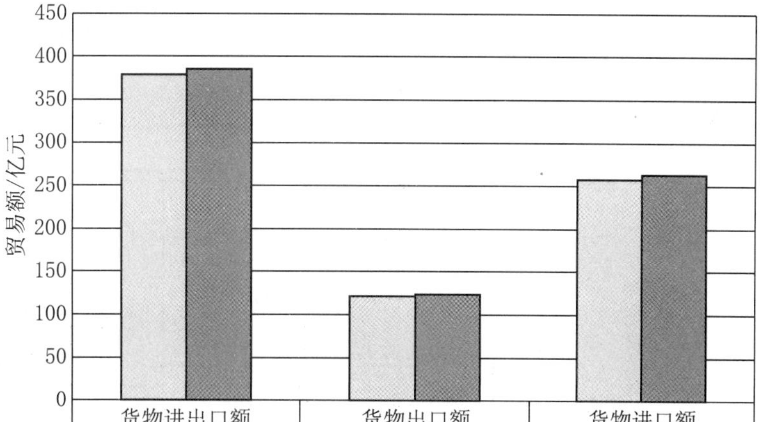

	货物进出口额	货物出口额	货物进口额
□2018年/亿元	379.4	121.9	257.4
■2019年/亿元	385.7	123.1	262.6

图 13.11　2018—2019 年静安区外贸进出口情况

2018—2019 年，静安区外贸产品来源地/目的地保持一致，出口国家和地区排名前三位均为日本、美国及德国，进口来源国家和地区排名前三位均为意大利、日本、美

国。静安区外贸产品结构也保持稳定，出口产品主要集中在机电音像设备、纺织原料、贱金属（钢铁制品、锅炉、机械器材）、化学工业及其相关工业几大领域，其中排名前三位的机电音像、纺织及贱金属分别合计占出口额的 74%、72%；进口产品主要涉及纺织原料及制品、革毛皮制品、机电音像、化学工业制品，其中排名前三位的纺织、皮毛制品、机电音像分别合计占进口额的 64%、67%。

2. 服务贸易情况

（1）技术合同进出口

2018—2019 年，静安区登记新设技术进出口合同备案分别达 48 份、23 份，总金额分别为 4.7 亿美元、2.1 亿美元；变更备案分别为 27 份、21 份，总金额分别为0.8亿美元、3.7 亿美元。

（2）服务外包

2018—2019 年，静安区服务外包执行合同数分别达 671 个、638 个，执行金额分别为 6.1 亿美元、5.6 亿美元；新增加服务外包企业分别为 6 家、12 家。

（二）外资发展情况

1. 外资企业总体发展平稳

2018—2019 年，静安区引进外资企业数分别为 177 家、191 家。引进合同外资金额分别为 11.9 亿美元、12.0 亿美元。其中新设 5.4 亿美元、3.7 亿美元，占比 45.5%、31.1%；增资 6.5 亿美元、8.3 亿美元，占比 54.5%。实到外资金额分别为 12.4 亿美元、7.7 亿美元（图 13.12）。

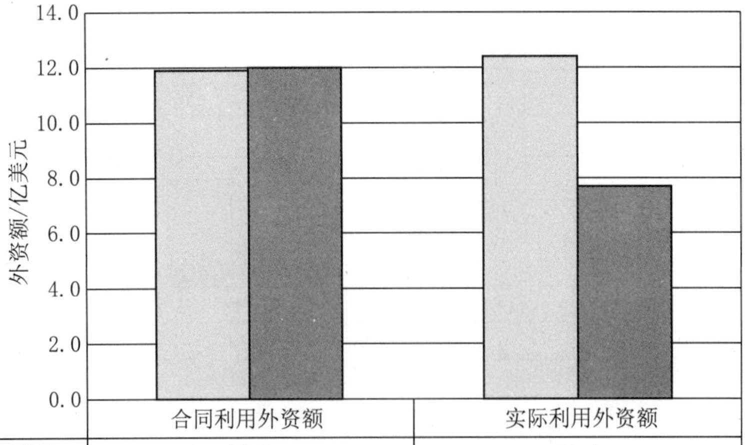

	合同利用外资额	实际利用外资额
□2018年/亿美元	11.9	12.4
■2019年/亿美元	12.0	7.7

图 13.12　2018—2019 年静安区利用外资情况

2. 总部发展稳中有升

2018—2019 年，静安区每年新认定跨国公司地区总部均为 6 家，包括蔻驰贸易(上海)有限公司、大昌行投资管理(上海)有限公司、迈克尔高司商贸(上海)有限公司、固瑞克贸易(上海)有限公司等。截至 2019 年底，引进跨国公司地区总部数量累计已达 82 家，总部经济已经成为国际静安区经济发展的重要标志。

3. 涉外经济对全区贡献比重不断加大

2018—2019 年，静安区税收总额分别为 723.3 亿元、703.0 亿元，其中外税总额分别为 382.8 亿元、382.4 亿元，占全区税收比重为 52.9%、54.4%，外税规模和比重排名继续在上海市中心城区位列第一位。

二、 2018—2019 年静安区国际经贸主要工作

(一) 转变政府职能 打造良好营商环境

静安区主动对标国际先进水平，持续深化改革创新，紧紧围绕“放管服”改革，深入推进“双减半”“双一百”工作，深化审批事项“最多跑一次”改革，首创性地推出“楼小二”“园区小二”，以优质营商环境，打造吸引外资新高地。此外，在为企业提供服务的过程中，除了当好“店小二”，静安区还针对企业全生命周期提供精准化、精细化和个性化服务。通过积极推动建立总部企业高层与政府间的对话沟通机制，坚定了这些公司在沪加大投资的信心和决心。

(二) 聚焦总部经济 加大招商力度

作为“三个经济”主要形态之一，静安区将总部经济作为构建高端化产业体系的重要抓手。2019 年，静安区修订并重新颁布了《静安区促进总部经济发展的实施办法》，明确规定了符合条件的跨国公司地区总部、跨国公司总部型机构、外资研发中心可以享受装修资助、人才公寓、升级资助、国际发明专利资助等一系列区级配套扶持政策，并制定具体操作方案，推动政策落到实处，提高区级政策对总部项目的吸引力。此外，2019 年，根据《上海市鼓励设立民营企业总部的若干意见》，静安区积极组织民营企业总部申报认定。

(三) 落实政策 做好各类外经贸发展专项资金审核工作

一是支持中小企业提升国际化经营能力，加快培育外贸竞争优势。积极组织落实 2018—2019 年度中小企业开拓资金项目的申报工作。二是 2018—2019 年分别推

动5个、4个重点服务贸易企业申报上海市服务贸易平台建设资金，申请资金分别为432.3万元、400万元。三是2018—2019年分别有4家、8家服务外包企业申报资金共计210.4万元、573.8万元。

（四）全力护航　高效推进进口博览会各项服务保障工作

2018—2019年进口博览会期间，静安区分别完成374家、623家单位共计5 789名、6 413名专业观众入场采购组织工作，最终促成一批意向成交签约。此外，静安区积极承接进口博览会溢出效应，做好进口博览会招商工作。一是积极推动交易团采购商和参展商对接。二是制定经贸参观考察路线，做好外经贸团组的接待工作，积极推介静安区投资环境。三是积极参与上海城市推介大会的筹办工作，从嘉宾动员邀请、组建服务大使、准备推介资料、展商对接等多方面做好投资促进工作。

三、2020年静安区国际经贸发展工作展望

（一）主动上前　多种举措优化投资营商环境

贯彻落实稳外贸、稳外资等“六稳”要求，认真落实静安区出台为中小微企业减负、共抗疫情政策，积极帮助外资外贸企业应对经贸摩擦，抗击疫情，复工复产。加强走访联系，掌握外资外贸企业在复工复产中遇到的困难，积极协调帮助企业解决口罩等防疫物资的采购。联系市级机构及金融机构，提供更多优惠利率融资渠道。支持企业开展多元化经营、建立自主品牌、拓展国际营销服务网络等，并给予政策支持。鼓励各类企业从事国际服务贸易、技术进出口业务，发展信息服务、专业服务、技术服务等新兴服务贸易。加强与市级部门联系，推进市北高新等在云服务、数字内容、数字服务等领域的发展，发挥大数据产业基地的示范引领作用，构建数据智能产业链图谱，打造数字技术和应用示范区。

（二）加强合作　加快推进贸易便利化

与属地车站海关保持更紧密的联系，加快海关静安区监管点的建设进程。积极推动静安区和海关新一轮合作的开展，帮助静安区企业在海关产品质量安全风险管理体系中不断提升信用等级，持续推进产品质量安全风险管理体系中各类贸易便利化政策的先行先试。依托属地海关，帮助企业实现进口各类防疫物资的快速放行以及各类进出口商品的高效通关，打造更高效、更贴近企业需求的营商环境。与属地海关共同推动产品质量安全风险管理体系建设，进一步优化流程，并扩

大受惠企业范围。结合企业实际需求，与车站海关商讨保税展示等贸易便利化措施的可行方案。

（三）聚焦总部　坚持“引大引强不动摇”

一是鼓励跨国公司到静安区设立地区总部和投资性公司、研发中心等功能性机构，发展采购中心、分拨中心、营销中心等“贸易型”总部。通过“引进来”和“走出去”相结合的方式培育潜在总部，增强静安区总部经济的活力和后劲。二是根据静安区最新发布的“全球服务商计划”实施方案，进一步集聚和培育在国内外具有较高知名度、信誉度和引领作用的服务经济企业、组织与机构，打造具有全球资源配置力和影响力的高端服务业集群，不断增强“国际静安区”的核心竞争力、投资吸引力、辐射影响力、功能承载力，使全球服务机构“在静安区、为全球”，积极融入上海参与国际竞争合作、服务国家战略的发展大局。

（四）加深参与　全力做好进口博览会工作

充分总结静安区在第二届进口博览会的各项工作，积极听取参展商、重点采购商等的总结、建议和需求，关注在馆内展示的新产品、新技术、新服务走向市场的进展。根据当前疫情发生的环境，积极利用各类线上技术手段，对接进口博览局、国家会展中心、参展企业，进一步扩大企业第三届进口博览会的参与度，帮助企业合理规划，提升企业获得感。扩大宣传，鼓励企业在场馆内外举办各类宣传展示活动。同时，针对静安区参展商高度聚集的领域，如医药行业、消费品行业、服务贸易企业等重点行业，以及进出口企业主要进口商品结构，开展行业交流、供需对接活动，努力促成供需双方建立更宽泛的接触和联系。

第六节　普　陀　区

一、2018—2019年普陀区国际经贸发展情况

（一）外贸发展情况

2018—2019年，普陀区货物进出口额分别为278.9亿元、340.0亿元，同比增长5.7%、21.9%，进出口额在上海市排名分别为第14位、第14位，占上海市进出口总额的比重分别为0.8%、1.0%，增幅排名分别为第11位、第2位。其中，货物出口额分别为134.9亿元、185.0亿元，同比增长8.0%、37.2%，占全区进出口总额的比重为

48.4%、54.4%;货物进口额分别为 144.0 亿元、155.0 亿元,同比增长 3.8%、7.6%,占全区进出口总额的比重为 51.6%、45.6%。贸易逆差额分别为 9.1 亿元、30.1 亿元(图 13.13)。

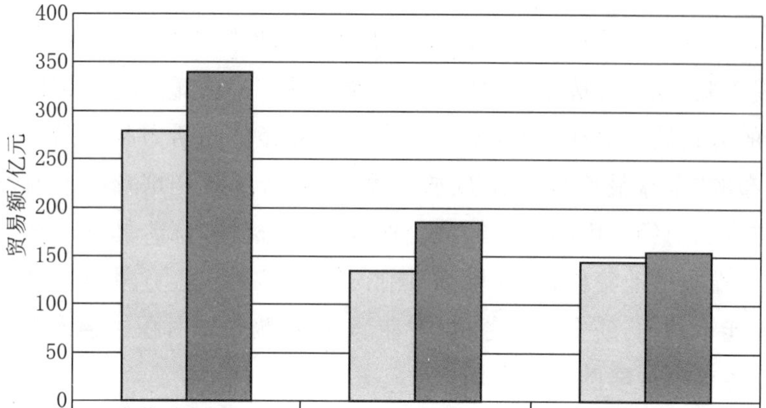

	货物进出口额	货物出口额	货物进口额
□2018年/亿元	278.9	134.9	144.0
■2019年/亿元	340.0	185.0	155.0

图 13.13　2018—2019 年普陀区外贸进出口情况

1. 根据外贸企业主体性质分类

2018—2019 年,普陀区经营进出口业务的企业分别为 1 356 家、1 517 家(根据海关代码划分归属地)。其中,国有企业经营进出口业务的企业有 23 家、22 家,进出口额 41.2 亿元、53.1 亿元,同比增长−0.3%、28.7%,占全区进出口总额的 14.8%、15.6%。外资企业经营进出口业务的企业有 311 家、341 家,进出口额 58.8 亿元、54.6 亿元,同比增长 1.8%、−6.0%,占全区进出口总额的 21.1%、16.1%。内资企业(不包括国有企业)经营进出口业务的企业有 1 022 家、1 154 家,进出口额 178.9 亿元、232.3 亿元,同比增长 8.7%、29.4%,占全区进出口总额的 64.1%、68.3%。

2. 根据货物贸易方式分类

2018—2019 年,普陀区外贸进出口以一般贸易为主要的贸易方式,一般贸易进出口额分别为 230.9 亿元、289.5 亿元,占全区进出口总额的 82.8%、85.2%,同比增长 5.8%、25.4%;加工贸易进出口额为 8.1 亿元、4.5 亿元,占全区进出口总额的 2.9%、1.3%,同比下降 5.0%、43.9%;其他贸易进出口额为 39.9 亿元、45.9 亿元,占全区进出口总额的 14.3%、13.5%,同比增长 8.2%、15.2%。

3. 根据商品分类

2018—2019 年,普陀区外贸企业机电产品进出口额达 102.1 亿元、151.7 亿元,同比增长 17.4%、48.6%;高新技术产品进出口额达 27.0 亿元、30.3 亿元,同比增速为 −20.1%、12.1%(表 13.7,表 13.8)。

表 13.7 2018—2019 年普陀区前 5 位主要进口商品

进口商品名称	2018 年			进口商品名称	2019 年		
	进口额/亿元	同比增长率/%	占比/%		进口额/亿元	同比增长率/%	占比/%
机电、音像设备及其零部件	39.4	−3.7	27.4	机电、音像设备及其零部件	33.4	−15.2	21.6
活动物、动物产品	17.2	−11.1	12.0	活动物、动物产品	30.5	77.0	19.7
化学工业及相关工业制品	12.7	−17.0	8.9	食品、饮料、酒及醋、烟等	14.7	20.2	9.5
食品、饮料、酒及醋、烟等	12.3	−3.9	8.5	塑料、橡胶及其制品	13.0	12.6	8.4
塑料、橡胶及其制品	11.5	35.1	8.0	车辆、航空器、船舶等	12.5	83.4	8.0

表 13.8 2018—2019 年普陀区前 5 位主要出口商品

出口商品名称	2018 年			出口商品名称	2019 年		
	出口额/亿元	同比增长率/%	占比/%		出口额/亿元	同比增长率/%	占比/%
机电、音像设备及其零部件	35.0	30.3	25.9	机电、音像设备及其零部件	47.1	34.7	25.4
纺织原料及纺织制品	33.4	−12.9	24.8	车辆、航空器、船舶等	33.6	609.5	18.2
杂项制品	12.9	19.9	9.6	纺织原料及纺织制品	32.3	−3.4	17.5
化学工业及相关工业制品	12.4	−15.3	9.2	贱金属及其制品	15.4	32.0	8.3
贱金属及其制品	11.7	28.4	8.6	杂项制品	14.4	11.6	7.8

4. 根据市场分析

2018—2019 年,普陀区外贸企业进出口所涉及的国家和地区共有 182 个、183 个。对"一带一路"沿线国家的进出口额分别为 59.6 亿元、105.4 亿元,同比增长 22.7%、77.4%。2018 年,普陀区进口排名前 5 位的国家和地区分别是:德国、日本、美国、韩国和中国台湾,合计进口额 66.5 亿元,占进口总额的 46.2%;出口排名前 5 位的国家分别是:美国、日本、德国、澳大利亚和哈萨克斯坦,合计出口额 58.8 万元,占出口总额的 43.6%。2019 年,进口排名前 5 位的国家和地区分别是:日本、德国、美国、韩国和中国台湾，合计进口额 68.5 亿元，占进口总额的 44.2%。出口排名前 5 位的国家分别是：马来西亚、美国、日本、印度尼西亚和阿尔及利亚，合计出口额 95.1 亿元，占出口总额的 51.4%（表 13.9，表 13.10）。

表 13.9　2018—2019 年普陀区前 5 位进口国家和地区

进口国家和地区	2018 年			进口国家和地区	2019 年		
	进口额/亿元	同比增长率/%	占比/%		进口额/亿元	同比增长率/%	占比/%
德　国	21.4	−7.8	14.8	日　本	25.8	42.1	16.7
日　本	18.2	61.2	12.6	德　国	18.7	−12.6	12.1
美　国	12.1	2.1	8.4	美　国	9.2	−24.2	5.9
韩　国	8.5	4.0	5.9	韩　国	7.9	−7.3	5.1
中国台湾	6.3	22.0	440.0	中国台湾	6.9	20.6	4.5

表 13.10　2018—2019 年普陀区前 5 位出口国家和地区

出口国家和地区	2018 年			出口国家和地区	2019 年		
	出口额/亿元	同比增长率/%	占比/%		出口额/亿元	同比增长率/%	占比/%
美　国	28.2	4.9	20.9	马来西亚	33.5	763.5	18.1
日　本	17.4	−2.9	12.9	美　国	27.3	−3.1	14.8
德　国	4.6	9.3	3.4	日　本	15.6	−10.6	8.4
澳大利亚	4.4	8.7	3.2	印度尼西亚	11.8	225.7	6.4
哈萨克斯坦	4.2	2 284.3	3.1	阿尔及利亚	7.0	415.4	3.8

（二）外资发展情况

2018—2019 年，普陀区审批新设立外资企业分别为 215 家、247 家，同比增长 53.6%、14.9%；引进合同外资金额分别为 13.5 亿美元、38.7 亿美元，同比增速为 −2.9%、186.3%。其中，新批项目合同外资金额分别为 7.1 亿美元、8.8 亿美元；增资 10.9 亿美元、29.9亿美元；减资 4.4 亿美元、927.7 万美元；合同外资 1 000 万美元以上的企业合计金额分别为 15.8 亿美元、36.6 亿美元。实到外资金额分别为 91 471.6 万美元、109 347.4 万美元，同比增长 6.1%、19.5%，其中到位金额大于 1 000 万美元的企业合计实到外资金额分别为 82 559.7 万美元、100 531.3 万美元，占实到外资总额的 90.3%、91.9%（图 13.14）。

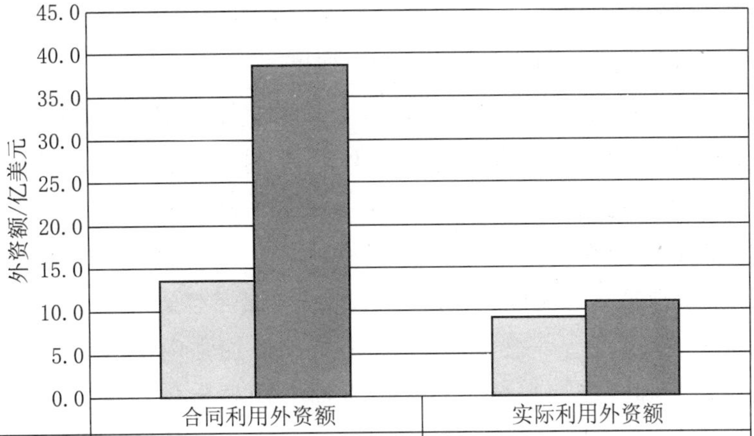

	合同利用外资额	实际利用外资额
□2018年/亿美元	13.5	9.1
■2019年/亿美元	38.7	10.9

图 13.14　2018—2019 年普陀区利用外资情况

从产业来看，2018—2019 年，普陀区第二产业的实到外资金额分别为 362.8 万美元、3 万美元，第三产业的实到外资金额分别为 91 108.8 万美元、109 344.4 万美元，占实到外资总额的 99.6%、99.99%。2019 年第三产业中到位资金名列前三位的行业分别是信息传输、软件和信息技术服务业、金融业、批发和零售业。

从国家和地区来看，2018 年，普陀区涉及的国家和地区共有 23 个。其中，中国香港投资企业到位资本金 72 227.0 万美元；西班牙投资企业到位资本金 4 373.2 万美元；投资性公司投资企业到位资本金 4 332.3 万美元。2019 年，普陀区涉及的国家和地区共有 26 个。其中，中国香港投资企业到位资本金 99 360.2 万美元；英属维尔京群岛投资企业到位资本金 3 030 万美元；新加坡投资企业到位资本金 2 288.8 万美元。

二、 2018—2019 年普陀区国际经贸主要工作

（一）外贸主要工作

1. 优化出口退税服务，推动外贸出口快速稳步增长

2019 年，普陀区外贸出口呈现大幅增长，主要得益于区内外贸企业上海美寰贸易有限公司的出口业务的增长，其出口额在区内名列首位。普陀区商务委员会通过多方多次协调沟通，妥善解决了该公司退税指标增配的问题。在当前中美经贸关系多变的国际形势下，普陀区通过抓好出口退税这一重要服务环节，进一步增强了区内

外贸出口企业的信心，稳定了外贸企业拓展海外市场的信心。

2. 加强日常服务，提高精准度与响应速度

一是建立外贸企业联系机制。针对中美经贸摩擦事宜，对部分重点企业进行了走访，及时了解外贸企业困难和诉求。拓展建立按投资额、营业额、纳税额分类的重点企业清单，实施逐级跟进联系机制，深入企业开展调研，进行面对面的指导和服务。二是发挥好线上平台作用。不断充实重点外贸企业、中美经贸摩擦企业、中小开外贸企业 3 个微信群队伍，及时推动各类政策信息，加强有关出口信用保险、海外市场开拓、高新技术、技术改造等政策的宣传，引导企业加强内部管理、完善境内外营销网络、加大自主品牌建设加强核心技术研发提升产品市场竞争力、多渠道开拓国际市场。三是用好相关平台促进作用。积极推动企业参与广交会、上交会、跨采大会等，对外贸进出口的促进作用，持续优化外贸结构。推动企业积极与中信保协作，申领政府免费信用保单，增强海外订单抗风险能力。

3. 积极争取市级项目支持，推动企业拓展海外市场

一是落实中小企业国际市场开拓资金政策。通过网站、邮件、微信、调研走访等多种方式，进行政策宣传，鼓励企业构建新的海外营销渠道，将更多中国制造的产品推向海外市场；对于自主品牌生产企业，鼓励其到国外进行商标注册，加强我国品牌的国际输出。二是 2019 年共推动 23 家外贸企业申请市场多元化资金的支持。进一步坚定了普陀区企业参与经贸全球化的决心和信心，扩大普陀区品牌产品国际市场知名度。

4. 组织开展专题培训，提升企业竞争能力

一是动员外贸企业参加市级部门各类外贸培训。通过提升加强内部管理、加大自主品牌建设、紧跟最新政策形势等方式，提升外贸进出口竞争力。二是组织召开区内专项培训会。年底召开全区外贸工作培训大会，邀请市区相关部门以及机构，为企业讲解海关、税务、保险等的最新政策，宣传上海市优化外贸工作的若干措施。

5. 加强统筹安排，顺利推动进口博览会服务保障及交易分团工作

一是密切与市级相关处室的联系，制定普陀区有关服务保障、交易分团的工作方案，完善工作队伍，有序推进采购商的报名、观展等工作，顺利完成交易分团“双超”的目标任务。二是收集完善境外参展商信息，积极排摸与普陀区相关的境外参展商 15 家，参展数量相较 2018 年有大幅增加。三是在巩固采购商存量基础上，对本届重点企业(机构)的采购意向和需求进行梳理摸底。通过多方努力，第二届进口博览会普陀区分团新增 2 家企业意向订单，其他采购商意向金额同比均有大幅度提升。

（二）外资主要工作

1. 总部工作初显成效

2019 年，帮助并辅导乐星电气（中国）投资有限公司和上海雄傲投资有限公司准备报批材料，撰写相关推荐函，助力企业顺利设立投资性公司。全力协助乐星电气（中国）投资有限公司和优美缔软件（上海）有限公司申报认定地区总部。通过重新梳理存量目标企业，与相关重点地区联合走访多家企业，进一步宣传总部新政。通过拓展外资招商渠道，加速推动一批重点项目落地，从而提升外资经济质量。

2. 放大进博溢出效应

一是围绕对接进口博览会，召开各国领馆和贸易促进机构展前投资交流会，首次围绕进口博览会召开各国领馆和贸易促进机构展前投资交流会，为进口博览会招商引资全面热身铺垫。二是举办“携手普陀区　共赢未来”2019 普陀区投资推介会，举行了来自瑞典、比利时、瑞士、德国的重大项目集中签约仪式。三是密切跟踪项目信息，推进企业的落地，其中来自日本、加拿大、阿塞拜疆等地的项目相继落户普陀区；与德国北威州克雷菲尔德市签署合作协议，共同促进德国商品通过进口博览会交易展示平台进入，积极推动机器人新零售项目落户普陀区；与十多个国家和地区参展企业对接，关注所有进博签约项目，随时提供必要的服务和帮助。

三、 2020 年普陀区国际经贸发展工作展望

（一）聚焦“复工复产”，有序推进行业企业恢复经营

坚持科学防治、精准施策，积极推动企业在严格做好防控工作的前提下，有序复工复产复市。狠抓政策落实，加快推进国家、市、区各级援企政策落地见效，推动“减免缓退补”等纾困解困措施的落实。研究特殊时期稳外贸稳外资政策。开展全覆盖走访，会同相关部门、街镇、投资促进中心建立走访企业工作制，市区联动对外资总部企业和重点外资企业进行全覆盖走访，全面梳理和解决企业复工复产复市遇到的各类问题。加强精准帮扶，坚持“点对点”联络服务，实行“一企一策”，打通人流、物流、资金流堵点。针对外贸企业，加强通关运输支持，帮助化解订单违约等风险。针对生产企业，努力推动产业链协同复工复产。针对中小商贸企业，加强金融服务等支持，减轻流动资金压力。

（二）加强日常走访调研，做好外贸外资企业服务

充分利用外贸监测网和外资统计网的作用，加强月度外贸、外资运行分析，对数

据变化幅度较大的外贸企业，及时掌握变化原因。密切关注中美经贸形势，持续跟踪涉美贸易重点企业。加强日常服务联络，结合进口博览会，继续举办外贸、外资企业主题沙龙，定期召开重点企业座谈会，收集企业第一手资料，为后续工作提供必要的信息储备和决策参考。加大调研力度，密切与外贸、外资特别是总部型企业的联系，着眼总部能级提升、功能业务拓展，牵头协调解决企业面临的问题和困难。

（三）加大政策宣传力度，细化落实各项政策措施

会同相关职能部门，通过各种渠道，继续做好政策的宣传工作，及时将国家及上海市的相关帮扶政策宣传到位，落实到位。快速落实市级政策，降低企业用工成本，减轻企业负担。加大金融保险支持力度，引导金融机构加大对外贸企业的支持力度，加快推进出口信用保险在外贸企业的覆盖。加大法律援助和咨询、培训等服务力度，提高进出口便利化水平。邀请国际贸易领域政策专家对企业进行培训，向企业宣传相关政策和业务流程。组织企业参加市级部门举办的外贸政策培训、讲座等，鼓励企业多渠道开拓国际市场，建立境外营销网络，不断提升出口核心竞争力。引导企业加强内部管理、加大自主品牌建设，支持企业结构调整、转型升级、开拓国内市场。

（四）推动总部经济发展，提升企业发展能级

加强沟通协调，积极加强与上海市商务委员会、与企业的双向沟通，倒排时间表，进一步加强目标总部项目的跟进力度。同时，加强项目储备，建立更广泛的招商网络与渠道，更多地参与上海市商务委员会举办的各类外资推介、交流活动和出访活动，并通过部门组团式洽谈，加快市级总部、区级总部项目落地。在促进现有总部企业向更高层级的区域性总部功能发展的同时，持续跟踪潜在总部项目。

（五）发挥进口博览会溢出效应，积极引进新的贸易主体

抓早抓好抓实进口博览会有关服务保障以及交易分团工作。通过更好地发挥自身区域优势及潜在资源优势，积极动员普陀区优质企业报名参展第三届进口博览会，并为其参展提供帮助和服务。对境外参展商进行分类分析，寻找重点目标企业，扩大普陀区域影响力，吸引更多有全球资源配置能力的贸易主体落地。进一步发挥招商引资服务网络作用，深化与海外、市服务机构、知名商会、协会、专业机构的招商协作关系，通过协同组织开展各类活动等，发挥统筹协调作用，吸引优质境外企业落户普陀区，实现投资与贸易双增长，积极放大进口博览会溢出效应。

第七节　虹　口　区

一、 2018—2019 年虹口区国际经贸发展情况

（一）外贸发展情况

据海关数据统计，2018—2019 年虹口区货物进出口额分别为 326.5 亿元、381.6 亿元，同比增长 2.9%、16.8%。其中，出口额 100.5 亿元、103.4 亿元，同比增长 −2.8%、2.9%；进口额 226 亿元、278.1 亿元，同比增长 5.7%、23.1%(图 13.15)。

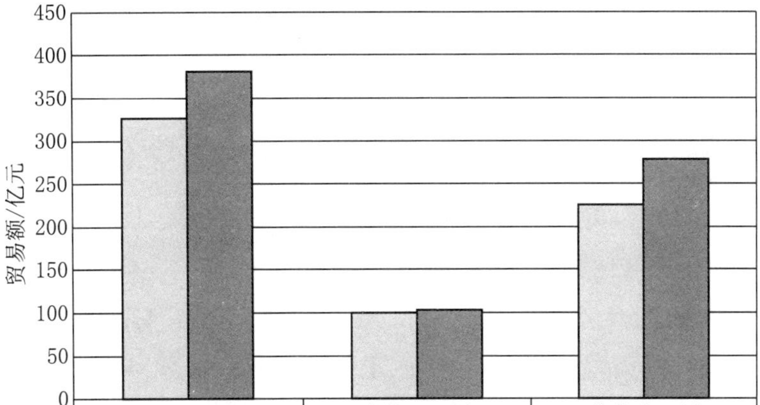

	货物进出口额	货物出口额	货物进口额
□2018年/亿元	326.5	100.5	226.0
■2019年/亿元	381.6	103.4	278.1

图 13.15　2018—2019 年虹口区外贸进出口情况

1. 从商品结构看，虹口区进出口商品仍以大宗商品为主

2019 年，虹口区进出口额位居前三位的分别是矿产品、机电音像设备、贱金属及其制品，三类产品进出口额分别为 81.4 亿元、64.1 亿元、61.8 亿元。从增长幅度看，艺术收藏品、化学工业制品等增长较快，同比增速分别达到 136.9%、93.71%。

2. 从贸易方式看，虹口区贸易方式进一步调整优化

2018—2019 年，虹口区附加值率较高的一般贸易进出口额分别为 271.9 亿元、330.5 亿元，同比增长 11.3%、21.5%；保税贸易进出口额分别为 47.3 亿元、42.8 亿元，同比下降 26.9%、9.4%。

3. 从国别市场看，虹口区进出口主要针对传统国际市场

2018 年，虹口区对亚洲、欧洲、北美洲等传统市场进出口额分别增长 4.1%、

6.6%、20.5%，对非洲、拉丁美洲等新兴市场则有所下降。2019 年，虹口区对亚洲、欧洲等传统市场进出口额保持增长势头，对北美洲进出口额同比下降，对“一带一路”沿线国家及部分新兴市场进出口额增长显著。受到中美贸易摩擦影响，虹口区与美国进出口总额 21.2 亿元，同比下降 19.0%。

4. 从经营主体看，虹口区民营企业继续保持主体地位，但发展动力不足

2018 年，虹口区民营企业进出口总额为 166.0 亿元，同比下降 7.7%，占全区总额 50.8%，所占比重下降 5.9%；国有企业进出口总额 70.7 亿元，同比下降 13.5%，占全区总额 21.6%，其中，中燃船舶燃料有限公司出口同比下降 48.45%，对国有企业出口产生直接影响。2019 年，虹口区仍以民营企业为主要构成，区内有实际海关进出口额的民营企业共 935 家，累计进出口金额达到 281.6 亿元，同比增长 28.2%，占全区进出口总额的 73.8%。

（二）外资发展情况

2018—2019 年，虹口区吸引合同外资项目数分别为 110 个、116 个；吸引合同外资金额分别为 13.3 亿美元、13.3 亿美元，同比增长 3.5%、0.6%；实到外资金额分别为 12.6 亿美元、12.8 亿美元，同比增长 42.1%、1.8%（图 13.16）。2019 年，虹口区新增跨国公司地区总部企业为百丽鞋业（上海）有限公司。

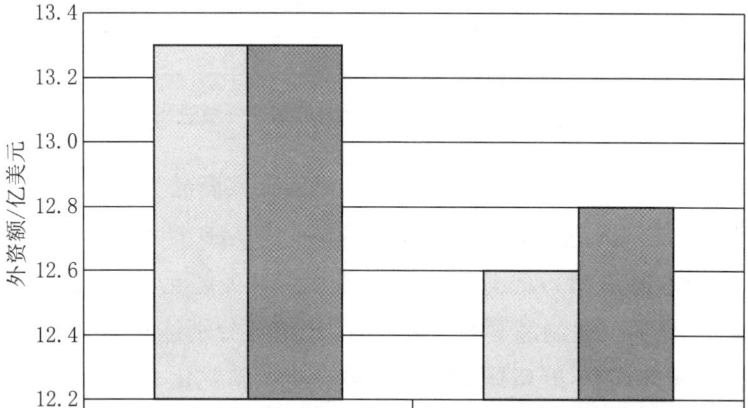

	合同利用外资额	实际利用外资额
2018年/亿美元	13.3	12.6
2019年/亿美元	13.3	12.8

图 13.16　2018—2019 年虹口区利用外资情况

1. 外资结构更趋优化

从产业类别来看，以专业服务业和现代商贸业为主。2019 年，虹口区外商投资主要来源地是中国香港和新加坡，来自中国香港项目数占比 37.1%，合同利用外资金额占比 73.8%；来自新加坡 8 家项目数占比 6.9%，合同利用外资金额占比 18.5%。

2. 外资质量稳中向好

“十三五”以来，外资企业经济贡献度呈增长态势，涉外三级税收占比逐年提升，2019 年占全区 26.0%。外资头部规模进一步扩大，2019 年三级涉外税收 1 000 万元以上的企业 81 家，同比增长 9.5%，合计实现三级税收 46.3 亿元，占全区涉外三级税收84.1%，其中，滔搏企业发展（上海）有限公司、西门子工业软件（上海）有限公司等排名前 10 位的企业贡献了全区 46.3%的涉外三级税收。2019 年非房地产开发经营业涉外三级税收 1 000 万元以上的企业 65 家，同比增长 35.4%，合计实现三级税收总额 35.5 亿元，占全区非房地产开发经营业涉外三级税收的 81.7%。

3. 扩大开放领域实现新发展

2019 年，虹口区引进顺丰控股集团旗下的全球科技总部上海顺如丰来技术有限公司，支持美国资本集团（全球规模最大的基金管理公司之一）新设资衡（上海）商业管理有限公司，支持世邦魏理仕股权投资管理（上海）有限公司落地虹口区。支持美国运通集团的外资银行卡清算机构业务项目落地虹口区，连通（杭州）技术服务有限公司上海分公司成为第一家获准在中国境内筹建银行卡人民币清算网络的外资公司。

二、 2018—2019 年虹口区国际经贸主要工作

（一）外贸主要工作

1. 主动对接进口博览会，多方位发挥进口博览会溢出效应

2019 年进口博览会专业观众报名期间，共解答各类问题咨询 1 800 余起，解决各种报名疑难 400 余起，最终共有报名并审核通过的企业和单位 831 家，较首届进口博览会大幅上升 27%。多措并举推进落实采购成交，组织虹口分团采购商开展进口博览会现场采购签约仪式，实现采购商数量与采购交易金额两位数双超。围绕第二届进口博览会溢出效应，设立移动国别馆，推进进口商品展示交易平台落地。联手崇邦集团在上滨生活广场一楼设立进口博览会上海交易团虹口区分团商品展示销售区，在上滨生活广场设立“一带一路”沿线国家移动国别馆，全方位落实第二届进口博览会溢出效应，打造进口商品展示交易平台。

2. 用足各级扶持资金，多渠道助力企业开拓海外市场

做好中小企业开拓国际市场等专项资金的初审转报工作，2019 年共接待企业 18 家，受理项目 35 项，拨付资金 54.5 万元，9 月底前完成全部纸质材料的初审和线上系统的审批工作，助力中小企业开拓国际市场。积极参加华东进出口商品交易会吸引外贸企业落户，采用"组合推广＋精准招商＋定向邀请"等方式，向更多参会外贸企业推介虹口区优质营商环境，积极促进虹口区贸易发展。2019 年，组织上海冠高电子科技有限公司、上海华申汽配制造有限公司等三批次共计 20 家企业申报上海企业市场多元化专项资金，共获得专项资金 158.9 万元。深入推进"一带一路"建设，依托上海市国际贸易促进委员会资源优势，为企业搭建沟通、撮合的平台，助力企业多渠道开拓非洲、南美等新兴市场。

3. 关注中美贸易摩擦，多角度监测数据预警分析

做好每月海关数据统计工作及进出口监测系统审核工作。做好重点企业进出口预测及 2019 年度中国外贸 500 强企业排名核对工作。保质保量完成上海市商务委员会关于规范清理钢贸企业补贴的工作要求。关注中美贸易摩擦，制定应对措施及时服务企业。通过座谈会、调查问卷、走访、电话等形式对中美贸易受影响的 156 家企业开展摸底调查和专题调研。并牵头建立和实施分级联系企业工作制度，及时为外贸企业提供政策、信息等全方位服务。

（二）外资主要工作

1. 优化营商环境，进一步提升服务便利化水平

全面简化外资商务备案流程。2019 年，通过贯彻落实"单一窗口、单一表格"受理新政试点和外商投资准入前国民待遇加负面清单的管理模式，外资商务备案时间比原来缩短 1/3，备案材料减少 90％以上。外资落地便利化服务进一步提升。制定并发布《虹口区外商投资开放领域的产业政策和行业管理规定汇总手册》，为企业办理外资准入、行业准入，资金政策等业务提供实际操作指导。发挥虹口区"楼长制"功能优势，为企业提供办公选址、租金谈判、商事登记代理和政策指导等"店小二"式贴身服务。

2. 挖存量、引增量，进一步加快外资总部经济发展

2019 年，外资总部经济呈现良好势头，支持百丽鞋业（上海）有限公司升级为管理型跨国公司地区总部。支持中国香港大发地产集团新设（参照外资）投资性公司——瀚阙（上海）投资有限公司，扩大虹口区跨国公司地区总部储备增量。加强总部政策宣传，引导利胜地中海航运（上海）有限公司、歌诗达邮轮船务（上海）有限公司

等外资存量企业向地区总部升级。

3. 积极开展外资推介活动，主动承接进口博览会“溢出效应”

一是推出“北外滩之行”“航运文化之旅”“海派文化之路”3条对接进口博览会的虹口区特色商务参观线路，2019年接待突尼斯、约旦等近10个国家的部长级政要团组和经贸团组，参观考察近100人次。二是积极参与、承接和举办外资宣传推介和投资项目对接活动。推介区内优质外资企业参加上海城市推介大会；举办沙特阿拉伯、丹麦、比利时商务团组的专场投资推介和对接活动近10场，促进外国企业与产业招商部门及区内企业洽谈对接。三是强化“涉外服务对接点”服务能级。支持涉外服务对接点举办“一带一路”项目对接等20多场专项培训活动；支持其在第二届进口博览会设展，为外资企业开拓中国市场提供“虹口区方案”。

三、 2020年虹口区国际经贸发展工作展望

（一）外贸工作展望

1. 以第三届进口博览会为抓手，为虹口区外贸争取新增量

着力放大进口博览会溢出效应，积极对接市级部门和进口博览会推进办，及时了解进口博览会最新资讯。做好第三届进口博览会的相关工作，召开专题工作推进会，通过组织多种形式活动，让企业与参展商开展前期对接，助力采购商与境外展商顺利达成合作完成分团采购目标。针对参展企业、采购企业的实际需求，联合相关职能部门为企业提供贸易便利化等服务。

2. 结合外贸环境变化，多层次推进贸易便利化水平

以虹口区海关成立为契机，与虹口区海关、亚太示范电子口岸等部门加强沟通联系，根据企业需求和对接上海增设自贸试验区新片区的要求，组织政策培训及贸易促进系列讲座，助推虹口区进出口贸易功能和能级提升。就海关通关便利化、贸易合规性及法律风险规避等方面，组织专业人员向企业提供精准化政策服务，及时传递最新政策，帮助企业拓宽视野，积极走转型发展之路。

3. 以企业实际需求为根本，多元化提高企业服务水平

配合做好技术进出口审改和一网通办工作，研究进一步简便办事流程，缩短审核时间，提高技术进出口合同登记管理工作办事效率。加强与企业的互动交流，做好企业走访工作。一是积极开展大调研走访，做好重点企业调研走访，信息登记工作。二是对进口博览会期间采购商企业进行跟踪走访，进一步深入了解企业的交易成果和公司发展战略。

4. 夯实基础,做好各项基础工作

以现有的功能性平台、海关数据资源为基础,逐步建立虹口区重点外贸企业数据库,不断扩大国际贸易企业大数据库的覆盖面,深化企业分类管理工作。同时做好外贸进出口情况分析、监控和预警工作,对进出口波幅较大的企业实行重点监控和提前应对,确保虹口区外贸进出口保持回稳向好态势。以技术进出口合同登记和软件出口合同登记为抓手,挖掘虹口区有潜力的服务贸易企业,着力扶持品牌企业和新业态企业。按照上海市商务委员会要求,做好虹口区服务贸易业务的自查工作,并配合好第三方绩效评估。

(二)外资工作展望

1. 推进外资工作"四个一"项目,打造虹口区外资服务"新名片"

一是制定《上海市虹口区投资环境研究报告》,内容涵盖经济发展、重点产业、政策支持、政府服务和基础配套的各项内容,满足企业投资设立、经营发展的全方位需求。二是与上海市商务委员会外资处合作,加强学习 2020 年即将实施的《外商投资法》和配套管理规定,并开展外资企业培训活动,提高新法的普及和运用。三是引进市场中介机构资源,复制推广涉外服务对接点模式,组建一支高质量的虹口区外资企业招商队伍。四是加强总部政策推介,引导鼓励一批优质外资企业向外资投资性公司和跨国公司地区总部升级发展。

2. 紧密合作关系,强化跟踪服务,提高进口博览会"溢出效应"落地率

通过 2020 年度外资推介活动的合作伙伴授牌仪式,与优质外资服务商建立更紧密的合作关系,拓宽外资宣介和招商渠道,夯实外资招商基础。提前谋划,与进口博览会促进机构建立更紧密的合作关系,在政策、信息、专业化服务和宣传推介方面加强资源整合,形成海外项目和活动互通互推的先发优势,以虹口区特色的"进口博览会参观线路"为契机,将进口博览会海外嘉宾团组"请进来",开展形式多样的投资促进活动,并结合"涉外服务对接点"平台功能,为企业提供对接服务,提高项目落地的实效性。

3. 结合"世界的会客厅"打造,鼓励外资参与北外滩开发建设,提升区域国际化服务能级

进一步发挥北外滩地区在载体建设标准、独特景观条件和中西方文化交融等特色优势,以浦江两岸打造"世界的会客厅"为契机,鼓励外资参与北外滩开发建设,打造高品质楼宇和国际化服务的标杆项目,营造具有国别特色的高端商务商业氛围,形成外籍人士、外资企业和国际赛事论坛活动的集聚效应。

第八节　杨　浦　区

一、 2018—2019 年杨浦区国际经贸发展情况

（一）外贸发展情况

2018—2019 年，杨浦区货物进出口额分别为 164.5 亿元和 180.1 亿元，同比增长 6.4%、9.5%，其中，进口额分别为 84.8 亿元和 86.0 亿元，同比增长 8.2%、1.4%，出口额分别为 79.7 亿元和 94.1 亿元，同比增长 4.6%、18.1%(图 13.17)。

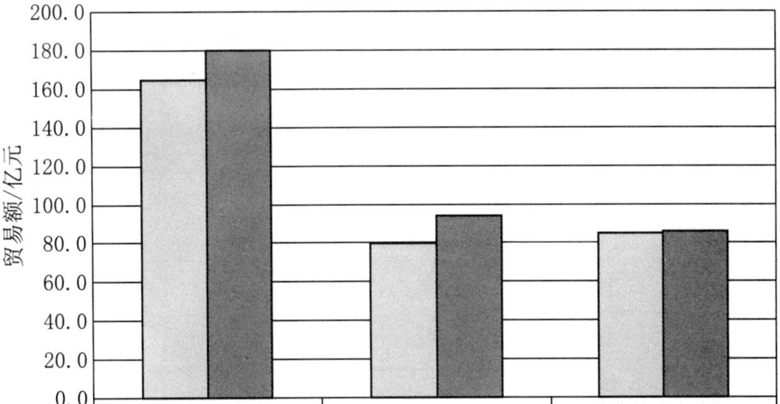

	货物进出口额	货物出口额	货物进口额
□2018年/亿元	164.5	79.7	84.8
■2019年/亿元	180.1	94.1	86.0

图 13.17　2018—2019 年杨浦区外贸进出口情况

1. 从贸易方式看

2018—2019 年，杨浦区一般贸易出口额分别为 67.6 亿元和 80.2 亿元，同比增长 6.2%、18.6%，一般贸易进口额分别为 75.5 亿元和 71.6 亿元，同比增长 27.7%、−5.1%；加工贸易出口额分别为 4.7 亿元和 1.9 亿元，同比增长 215.5%、−59.6%，加工贸易进口额分别为 0.2 亿元和 2.6 亿元，同比增长 5.4%、1 200%。

2. 主要出口产品情况

杨浦区主要出口商品产品结构仍以机电类产品和纺织制品类为主，2018—2019 两类合计分别占全区出口总额的 50.4%、56.4%。

3. 贸易市场结构

杨浦区出口市场主要集中在亚洲、欧洲和大洋洲等成熟市场。2018—2019 年，

对亚洲市场的出口增加较多，出口额分别为 30.4 亿元和 37.6 亿元，同比增长 38.2%、40.0%，其中以向东盟市场的出口为主，出口额分别为 13.0 亿元和 18.1 亿元，同比增长 16.3%、19.3%；向日本市场的出口额分别为 5.4 亿元和 5.7 亿元，同比增长6.7%、6.1%。此外，向欧洲市场的出口额分别为 13.2 亿元和 15.4 亿元，同比增长 16.5%、16.3%；向大洋洲市场的出口额分别为 12.8 亿元和 16.0 亿元，同比增长 16%、17.0%；向北美洲市场的出口额为分别为 11.2 亿元和 9.9 亿元，同比增长14.1%、10.5%(表 13.11)。

表 13.11　2018—2019 年杨浦区出口商品主要输往地情况

国家和地区	2018 年		国家和地区	2019 年	
	出口额/亿元	占比/%		出口额/亿元	占比/%
合计	79.7	100.0	合计	94.0	100.0
亚洲	30.4	38.2	亚洲	37.6	40.0
其中:东盟	13.0	16.3	其中:东盟	18.1	19.3
日本	5.4	6.7	日本	5.7	6.1
欧洲	13.2	16.5	欧洲	15.4	16.4
大洋洲	12.8	16.0	大洋洲	16.0	17.0
北美洲	11.2	14.1	北美洲	9.9	10.5
其他	12.1	15.1	拉丁美洲	9.5	10.1
			非洲	5.7	6.1

4. 合同、项目审批工作情况

2018—2019 年，杨浦区顺利衔接技术进出口、软件出口合同登记审批由市到区的过渡，共登记技术进出口合同数量分别为 47 个和 45 个，合同金额分别为 42 829.0 万美元和 24 285 万美元。此外，2018 年，支持中小企业开拓国际市场，完成第一批市级外经贸发展专项资金 31 个项目审核，支持资金 44.67 万元；完成加工贸易生产能力证明 10 个项目审批；服务外包接包合同签约 41 208.7 万美元，接包合同执行 19 788.8 万美元；全区“四个一百”重点企业共有 4 家金额。2019 年，完成软件产品出口金额合同登记 5 个，出口协议金额 154.8 万美元；完成服务外包项目初审 108 项，接包合同金额 28 048 万美元。

（二）外资发展情况

2018—2019 年，杨浦区合同利用外资金额分别为 10.0 亿美元和 20.5 亿美元，新引进项目分别为 182 个和 159 个，实到外资金额分别为 4.6 亿美元和 10.4 亿美元，其中注册资金 1 000 万美元以上的企业分别有 7 家和 13 家，注册资金 500 万元以上的项目分别为 34 个和 69 个；分别有 58 家和 72 家外资企业增资，增资金额分别为 5.9 亿美元和 14.2 亿美元。截至 2018 年底和 2019 年底，杨浦区累计批准三资企业分别有 2 162 家和 2 344 家，合同外资金额均约为 112.7 亿美元。其中，合资企业分别有 522 家和 557 家，合作企业均为 111 家，独资企业分别有 1 530 家和 1 676 家(表 13.12)。

表 13.12　2018—2019 年杨浦区利用外资情况

吸引外资方式/合计	2018 年			2019 年		
	新批准项目数/个	合同外资金额/亿美元	实到外资金额/亿美元	新批准项目数/个	合同外资金额/亿美元	实到外资金额/亿美元
合　计	182	4.2	4.6	159	6.3	10.4
合　资	35	0.4	—	31	0.2	—
合　作	—	—	—	—	—	—
独　资	146	3.7	—	128	6.1	—

1. 外资结构不断优化

从引进项目的产业类别来看，2018—2019 年，杨浦区引进项目分别为 182 个和 159 个，其中咨询行业分别有 48 个和 22 个，占项目总数的 26.4%、13.8%；计算机及信息技术行业分别有 33 个和 42 个，占项目总数的 18.1%、26.4%；批发零售行业分别有 37 个和 32 个，占项目总数的 20.3%、20.1%。这三类行业合计合同外资金额分别占全区新设项目合同外资总额的 61.7%、60.4%。专业服务及其他服务类项目分别有 51 个和 54 个，设计类项目分别有 9 个和 4 个，融资租赁类项目均为 1 个。

2. 跨国企业总部培育力度不断增强

2019 年，新增鸥游(上海)投资有限公司 1 家投资性公司；新获批的研发中心 4 家，分别是耐克商业(中国)有限公司研发中心、达疆网络科技(上海)有限公司研发中心、李尔(上海)汽车部件技术有限公司研发中心、语冠信息技术(上海)有限公司研发中心，外资地区总部和研发中心新增数居上海市前列。

3. “招大引强”取得进展

2018—2019 年，杨浦区新引进的外资项目中，注册资金 1 000 万美元以上企业分别为 7 家和 13 家，合同利用外资金额分别为 3.1 亿美元和 4.9 亿美元，分别占全区合同外资金额的 31.3%、24.3%；增资项目分别为58 个和 72 个，增资超过 1 000 万美元的项目分别有 9 个和 12 个，增资 5.3 亿美元和 13.4 亿美元，分别占全区合同利用外资总额的 53.2%、65.5%。

4. 外资来源呈多元趋势

2018—2019 年，杨浦区新引进的外资项目中，资金来源涉及亚洲、欧洲、美洲、大洋洲、非洲等 39 个国家和地区，其中，来自中国港澳台的项目分别为 72 个和 69 个，合同利用外资金额分别为 3.4 亿美元和 3.3 亿美元；来自美国的项目分别为 19 个和 14 个，合同利用外资金额分别为 0.07 亿美元和 0.06 亿美元；来自新加坡的项目分别为 13 个和 11 个，合同利用外资金额分别为 0.5 亿美元和 2.0 亿美元；来自日韩的项目分别为 8 个和 12 个，合同利用外资金额分别为 0.03 亿美元和 0.2 亿美元。2018 年，中国香港及北美洲是杨浦区外资的主要来源地，2019 年，中国港澳台及新加坡地区是杨浦区外商投资的主要来源地。

二、 2018—2019 年杨浦区国际经贸主要工作

（一）外贸主要工作

1. 全面完成首届进口博览会各项任务

2018 年，积极组织迎进博主题宣传活动，抓好展前贸易对接，进口博览会期间每日跟踪企业采购情况，全区重点企业采购金额达 1.7 亿美元，超额完成预期目标。推动进口博览会功能性平台建设，为全球优质商品(技术、服务)进入中国市场提供多模式、多渠道的服务，意大利手工定制展示交易中心、365me 工业交易服务云平台获上海市商务委员会授牌“6 天+365 天”常年展示交易平台，上海欧坚网络发展有限公司、上海欣海报关有限公司等 4 家平台入选进口博览会四大采购商联盟。

2. 激发企业活力，增强内生发展动力

2018 年，培育一批重点企业，推荐服务贸易潜力企业 3 家、外贸综合服务重点支持企业1 家、典型外贸新业态企业 2 家、典型自主品牌出口企业 3 家。推荐上海众衡文化传播有限公司申报上海市服务贸易示范项目。鼓励企业开拓国内外市场，支持企业申报上海市外经贸发展专项资金(中小企业国际市场开拓资金)。

3. 加强运行监测，积极应对经贸摩擦

2019 年，对进出口浮动较大的企业实行重点监控和提前预警。每月做好对区内

23 家(市里指标 20 家)外贸样本企业的进出口调查监测,进一步完善了外贸微信工作群,利用微信、邮件督促企业完成数据上报。以海关进出口数据为基础,摸清分析对美进出口影响较大的企业,持续跟踪重点企业订单、产能、就业以及盈亏等方面的变化,及时了解和协调解决企业的困难和问题,组织企业参加中美经贸摩擦风险防范之产品关税排除实务培训。

4. 优化升级服务,营造良好的营商环境

2019 年,会同杨浦区海关、上海市报关协会联合组织近 100 家外贸企业召开外贸企业通关政策宣讲培训会。开展重点企业调研,协同海关等多个部门分别走访上海远洋运输有限公司船舶供应公司、达坦能源科技(上海)有限公司等重点企业,就企业证照办理、技术进出口合同登记事项、样品报关等提供政策指导,详细了解企业经营情况、贸易模式、遇到的困难和诉求等,多部门形成合力为企业提供政策指导,当好服务企业的"店小二"。

(二)外资主要工作

1. 建立完善外商投资促进工作机制

2019 年,增强重点外资项目跟踪服务力度,对备案合同外资 1 000 万美元以上重大项目进行梳理和排摸,建立专门的台账和储备大项目库,将其中优质的项目作为跨国公司地区总部和研发中心的重点培育对象,加强外资企业日常走访力度,了解企业近期运行情况和发展需求,解决企业实际困难;发挥杨浦区外商投资企业协会集聚企业,互动交流、服务企业的功能,加强与存量企业的对接,有效提升了服务的质量和精准度。

2. 全面构建外商投资促进服务体系

2019 年,加大与仲量联行、德勤等外资专业机构合作力度,共享其优质客户投资和选址信息,结合杨浦区产业定位,开展精准招商;安排上海市外国投资促进中心 5 个海外办事处首席代表参观考察杨浦区,加大杨浦区在海外宣传力度;对接日本贸易振兴机构上海代表处、三井住友银行等机构,借助其在日资企业中的影响力,加强对日引资力度;举办协办"欧洲中国长三角经贸论坛""投资上海—选择杨浦区"推介会等投资促进活动,提升杨浦区国际知名度;进一步壮大杨浦区创新创业国际顾问队伍,完善杨浦区创新创业国际顾问制度,提升杨浦区发展的世界眼光和全球视角;发挥进口博览会招商引资促进效应,积极对接进口博览会高级别经贸团组和境外参展企业,开展投资促进系列活动,宣传杨浦区经济社会和产业发展情况。

3. 创新方式，为企业提供精准服务

2019 年，做好外资总部企业能级提升及房租扶持资金申报工作；做好外资企业相关人才工作，提升外企高管获得感和荣誉感；每季度分主题举办外资企业专题培训会，提升外资企业新政知晓度，进一步提升杨浦区营商环境；继续办好年度外资工作通气会，适时举办区外资总部经济产业对接会，为区外资总部企业搭建平台，提供业务精准对接；深化审批改备案后的服务体系和服务水平建设，定期梳理最新政策，不断完善办事流程，探索事中事后监管的有效手段。

三、 2020 年杨浦区国际经贸发展工作展望

（一）外贸工作展望

1. 政策保障，优化外贸工作

持续优化和细化杨浦区外贸企业服务的措施和方案，形成全方位监测、精准研判、政策协同和企业服务等“四位一体”的应对机制，加强政策宣传力度，做好外贸政策、贸易救济措施、税率调整等重要政策信息的宣传推介，让企业了解政策，知晓政策，用足用活政策，确保政策落地，最大限度地减轻企业负担，激发企业活力。

2. 突出重点，深化“放管服”改革

以外贸企业需求为导向，开展走访、跟踪、协调、解决工作，及时掌握企业的新动态、新情况，深入关切杨浦区“四个一百”企业、服务贸易潜力企业、外贸综合服务企业等重点外贸企业，特别是受中美贸易摩擦影响较大的企业，持续跟踪重点企业订单、产能、就业以及盈亏等方面的变化，及时了解和协调解决企业的困难和问题。加强经济运行监测，监控和预警工作，对进出口浮动较大的企业实行重点监控和提前应对。加强政企沟通，形成与重点外贸企业的互动机制和跟踪服务机制。做好服务外包、技术进出口、软件出口合同登记审批，深入了解杨浦区服务贸易发展特点，培育一批优质企业，推动服务贸易健康发展。

3. 部门合力，优化外贸发展环境

以海关杨浦区新址入驻为契机，充分发挥海关监管、检验检疫等功能，结合杨浦区海关作为上海海关改革研究办公室的特殊职能，进一步研究监管模式创新，提升贸易便利化水平，提升通关、物流、退税、保险等综合服务能力，为企业提供专业化服务。鼓励企业开展境外投资，引进高新技术，提高品牌创新建设能力和企业核心竞争力，实现“走出去”。支持企业参加各类国内外展会，帮助企业争取政策扶持。

（二）外资工作展望

1. 加大外资引资工作力度，提高投资促进水平和成效

一是举办德国、英国、日本等分国别推介活动，挖掘德国细分行业优质企业，开拓英国、日本引资渠道，扩充杨浦区外资来源地。二是继续壮大杨浦区创新创业国际顾问队伍，适时举办专题活动，充分发挥国际顾问对接国际资源桥梁纽带作用，提升杨浦区创新发展的世界眼光和全球视角。三是加大与专业机构合作力度，共享其优质客户投资和选址信息，结合杨浦区产业定位，开展精准招商。四是依托滨江沿线优质土地和商务楼宇资源，在进口博览会、厦门98投洽会等具有较大影响力的国际投资促进活动上加大宣传力度，提升杨浦区影响力，吸引优质开发商和运营商。五是进一步发挥区内湾区委员会上海办事处、杜雅特园区、北欧创新中心、上海欣海报关有限公司等涉外引资平台作用，积极开拓海外资源。

2. “放管服”有机结合，优化外资营商环境

一是加大培训力度，为《外商投资法》的施行营造良好氛围，做好商事制度改革过程中的企业咨询和部门衔接工作。二是加强外资企业权益保护，探索建立杨浦区外商投资企业投诉机制。三是加大企业走访力度，将日常走访和区领导集中走访有机结合，及时了解企业发展动态，解决企业实际困难。四是依托有效手段，提升外资企业统计分析能力，为制定相关政策提供有力支撑。五是创新方式，提供精准服务。进一步发挥外资协会集聚企业，互动交流、服务企业的功能。

3. 推进总部经济的发展，促进企业能级提升

一是进一步引导、鼓励跨国公司在杨浦区设立亚太区和中国区总部及研发中心等，整合区域内投资、销售、资金管理、共享服务等业务，扩大区域总部管理范围，开展区域总部一体化运作，提升能级，增强影响力。二是引进与培育并举，推动知名外企做大做强，实时更新相关信息，完善优质外资企业跟踪台账，及时增补研发中心和地区总部储备企业。三是做好外资企业相关人才工作和政策扶持工作，继续办好外资总部企业产业对接会专场活动，促进总部企业集聚效应的发挥。

第九节　宝　山　区

一、2018—2019年宝山区国际经贸发展情况

（一）外贸发展情况

2018—2019年，宝山区货物进出口额分别为867.0亿元和946.6亿元，同比增长

20.0%、9.2%,增幅位列上海市第三位和第五位,其中出口额分别 323.3 亿元和 287.5 亿元,同比增长 22.2%、−11.1%;进口额分别为 543.7 亿元和 659.1 亿元,同比增长 18.7%、21.2%(表 13.13)。

表 13.13　2018—2019 年宝山区进出口情况

贸易和企业类别	进口额/亿元		同比增长率/%		出口额/亿元		同比增长率/%	
	2018 年	2019 年	2018 年	2019 年	2018 年	2019 年	2018 年	2019 年
总　额	543.7	659.1	18.7	21.2	323.3	287.5	22.2	−11.1
按贸易方式分								
一般贸易	525.4	644.1	19.1	22.6	281.0	258.6	18.5	−8.0
加工贸易	10.4	7.8	−3.8	−24.8	21.7	8.2	10.8	−62.1
其他贸易	7.9	7.2	29.5	−8.2	20.6	20.6	162.5	0.1
按企业性质分								
国有企业	340.0	443.2	16.0	30.0	118.6	115.1	17.8	−6.3
外资企业	57.2	57.2	7.6	0.1	99.3	77.3	6.9	−22.2
民营企业	145.6	158.7	31.2	8.9	101.0	95.1	45.0	−6.0

1. 从贸易方式看,一般贸易继续占主导地位

2018—2019 年,宝山区一般贸易方式出口额分别为 281.0 亿元和 258.6 亿元,同比增长 18.5%、−8.0%,分别占出口总额的 86.9%、90.0%。此外,2018 年,加工贸易出口额为 21.7 亿元,同比增长 10.8%。

2. 从商品结构看,商品结构持续优化

2018 年,宝山区机电产品和高新技术产品进出口额分别为 194.9 亿元和 45.1 亿元,同比增长 18.8%和 11.2%,占全区进出口总额比重达 22.5%和 5.3%。其中,主要出口商品钢材、集装箱和铝材出口额分别为 97.8 亿元、32.5 亿元和 10.6 亿元,分别同比增长 13.5%、9.9%和 40.9%;主要进口商品铁矿砂、锯材和铁合金进口额分别为 305.5 亿元、12.3 亿元和 6.1 亿元,分别同比增长 27.8%、13.1%和 34.0%。2019 年,宝山区第二大出口产品集装箱受量价齐跌等因素影响,出口额为 12.8 亿元,同比下降 60.5%,占比达 7.0%,拉低全区出口增速;高新技术产品出口额 17.2 亿元,同比增长 14.1%;材料技术和计算机集成制造技术产品出口额分别为 4.2 亿元和 3.9 亿元,分别同比增长 5.2%和 29.5%,占比分别为 24.4%和 22.7%。主要进口产品铁矿砂单价上涨 35%,带动全区进口额增长,实现进口额 402.4 亿元,2019 年,同比增长 31.7%,占比达 73.2%(表 13.14,表 13.15)。

表 13.14　2018—2019 年宝山区主要出口商品情况

出口商品	2018 年		出口商品	2019 年	
	出口额/亿元	同比增长率/%		出口额/亿元	同比增长率/%
钢材	97.8	13.5	钢材	96.5	−1.3
集装箱	32.5	9.9	集装箱	12.8	−60.5
钢铁或铝制结构体及其部件	10.6	40.9	钢铁或铝制结构体及其部件	7.5	−29.4
纺织纱线、织物及制品	5.6	7.1	纺织纱线、织物及制品	5.2	−7.9
服装及衣着附件	5.3	25.5	冷冻机和制冷设备	4.9	3.6
冷冻机和制冷设备	4.7	−2.9	机械提升搬运装卸设备及零件	4.2	14.1
家具及其零件	4.5	20.1	服装及衣着附件	4.1	−22.8
通断保护电路装置及零件	4.0	20.8	家具及其零件	4.1	−9.2
机械提升搬运装卸设备及零件	3.7	8.2	通断保护电路装置及零件	3.9	−4.4
塑料制品	3.7	43.4	未锻造的铝及铝材	3.7	29.9

表 13.15　2018—2019 年宝山区主要进口商品情况

进口商品	2018 年		进口商品	2019 年	
	进口额/亿元	同比增长率/%		进口额/亿元	同比增长率/%
铁矿砂及其精矿	305.5	27.8	铁矿砂及其精矿	402.4	31.7
煤	45.6	−19.1	煤	44.1	−3.3
钢材	18.4	−18.6	钢材	17.2	−6.0
锯材	12.3	13.1	铁合金	8.2	33.6
铁合金	6.1	34.0	锯材	6.8	−44.3
未锻造的铜及铜材	4.8	777.1	初级形状的塑料	6.1	102.2
计量检测分析自控仪器及器具	4.7	−4.9	计量检测分析自控仪器及器具	6.1	29.1
肉及杂碎	4.3	87.1	肉及杂碎	5.2	20.9
静止式变流器	3.4	−6.0	未锻造的铜及铜材	4.8	0.5
通断保护电路装置及零件	3.4	47.8	生铁及镜铁	3.6	

3. 民营企业成为出口主力军

2018—2019 年，宝山区民营企业出口额分别为 101.0 亿元和 253.8 亿元，同比增长45%、2.8%。2018 年，宝山区国有企业和外资企业出口额分别为 118.6 亿元和 99.3 亿元，同比增长 17.8%和 6.9%。2019 年，宝山区外资企业进出口额 134.5 亿元。

4. 东盟成为出口第一大市场

2018 年，宝山区对东盟出口额 63.8 亿元，同比增长 48.6%，占比 19.9%，其中对越南出口额增长迅猛，达 1.2 倍；对欧盟、印度和加拿大出口额同比增长 38.7%、31.2%和 42.2%；拓展"一带一路"沿线市场成效显著，出口额 127.4 亿元，同比增长 30.7%。受中美贸易摩擦因素影响，2019 年，宝山区对美出口额 34.2 亿元，同比下降 35.8%，但其他主要出口市场出口表现均较为平稳，对欧盟、日本、韩国出口额分别同比增长 1.9%、9.4%和 14.6%。

（二）外资发展情况

2018—2019 年，宝山区吸收外资整体呈现稳中有进、进中向优的良好发展态势。批准外商投资项目分别为 615 个和 466 个，同比增长 71.8%、−24.2%；吸收合同外资金额分别为 15.8 亿美元和 17.7 亿美元，同比增长 22.7%、11.8%；实到外资金额分别为 2.8 亿美元和 4.0 亿美元，同比增长 29.6%、45.4%（表 13.16）。

表 13.16　2018—2019 年宝山区利用外资情况

项　　目	单　位	2018 年	同比增长率/%	2019 年	同比增长率/%
合同外资金额	亿美元	15.81	22.7	17.68	11.8
实到外资金额	亿美元	2.79	29.6	4.05	45.4
项目数	个	615	71.8	466	−24.2
纳税总额	亿元	58.87	−14.3	42.99	−23.3

1. 第二、三产业均取得较快发展

2018—2019 年，宝山区吸收合同外资以第三产业为主，分别为 14.6 亿美元和 16.2 亿美元，占总合同外资金额的 92.3%、91.9%，其中，2018 年专业技术服务业、房地产业和批发业合同外资金额占比最高，2019 年批发业、零售业、软件和信息技术服务业合同外资金额占比较高。2019 年，从项目数看，第三产业外资项目数 429 个，占总项目数的 92.1%；从实到外资看，第三产业实到外资金额 3.96 亿美元，占总实到外资金额的 98.3%。

2. 港澳地区为最大投资来源地

2018—2019 年，宝山区投资来源地为港澳地区的项目分别为 163 个和 150 个；合同外资金额分别为 12.5 美元和 14.0 亿美元，均约占总合同外资金额的 79.2%。2019 年，合同外资超过 1 000 万美元的港资（参照外资）项目有 21 个，占 1 000 万美元及以上项目数的 72.4%；吸引美资项目 30 个，合同外资金额 4 744 万美元，较 2018 年增长 2.1 倍，同比增速高于往年（表 13.17）。

表 13.17　2018—2019 年宝山区利用外资来源地情况

国家和地区	2018 年			2019 年		
	项目数/个		合同外资金额/万美元	项目数/个		合同外资金额/万美元
	新批	增资		新批	增资	
中国港澳	137	26	125 202	114	36	140 084
欧　洲	62	8	13 329	60	10	5 334
中国台湾	123	5	4 720	39	10	7 512
日　韩	49	6	5 993	47	7	3 003
东　盟				36	2	5 000
美　国	46	5	1 860	28	2	4 744

3. 企业能级提升取得新突破

2018 年，宝山区共 3 家企业被认定为跨国公司地区总部或研发中心，其中地中海邮轮船务（上海）有限公司被认定为跨国公司总部型机构，上海富驰高科技股份有限公司、光驰科技（上海）有限公司被上海市商务委员会认定为外资研发中心。2019 年，光驰科技（上海）有限公司和林肯电气管理（上海）有限公司分别被上海市商务委员会认定为跨国公司总部型机构和外资研发中心，顺利实现新增总部或研发中心2 家的目标。宝山区首家外资投资性公司——希亚思（上海）投资有限公司注册成立。

4. 外资成为区域经济的重要引擎

2018 年，宝山区外资企业税收总额 56.1 亿元，占全区总税收的 12.4%。其中，企业所得税和个人所得税稳步增长，同比分别增长 2.4%和 16.2%。重点外资企业对区域经济社会发展做出的贡献以及显示度不断提升，在税收排名前 50 位的外资企业中，第二产业占 32 家，第三产业占 18 家。其中，有 20 家外资企业纳税总额超过 5 000 万元，纳税总额 32.9 亿元（制造业 13 家、房地产业 3 家、科学研究和专业技术服务 2 家、住宿和餐饮业 1 家、批发和零售业 1 家），占全区外资总税收的 58.7%，其中 11 家企业超过 1 亿元。

二、 2018—2019 年宝山区国际经贸主要工作

（一）外贸主要工作

1. 邮轮贸易发展稳步推进

2018 年，积极推进邮轮物资分拨中心建设。筹备成立上海邮轮供应协会，加快培育邮轮船供、邮轮维修设计等外贸新业态。争取上海市商务委员会、海关对邮轮物资专用保税仓库功能拓展的支持。推进上海市邮轮旅游服务贸易示范基地建设。推进日韩时尚邮轮购物中心项目，丰富提升邮轮免税商业服务。

2. 进口博览会溢出效应成效初显

2019 年，宝山区进口博览会溢出效应显著，实现意向成交规模、活动数量和影响力、采购商到会数量、引进企业数量、参展企业数量均远超首届的“五超目标”，溢出带动效应显著。在第二届进口博览会上，宝山区分团分别与德国、美国、日本、新加坡、斯里兰卡等 14 个国家五大展区达成采购成交意向 2.1 亿美元，折合 14.9 亿元，超首届 2.4 亿元 5.3 倍。宝山区分团注册采购商通过终审数为 977 家，其中企业数为 862 家，政府机关（事业单位、社会组织）为 115 家，注册人数为 6 679 人。与首届进口博览会相比企业数同比增长 37.6%，注册人数同比增长 53.6%。宝山区分团推荐的世界农产品交易平台获批中国国际进口博览会上海交易团“6 天＋365 天”交易服务平台并授牌。成功举办 12 个配套活动和投资促进活动。成功引进德国西克门窗幕墙系统公司等多家企业。

3. 服务贸易快速发展

技术服务贸易进出口同比增速创新高，2019 年，宝山区技术进出口合同金额 85 045.4 万美元，同比增长 10.2 倍。积极创建上海邮轮服务贸易创新示范区，以邮轮经济带动贸易转型升级，开展邮轮融资租赁、邮轮保险、邮轮船供、邮轮维修等服务贸易模式创新。成功申办第二届进口博览会宝山区配套活动——2019 年国际邮轮服务贸易高峰论坛，促成多家邮轮相关企业签约入驻宝山区，加快邮轮产业链相关企业在宝山区的集聚发展，打造高效便捷的邮轮通关体系，宝山区邮轮服务贸易成为上海市特色服务贸易优势初显。

（二）外资主要工作

1. 积极承接首届进口博览会溢出效应

2018 年，用好进口博览会平台开展宣传，牵头开展进口博览会联络官遴选及培

训，打造一支能用好进口博览会平台讲好宝山区故事，推介宝山区优良营商环境的宣传员队伍。精心设计3条特色参观线路和3场投资促进活动，并在“首届进口博览会投资促进对接交流会”进行专题推介。做好中国澳门特别行政区及部分葡语系国家、俄罗斯等经贸团接待，积极开展投资促进对接活动，承接溢出效应。

2. 主动对接进博，加强投资促进

2019年，融合区内优势资源、重点产业、文化历史等元素，精心设计4条产业项目考察线路（魅力滨江生态之旅、城市更新穿梭之旅、智能制造创意之旅、幸福宝山区浪漫之旅），推介宝山区营商环境，加强与进口博览会经贸团组开展投资促进交流对接。对接“上海外商投资促进服务平台”，发布宝山区产业布局、投资促进政策、载体资源信息，重点推介宝山区特色优势产业。

三、 2020年宝山区国际经贸发展工作展望

（一）外贸工作展望

2020年，宝山区力争完成货物进出口额850亿元，其中出口额265亿元，进口额585亿元。

1. 持续放大第三届进口博览会溢出带动效应

一是制订工作方案，确保任务落实。制定《宝山区放大第三届进口博览会溢出带动效应实施方案》，形成进一步放大第三届进口博览会溢出带动效应工作任务书，明确工作机制、工作目标和具体举措，确保各项工作有序开展。二是推动长效交易合作，促进宝山区外贸进口增长。广泛发动区内企业参展采购，组织采购企业和参展企业精准对接，寻求贸易、投资、技术交流合作，力争参展规模和交易成果超第二届。支持企业打造世界农产品交易平台，争取更多企业申报“6天+365天”一站式交易服务平台，实现精准对接、有效采购，促进宝山区外贸进口增长。三是策划组织投资促进活动，拓展双向投资新空间。加强市区镇企联动，策划组织系列投资促进活动，放大招商引资促进效应，吸引更多优质企业和项目落地，拓展双向投资新空间。

2. 发挥邮轮服务贸易创新优势，拓展宝山区外贸竞争新空间

一是充分发挥“上海服务贸易创新示范区”和“上海市邮轮旅游服务贸易示范基地”优势，扩大宝山区邮轮服务贸易进出口规模。二是发挥政策先行效应，助力邮轮服务贸易企业发展。三是聚焦邮轮服务、智能智造等特色领域重点行业重点项目，推动服务贸易逐步成为宝山区对外贸易发展的新动能和企业创新转型发展

的新引擎。

3. 开拓"一带一路"市场，助力企业走出去

充分发挥宝山区优势，与"一带一路"沿线国家开展多领域经贸合作，加强对"走出去"企业的宏观指导和服务，引导和鼓励企业积极开拓境外工程市场，着力打造服务"一带一路"建设重要承载区。

（二）外资工作展望

2020年宝山区合同外资金额计划目标4.5亿美元，新增跨国公司地区总部或外资研发中心2家。

1. 围绕宝山区打造优势产业集群目标，做好外资投资促进工作

聚焦宝山区邮轮产业、机器人及智能智造、新材料、建筑材料、平台经济五大优势产业，联合镇园区，集中优势资源招大引强，着力引进头部企业、建设引领项目。鼓励外商投资战略性新兴产业和先进制造业，推进外资优质项目落地。积极探索吸引外资新方式，支持外资通过并购方式参与国内企业优化重组，支持国内企业多渠道引进国际先进技术、管理经验和营销渠道，开展境外上市。继续加强与上海市商务委员会、上海市外国投资促进中心以及专业招商机构的联系与沟通，继续举办和参与多层次多渠道的投资促进活动，抓住进口博览会机遇，放大带动效应和溢出效应，宣传推介宝山区，着力引进一批具备一定质量的外资企业。

2. 围绕外资总部与研发中心建设，做好外资和功能项目集聚

大力推动宝山区具有一定规模的外资企业通过拓展总部功能、增强本地研发活动等方式转型升级成为总部和研发中心。做好外资总部及研发中心相关支持政策的宣传指导，充分发挥各级政策对已认定企业的支持作用，帮助其进一步发展壮大，不断增强宝山区对外资功能项目的吸引力。营造良好营商环境，紧抓招商引资机遇，开展投资促进活动，着力引进一批具备总部功能和一定研发能力的外资企业，做好项目储备。

3. 围绕打造更有吸引力的营商环境，做好外资企业服务工作

贯彻落实《中华人民共和国外商投资法》、上海市人民政府《关于上海市进一步促进外商投资的若干意见》等文件精神，做好各级外资相关支持政策的梳理整合工作，通过多渠道多层次进行宣传，让政策发挥最大效用，引导支持企业做大做强。继续提升外资服务水平，进一步加强与外资企业联系沟通，优化定期走访企业、企业座谈会、企业热线、企业微信群等渠道，及时了解企业落户、建设、运营等状况，提供优质服务，牵头解决企业实际遇到的问题，为企业发展创造良好环境。

第十节 闵 行 区

一、 2018—2019 年闵行区国际经贸发展情况

（一）外贸发展情况

2018—2019 年，闵行区货物进出口额分别为 2 162.8 亿元、2 149.5 亿元，同比增长9.2%、−0.6%。其中货物进口额分别为 1 029.2 亿元、1 024.3 亿元，同比增长 8.7%、−0.5%；货物出口额分别为 1 133.5 亿元、1 125.1 亿元，同比增长 9.7%、−0.7%。2018—2019 年，闵行区在上海市 16 个区的进出口排名中均名列前茅，出口总额均排名第三位，进口总额均排名第二位，进出口总额均排名第三位。

1. 贸易企业结构

2018—2019 年，闵行区国有企业出口额分别为 15.8 亿元、15.2 亿元，同比下降 12.7%、4.4%；进口额 48.3 亿元、54 亿元，同比增长 15.4%、10.0%。外商投资企业出口额 886.4 亿元、832.8 亿元，同比增长 9.4%、−6.5%；进口额分别为 835.4 亿元、808.9 亿元，同比增长 8.0%、−4.7%。民营企业出口额分别为 196.9 亿元、277.1 亿元，同比增长 9.4%、22.1%；进口额分别为 111.3 亿元、161.3 亿元，同比增长0.3%、22.9%。民营企业进出口增速明显，在全球贸易环境日趋复杂严峻的情况下，民营企业参与国际市场竞争的积极性不减，释放出更强的外贸发展活力。

2. 贸易方式结构

2018—2019 年，闵行区一般贸易出口额分别为 497.6 亿元、491.7 亿元，同比增长 11.1%、−1.2%；进口额 540.8 亿元、525.1 亿元，同比增长 7.1%、−2.9%。加工贸易出口额 625.5 亿元、603.7 亿元，同比增长 10.3%、−3.5%；进口额 445.5 亿元、439.3 亿元，同比增长 11.2%、1.4%。其他贸易出口额分别为 10.4 亿元、29.8 亿元，同比增长−42.5%、186.5%；进口额分别为 41.2 亿元、60.0 亿元，同比增长 5.4%、45.5%。

3. 贸易市场结构

2018—2019 年，闵行区对欧盟出口额分别为 174.4 亿元、155.41 亿元，同比增长 9.5%、−10.9%；对美国市场出口额分别为 289.1 亿元、252.7 亿元，同比增长 16.7%、−12.6%；对东盟市场出口额分别为 150.8 亿元、165.2 亿元，同比增长 8.6%、9.6%。2019 年，闵行区对美国、欧盟出口有不同程度下降，但受益于“一带一路”沿线国家贸易合作潜力的持续释放，对东盟出口稳定增长，沿线国家已成为闵

行区重要的贸易伙伴。

（二）外资发展情况

2018—2019 年，闵行区吸收合同外资金额分别为 28.4 亿美元、33.5 亿美元，同比增长46.9%、18.0%；实际到位外资金额 7.3 亿美元、7.3 亿美元，同比增长 6.4%、2.7%。2019 年，虹桥商务区核心区完成合同外资金额 6.2 亿美元，同比增长 141.6%（图 13.18）。

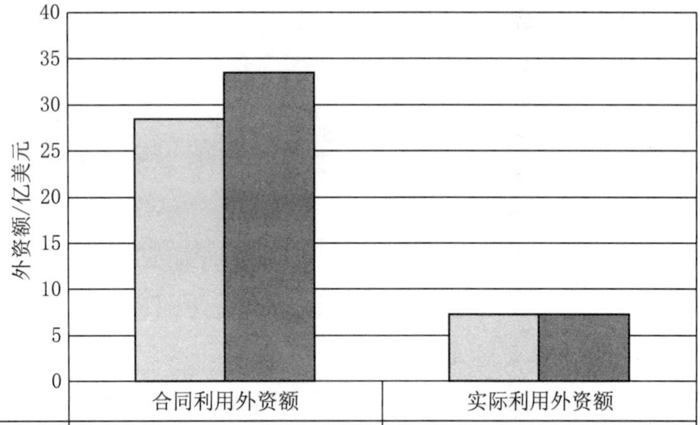

	合同利用外资额	实际利用外资额
2018年/亿美元	28.4	7.3
2019年/亿美元	33.5	7.3

图 13.18　2018—2019 年闵行区利用外资情况

1. 大项目是吸收合同外资的主体，带动外资量质并进

2018—2019 年，闵行区投资总额超过 1 000 万美元的大项目分别为 77 个、76 个，吸收合同外资金额分别为 22.2 亿美元、26.2 亿美元，占全区吸收合同外资总额的 78.2%、78.2%。2018 年，新设项目 48 个，吸收合同外资金额 8.2 亿美元，投资行业分布较广，涉及商贸、高新技术、咨询、医院等各类领域，业态呈多元化发展。

2. 服务业占据合同外资主体，制造业引资趋势平稳

2018 年，闵行区第二三产业吸收合同外资金额占比分别为 5.4%和 94.6%；第二三产业新设企业数占比分别为 1.1%和 98.9%。第三产业在项目数量上与上年基本持平，但规模和质量进一步提升。全区投资总额 1 000 万美元以上的大项目中，有 7 个制造业项目，其中 3 个新设项目，4 个增资项目。2019 年，闵行区服务业吸收合同外资金额占比为 89%。

3. 总部经济质量稳步提升，功能不断拓展

2019 年，闵行区新增 6 家跨国公司地区总部，其中新认定亨斯迈化学研发中心

(上海)有限公司、可口可乐(中国)投资有限公司、柏中紧固件(上海)有限公司、博格华纳(中国)投资有限公司、伟巴斯特车顶供暖系统(上海)有限公司等5家跨国公司地区总部,迁入1家跨国公司地区总部,为特力(中国)投资有限公司投资。截至2019年底,闵行区累计成功认定44家跨国公司地区总部,郊区县排名第一位,上海市排名第六位,其中有14家企业总部为世界500强;独立的外资研发机构23家,外资公司内部研发中心17家。

二、2018—2019年闵行区国际经贸主要工作

(一)外贸主要工作

1. 做好闵行区交易分团工作

一是积极促进采购交易。2019年,围绕"参观人数超首届,采购金额超首届"的"双超"目标,积极开展重点企业上门走访工作,广泛收集采购意向,并多次发动组织区内企业参加市、进口博览局举办的采购对接说明会等活动,效果较好。二是精心落实各类活动。联合虹桥商务区管委会、上海市合作交流办和东方国际集团举办"放大进博溢出效应'虹桥品汇'主题发布会"以及"放大进口博览会溢出效应,助推长三角一体化发展—合作共享主题活动"两大主题活动,进一步放大进口博览会溢出效应;联合中国电子商会、联合国国际贸易中心举办"2019中国国际跨境电子商务发展高峰论坛"活动,落成人才培训基地,吸引一批国内外企业入驻长三角电子商务中心。三是鼓励区内相关企业积极承接进博溢出效应。2019年9月25日上海虹桥商务区保税物流中心(B型)落成营运暨保税展销商品集中发布仪式成功举行。保税中心将通过保税、展示、商品、交易、物流仓储通关服务等措施,更好的承接溢出带动效应。

2. 积极应对错综复杂的国际经贸环境

一是联合各街镇、莘庄工业区及园区,开展"稳商惠商应对贸易摩擦"专项调研,筛选出100余家重点外贸企业进行实地调研走访,建立了重大事件报告制度及各街镇、莘庄工业区、园区及企业联动的信息报送机制,及时掌握一手情况。2018年3月以来,协同上海市商务委员会对区内对美出口重点企业进行企业多元化发展资金支持,第一期61家、第二期39家、第三期59家、第四期100家,累计发放资金支持分别为2 660万元、513万元、655万元、903万元。二是形成《"闵行区关于做好当前外贸工作优化企业服务的若干措施"责任分工表》,全力推动各项措施顺利落实。三是强化指引,支持企业开拓国际市场。2019年,闵行区继续落实企业关于参加国际大型展会、国际商标注册、产品认证等行为的政策扶持,加快区内企业海外市场开拓步伐。

3. 强化企业服务，提升竞争新优势

在促进货物贸易发展的同时，挖掘服务贸易潜力。认真完成服务外包和软件出口合同审核相关工作，协助紫竹高新技术产业开发区获得“2019 年度上海市服务贸易示范基地”称号。重点关注和培育“四个一百”重点企业，积极组织企业申报 2018 年至 2019 年度上海外贸自主品牌示范企业。加强政策宣传培训和指导，帮助更多企业争取外经贸发展专项资金，及时发布相关政策法规，促进闵行区外贸企业发展。

（二）外资主要工作

1. 加强投资运行监测，实现运行分析制度化

以监测促项目，建立完善的外资监测机制，提高投资服务预测研判。一是做好外资统计工作，以实到外资催缴为工作重点，协同各镇（园区）主管部门按时做好催报工作，及时跟踪进度。二是加强功能性外资机构的日常重点监测和服务机制，完善重点外资企业数据库，建立座谈会等互动联络机制。三是做好联合年报工作，2019 年共完成 5 016 家外资运营企业的审核，比 2018 年增加 363 家，形成《2018 年度闵行区外商投资企业运营情况分析报告》。四是开展闵行区外资发展课题调研，2019 年委托安永（中国）企业咨询有限公司完成《闵行区外商投资企业发展情况报告》和《功能性外资机构发展研究报告》两份报告，已形成初稿，下一步继续完善修改。

2. 加强外资企业服务，营造良好的外商投资氛围

一是组织外资政策培训，邀请上海市级领导为全区 100 多家外资企业讲解最新外商投资政策，充分享受政策红利。二是跟踪解决圆桌会议上企业提出的问题。针对闵行区大金空调（上海）有限公司等 6 家企业在服务外资圆桌会议上提出的 13 个问题进行调研，阶段性跟踪了解。三是帮助解决加征关税带来的问题。积极走访调研英华达（上海）科技有限公司、英业达科技有限公司、雅诗兰黛（上海）商贸有限公司等与美国有进出口往来的重点外资企业，帮助企业协调解决面临的问题。了解企业产能迁移动向，及时与市级部门对接稳定企业投资信心。

3. 充分借助进口博览会契机，有效促进外商投资

一是采购成果丰硕。2019 年，协同外贸科上门走访进口博览会参展商关联闵行区外资企业，促进采购交易。进口博览会期间，组织闵行区交易分团集中签约仪式，16 家签约企业采购交易额共计 10.5 亿美元。二是外资企业宣传有效。组织区级媒体及 9 家市级媒体对闵行区外资企业关联集团进行集中宣传报道，其中强生（中国）有限公司、欧姆龙自动化系统有限公司等企业的参展素材被新闻综合频道采纳报道。三是外商投资信心增加。组织 18 家企业参加进口博览会晚宴、上海城市推介大会等

大型活动，推介优质的投资环境，促进外商投资，推进研发中心、跨国公司地区总部落户闵行区。

三、 2020年闵行区国际经贸发展工作展望

（一）外贸工作展望

1. 以30条为抓手，进一步做细稳外贸工作

一是加强调研跟踪。跟踪受影响企业情况，制定调研方案及计划，深入研究企业现状，及时了解企业困难，进一步改善营商环境，采取多种方法做好服务，提供针对性的政策指导，帮助企业精准应对。二是强化政策指引作用，支持企业开拓国际市场。在区内企业参加广交会、国际大型展会、国际商标注册、产品认证等利于企业开拓国际市场时给予支持，加快区内企业海外市场开拓，特别是“一带一路”沿线国家开拓力度；加强对受影响企业的贸易救济和法律援助，为行业企业恢复国际竞争力提供必要的支持和服务；加强与中信保等机构合作，提升企业海外风险意识。三是继续加强与海关、检验检疫等部门沟通。推动与海关和检验检疫等部门的联合服务，深化贸易便利化制度。四是加强培训和宣传工作。主动搭台，帮助外贸企业及时准确地了解各级政策和市场趋势，更好地推动外贸出口的稳定增长。

2. 以双超为目标，进一步做好进口博览会交易团工作

一是进一步完善工作机制。进一步完善进口博览会工作构架，完善成员单位组成，成立专职工作组，建立全区工作体系，细化工作标准，使各项工作统分合理，突出细节，周到全面。二是进一步提升配套活动成效。在总结2019年配套活动经验成效的基础上，提前规划设计活动方案，吸引众多参展商来闵行区找寻适合的机会，获得进口博览会带来的各类资源。三是进一步加大宣传力度。提前挖掘宣传对象，提早谋划，借助更多载体和方式，更有力地宣传进口博览会，宣传闵行区。四是进一步关注参展参观企业。做好参展参观企业的服务工作，促进成交采购，提升经贸合作。五是进一步推进平台运营。继续关注闵行区常年展示交易平台，挖掘新的企业项目纳入市“6天＋365天”平台，加强“虹桥国际进口商品展示交易中心”建设，进一步承接进口博览会溢出效应。

（二）外资工作展望

1. 落实外商投资法各项规定，做好外资转型工作

2020年，《外商投资法》将正式实施，积极配合市级部分做好政策研究和制定，落

实各项政策要求。同时，做好外资管理转型工作，从审批备案、从管事前准入向投资促进、投资保护、投资服务上转变。坚持"两手抓"，一手抓以外商合法权益保护为主要内容的保护和服务工作，一手抓以实施信息报告制度为核心的投资管理工作，营造更加国际化、法制化、便利化的营商环境。

2. 保持外资稳定增长，全力促进外资实缴到位

2020年合同外资金额预计保持在36亿美元，实到外资金额保持在7亿美元。重点核实大项目资金实际到位情况，提高外资到位率。闵行区经济委员会对近三年合同外资1 000万美元以上的116个大项目资金到位情况进行了梳理，并反馈给街镇、园区，让其加强跟踪联系，及时掌握实到外资计划。2020年将对部分重点项目进行走访，进一步促进利用外资实际到位。

3. 大力发展总部型经济，促进总部功能集聚

2020年将重点落实各项跨国公司地区总部发展政策，推进总部功能进一步集聚，新增10家跨国公司地区总部。第一，促进存量企业认定跨国公司地区总部。梳理21家潜在符合要求的总部名单，送政策上门，加强业务指导。鼓励现有跨国公司地区总部提升能级为亚洲区、亚太区或更大区域总部。第二，引导新增企业总部功能落户闵行区。根据投资金额、税收贡献、重点行业、有问题诉求等多维度梳理了23家重点企业名单，引导重点企业把跨国地区总部功能落户闵行区。做好投资公司设立服务工作，促进投资性总部落户。第三，营造良好外商投资氛围。开展外资企业高管沙龙、专题座谈会、政策专场解读会等一系列丰富的活动，为闵行区外资企业搭建沟通交流的平台，吸引更多外资项目落户闵行区。

第十一节　嘉　定　区

一、 2018—2019年嘉定区国际经贸发展情况

（一）外贸发展情况

2018—2019年，嘉定区货物进出口额分别为1 472.8亿元和1 361.2亿元，同比增长6.6%、−7.6%，占到上海市进出口总额的4.3%、4.0%，进出口总额均位列浦东新区、松江区、闵行区之后，上海市排名第四位。其中，出口额分别为701.0亿元和668.0亿元，分别占上海市出口总额的5.1%、4.9%，同比增长6.9%、−4.7%，出口同比增速在总量前五的区中分别排第三位和第四位；进口额分别为771.8亿元、693.2亿元，占上海市进口总额3.8%、3.4%，同比增长6.2%、−10.2%，进口同比增

速在总量前五的区中分别排第二位和第四位(图 13.19)。

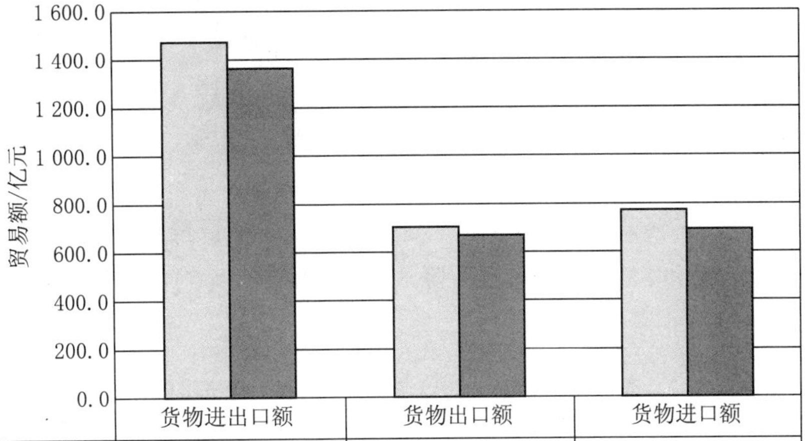

	货物进出口额	货物出口额	货物进口额
2018年/亿元	1 472. 8	701. 0	771. 8
2019年/亿元	1 361. 2	668. 0	693. 2

图 13.19 2018—2019 年嘉定区进出口情况

1. 一般贸易方式占主体

2018—2019 年,嘉定区一般贸易进出口额分别为 1 127.1 亿元和 1 038.2 亿元,同比增长 7.3%、−7.9%,分别占全区进出口总额的 76.5%、76.3%,分别同比提升 0.5 个百分点和下降 0.3 个百分点。其中,出口额分别为 490.6 亿元和 480.5 亿元,同比增长 9.9%、−2.1%,高于总体出口同比增速 3.0 个百分点和 2.6 个百分点;进口额分别为 636.5 亿元和 557.8 亿元,同比增长 5.3%、−12.4%,低于总体进口同比增速 0.9 个百分点和 2.2 个百分点。加工贸易进出口额分别为 296.3 亿元和 263.1 亿元,同比增长 2.5%、−11.2%,分别占全区进出口总额20.1%、19.3%,均同比约下降 0.8 个百分点(图 13.20)。

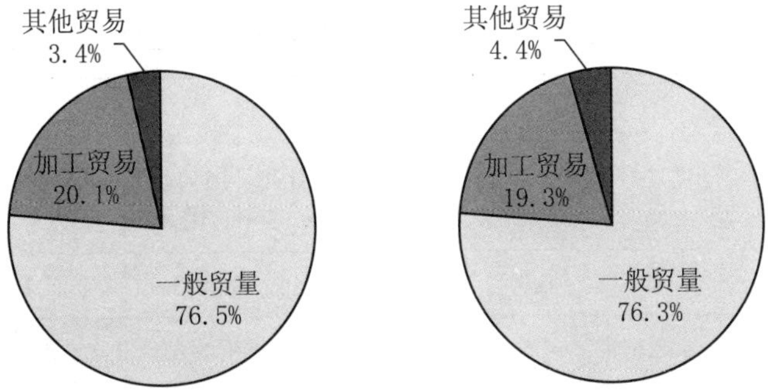

图 13.20 2018—2019 年嘉定区分贸易方式进出口情况

2. 外资企业进出口规模仍居首位

2018—2019 年，嘉定区外资企业进出口额分别为 1 054.4 亿元和 927.6 亿元，同比增长 2.5%、12.0%，分别占全区进出口总额 71.6%、68.1%，同比下跌 2.9 个百分点和 3.4 个百分点，其中，出口额分别为 486.8 亿元和 442.8 亿元，同比增长 2.5%、-9.0%，分别占全区出口总额的 69.4%、66.3%；私营企业进出口额分别为 349.9 亿元和 367.9 亿元，同比增长 15.9%、5.2%，分别占全区进出口总额23.7%、27.0%，同比上涨 1.9 个百分点和 3.3 个百分点；国有企业进出口总额分别为 8.3 亿元和 8.1 亿元，同比下降 3.6%、2.1%，均约占全区进出口总额 0.6%（表 13.18）。

表 13.18　2018—2019 年嘉定区各类企业进出口情况

企业类型	2018 年			2019 年		
	进出口额/亿元	同比增长率/%	比重/%	进出口额/亿元	同比增长率/%	比重/%
国有企业	8.3	-3.6	0.6	8.1	-2.1	0.6
外资企业	1 054.4	2.5	71.6	927.6	-12.0	68.2
私营企业	349.9	15.9	23.8	367.9	5.2	27.0
集体企业	60.2	41.1	4.1	57.5	-4.5	4.2

3. 机电产品为出口主力

机电产品是嘉定区主要出口产品。2018—2019 年，机电产品出口增长势头有所回落，出口额分别为 451.9 亿元和 428.9 亿元，同比增长 6.0%、-5.1%，出口额占比分别为 64.5%、64.2%；汽车及零部件产品作为嘉定区特强产业，出口增长保持平稳，出口额分别为 152.7 亿元和 144.1 亿元，同比增长 3.0%、6.4%，出口额分别占全区出口总额的 21.8%、21.6%，与上年基本持平（表 13.19）。

表 13.19　2018—2019 年嘉定区汽车零部件产品、机电产品等出口情况

项　目	2018 年				2019 年			
	出口额/亿元	同比增长率/%	比重/%	占比增减/%	出口额/亿元	同比增长率/%	比重/%	占比增减/%
机电产品	451.9	6.0	64.5	-0.6	428.9	-5.1	64.2	-0.3
百家重点企业	442.5	4.3	63.1	-0.3	418.5	-8.2	62.7	-0.4
汽车零部件产品	152.7	3.0	21.8	-0.1	144.1	-6.4	21.6	-0.2

4. 国际市场布局更趋多元化

2018—2019年，嘉定区与欧盟进出口额分别为438.0亿元和403.6亿元，分别增长9.1%、−7.8%；与日本传统市场的进出口额分别为246.5亿元和211.6亿元，分别增长7.1%、−14.2%；与东盟出口额分别增长10.1%、−8.7%；与印度出口额分别增长10.1%、−22.0%；与拉美出口额分别增长7.2%、−1.8%，与非洲出口额分别增长11.2%、17.8%；与东盟、印度、拉美新兴市场合计出口额分别为167.4亿元和156.4亿元，分别占嘉定区出口额的23.9%、23.4%，同比上涨0.8%、−0.5%。此外，与部分"一带一路"相关国家出口保持稳定增长，与巴基斯坦出口额分别增长33.9%、12.4%，与越南出口额同比增长25.0%、12.4%，与俄罗斯出口额同比增长12.6%、2.6%。2018年，嘉定区与美国的进出口额为191.5亿元，同比增长1.6%。2019年，嘉定区对美国贸易受中美贸易摩擦影响进一步突显，对美国出口额113.1亿元，占全区出口比重16.9%，同比减少2.6个百分点；从美国进口额42.2亿元，同比下降23.2%，同比减少19.6个百分点，从美国进口的主要商品品类中机电设备、木及木制品、塑料及其制品等都呈现较大跌幅(图13.21，图13.22)。

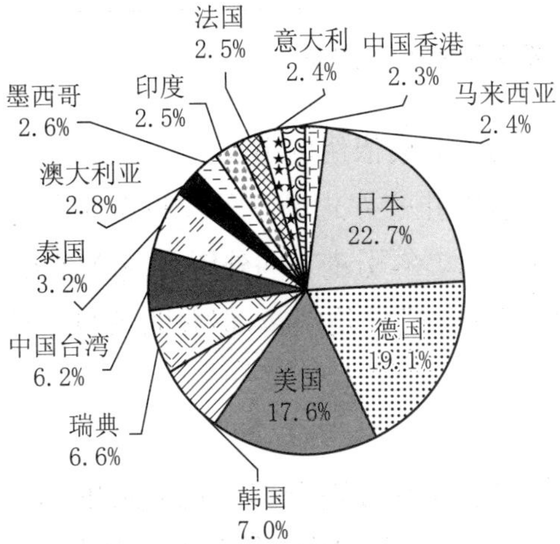

图13.21 2018年嘉定区进出口市场结构

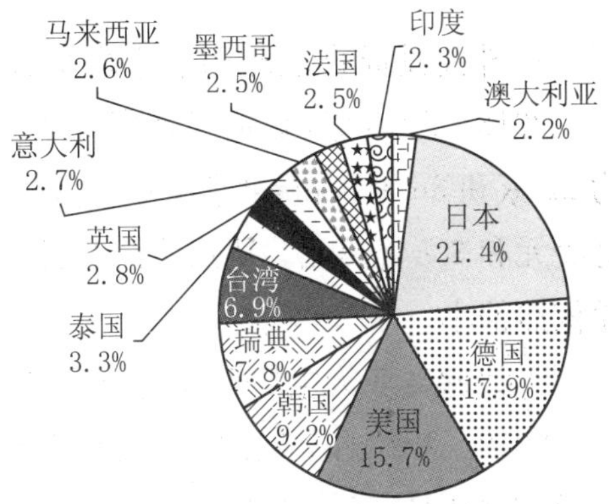

图13.22 2019年嘉定区进出口市场结构

（二）外资发展情况

2018—2019年，嘉定区合同利用外资金额分别为25.4亿美元和31.7亿元，同比增长63.5%、25.0%；实际利用外资金额分别为6.7亿美元和11.1亿美元，完成年度计划的121.5%、170.1%。其中，批准新设外商直接投资企业分别为200家和276家，同比增长47.1%、38.0%，合同利用外资金额分别为6.1亿美元和9.7亿美元，占总额的24.0%、30.6%;批准增资项目分别为110个和138个,合同利用外资金额分别为19.2亿美元和25.5亿美元,占总额的75.8%、80.4%。新引进外资项目数分别同比上升47.1%、38.0%,引资额同比上升75.0%、59.6%。

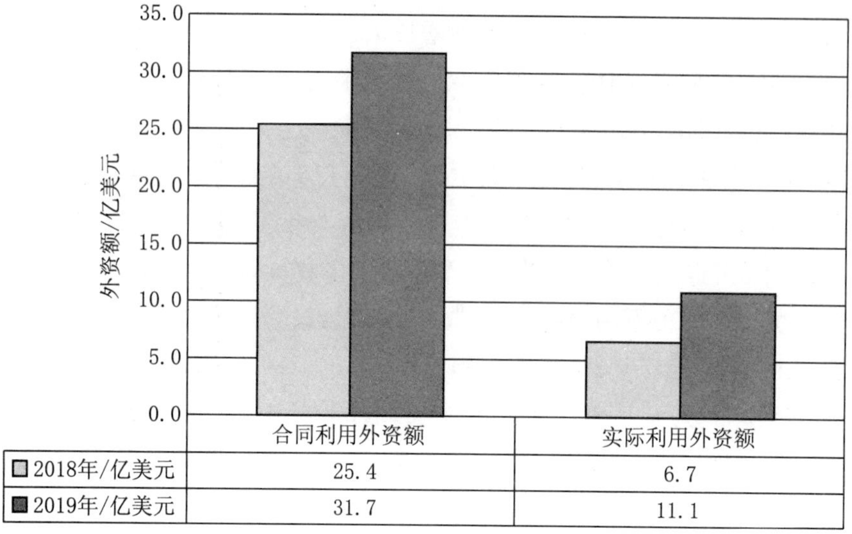

图 13.23 2018—2019 年嘉定区利用外资情况

1. 外商投资的方式日趋创新,但并购项目总体规模依然偏小

2018—2019年,嘉定区外资并购交易活跃,以并购方式设立外商投资企业分别为22家和36家,占新批准项目总数的11.0%、13.0%,引进合同外资金额分别为2.5亿美元和3.7亿美元。从总体情况看,外商投资的方式日趋创新,但并购项目总体规模依然偏小。

2. 以服务业为主的引资结构继续巩固

2018—2019年,嘉定区第三产业引进合同外资金额分别为24.1亿美元和30.6亿美元,占合同外资总额的94.9%、96.6%;第二产业引进合同外资金额分别为1.3亿美元和1.1亿美元,占总额的5.1%、3.4%。外商投资金融租赁、总部经济、汽车产业技术研发等产业领域继续推动嘉定区服务业飞速发展;外资先进制造业发展趋缓,引资贫乏,产业发展能级亟待进一步提升。

3. 中国香港稳居外商投资来源地首位

2018—2019年,嘉定区外商投资来源国总体保持稳定,其中亚洲国家来嘉定区投资合同外资金额分别为21.5亿美元和28.7亿美元,占总额的84.6%、90.5%;欧洲对嘉定区合同外资金额分别为2.3亿美元和1.5亿美元,占比9.1%、4.7%;中国香港依然为主要外资（参照外资）引资地区，合同外资金额分别17.9亿美元和26.8亿美元，占合同外资总额的70.4%、84.5%。2018年，来自英属维尔京群岛、新加坡、德国的合同外资金额分别为1.3亿美元、1.2亿美元、0.4亿美元；2019年，来自英国、美国、日本的合同外资金额分别为1.6亿美元、1.4亿美元、0.8亿美元。

4. 总部经济有序发展，区域集聚效应初显

2019年，嘉定区新设的厚礼博（中国）投资有限公司被认定为跨国公司地区总部，维美德（中国）有限公司升级为地区总部；上海笔克企业管理有限公司和迅达（中国）电梯有限公司分别获得上海市鼓励跨国公司地区总部发展专项资金262.8万元和500万元。截至2019年12月底，嘉定区共有外资总部型企业43家，总投资金额101.5亿美元，引进合同外资金额36.7亿美元。其中，投资性公司8家、管理性公司14家，独立研发中心14家。

二、 2018—2019年嘉定区国际经贸主要工作

（一）外贸主要工作

1. 加快推动服务贸易发展、扶持跨境电子商务

一方面以技术进出口合同登记、服务外包合同登记为抓手，具体掌握区内服务贸易相关情况，做实做细基础工作；另一方面凭借区内新型金融、文化创意、电子商务产业的优势，促进服务贸易扩大规模，提升能级。组织区内企业申报了国家、上海市相关服务贸易各类资金、项目，包含提升公共服务能力、新兴服务出口、承接国际服务外包业务、技术出口业务等5个方面。对行业内有潜力、优质企业进行财政资金支持，激发嘉定区服务贸易增长新动力。2018年、2019年嘉定区分别有4家和6家企业申报了服务外包专项资金。

2. 持续提升贸易便利化水平

2019年，嘉定区主动复制借鉴自贸试验区新片区创新制度政策，积极宣传介绍关税保证保险新模式，整体通关时间压缩近50%；完善推广国际贸易“单一窗口”建设，扩大信用保险覆盖面，区内392家企业通过线上平台领取了信用保险。密切关注中美贸易战发展动态，持续跟踪走访区内200多家涉美企业。

（二）外资主要工作

1. 强化招商引资，增强持续发展后劲

坚持“内优环境，搭建招商平台；外聚人脉，拓宽引资渠道”的招商思路，进一步加

大招商引资力度。推动滴滴出行集团、长城控股集团“三总部一中心”、丰田汽车等一批汽车类大项目先后落户嘉定区。借力招商平台精准招商，与清科集团、创业邦、盖世汽车、传感器联盟等专业机构开展合作，通过全国性平台的影响力，全面宣传推广嘉定区。2019 年，共举办创业邦“创新中国春季赛”，传感器联盟的“Sensor China”等各类招商活动近 150 场。筹备嘉定区智能传感器产业园揭幕活动，落实海联影微电子科技有限公司、中电科 13 所 MEMS 传感器产业项目、华进半导体封装先导技术研发中心等重大产业项目签约。

2. 做好第二届进口博览会嘉定区交易分团相关工作

2019 年，嘉定区交易分团共有 1 106 家政府机关、企事业单位通过专业观众最终审核。中国澳门贸易投资展上海嘉定区馆布展工作顺利完成。

三、 2020 年嘉定区国际经贸发展工作展望

（一）外贸工作展望

1. 持续做好外贸企业服务工作

受中美经贸摩擦及新型冠状病毒肺炎疫情的影响，全球经贸形势更趋复杂，嘉定区将持续关注好外贸企业发展及外贸进出口数据，及时跟踪分析，落实市政府相关措施，让外贸企业享受更多扶持，对冲中美经贸摩擦及疫情带来的影响。

2. 继续推进贸易便利化工作

加强与海关、外汇管理部门的联系，继续推进通关、报检程序简化，降低企业经营成本。积极落实复制自贸试验区创新制度和政策，在提高海关监管效能的同时，继续推进通关成本更低、营商环境更好、监管更严密、服务更优化的贸易便利化工作。鼓励国际贸易进出口总部类企业落户嘉定区，提升区域国际贸易能级。推进区内外贸综合服务平台建设，支持其与嘉定区优势产业、优秀企业、园区开展各类基于提升贸易进出口便利化合作。

3. 配合办好第三届进口博览会

第三届进口博览会目前已开展招商工作，2020 年嘉定区交易分团秘书处将落实进口博览局的相关工作部署，做好嘉定区交易分团的相关组织工作。同时，嘉定区出口加工区作为“6 天+365 天”首批常年展示交易平台之一，将更好地依托进口博览会平台的带动效应，促进嘉定区跨境电子商务产业更快更好地发展，为进口商品展示交易提供服务。

（二）外资工作展望

1. 继续做好外资统计和分析预测工作

一是持续推进外资设立“一窗通办”，确保“一窗通”工作顺利开展，有效支持外资企业“应备尽备、应统尽统”。二是试行企业注销“一窗通办”，打通工商、税务、商务、人力资源社会保障、海关、人民银行等各有关部门办理企业注销业务流程，实现流程公开透明、企业信息互通共享。三是继续做好外资统计工作，做好相关的服务，为外资企业提供良好服务。四是完善外资企业年报制度。认真审核和准确填报备案管理工作信息，对备案管理工作中涉及的相关信息进行严格审核和细致分类，为后续汇总分析工作打下坚实可靠的数据基础。

2. 促进外资总部发展

依托嘉定区汽车产业、战略性新兴产业、新型金融产业等特色优势产业的集聚作用，助力外资总部经济发展。一是建立长效机制，加强日常沟通，进一步深入了解跨国公司地区总部、外资研发中心在嘉定区的运营状况和遇到的瓶颈制约，以及在实际运用地区总部扶持政策、研发中心政策过程中碰到的问题。二是梳理符合申报条件的企业，积极开展总部经济扶持政策解读，加大宣传力度。三是提升总部能级，帮助企业整合管理功能，扩大管理区域，鼓励企业进一步做大做强。四是将日常搜集到的问题进行汇总分析，为研究嘉定区进一步促进总部经济发展的政策和举措拓宽思路。

3. 合理利用外资并购

近年来外资在嘉定区的并购越来越活跃，且这一趋势不断增强。结合嘉定区外资并购的特点、问题和趋势，合理利用跨国公司并购，有利于盘活嘉定区企业存量资本，提高技术和管理水平，丰富外商投资方式，拓宽吸引外资渠道。外资项目科将项目核准关，做好产业安全审查工作；加强行业监管，提升产业竞争力；增强风险防范意识，积极引进风投，全方位促进嘉定区利用外资方式多样化，提高外资利用绩效，保障嘉定区经济安全与经济发展。

第十二节　金　山　区

一、2018—2019 年金山区国际经贸发展情况

（一）外贸发展情况

2018—2019 年，金山区货物进出口额分别为 830.6 亿元和 772.3 亿元，同比增

长26.0%、−7.0%，其中，货物出口额分别为375.8亿元和376.9亿元，同比增长14.3%、0.3%；货物进口额分别为454.8亿元和395.4亿元，同比增长37.6%、−13.1%（图13.24）。

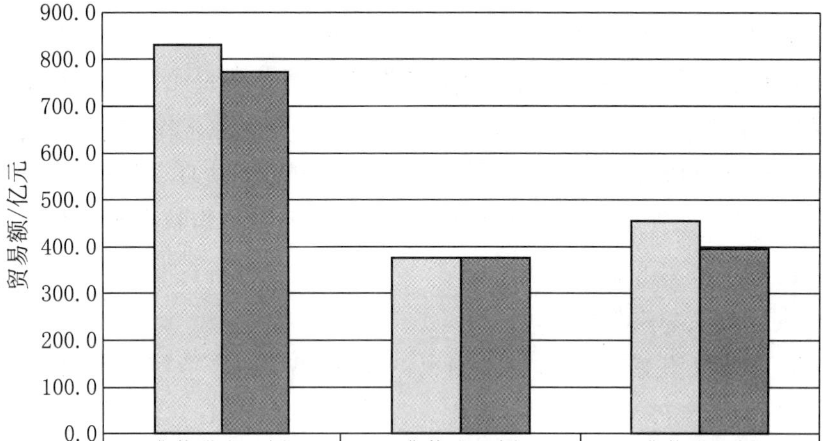

	货物进出口额	货物出口额	货物进口额
2018年/亿元	830.6	375.8	454.8
2019年/亿元	772.3	376.9	395.4

图13.24　2018—2019年金山区外贸进出口情况

1. 外贸结构持续优化

2018年，金山区一般贸易稳居主导地位，主要贸易方式中一般贸易同比增速明显快于加工贸易方式，外贸调结构取得成效。2019年，金山区一般贸易出口额277.0亿元，同比增长6.3%，占金山区出口总额的73.4%，占比同比增长4.1个百分点，一定程度体现了金山区外贸进出口转型升级成效；加工贸易出口额97.2亿元，同比下降12.7%，占金山区出口总额的25.8%。

2. 国有企业进出口同比增速较快

2018—2019年，金山区外资企业出口额分别为206.8亿元和187.0亿元，同比增长7.2%、−9.6%；内资企业拉动力持续提升，民营企业与国企参与国际市场竞争的积极性不减；民营企业出口额分别为126.2亿元和127.2亿元，同比增长8.3%、0.8%；国有企业分别出口16.7亿元和18.0亿元，同比增长55.4%、14.6%，主要是2019年上海和辉光电有限公司出口额6.7亿元，同比增长67.5%，中国核工业第五建设有限公司出口额3.2亿元，同比增长144.9%（表13.20）。

表 13.20　2018—2019 年金山区进出口贸易按企业性质分类情况

企业性质	2018 年						2019 年					
	出口额/亿元	同比增长率/%	进口额/亿元	同比增长率/%	进出口额/亿元	同比增长率/%	出口额/亿元	同比增长率/%	进口额/亿元	同比增长率/%	进出口额/亿元	同比增长率/%
外资	206.8	7.2	232.7	6.2	439.5	6.6	187.0	−9.6	198.7	−14.6	385.7	−12.3
民营	126.2	8.3	62.0	−0.4	188.2	5.3	127.2	0.8	60.3	−2.8	187.5	−0.4
国有	16.7	55.4	115.0	240.2	131.6	195.7	18.0	14.6	67.2	−38.8	85.2	−32.1

3. 主要贸易伙伴保持稳定

2018 年,金山区与日本、美国等传统市场的双边贸易发展继续保持增长。2019 年,受益于国家“一带一路”倡议,其沿线国家成为金山区重要的贸易伙伴,金山区对东盟市场出口额 68.3 亿元,同比增长 3%,东盟为金山区第一大出口市场。金山区对欧盟、韩国出口额分别增长 9.0%、9.2%,增长较快;对日出口降幅进一步加大,同比下降 5.6%。受中美贸易摩擦影响,金山区对美出口金额 47.2 亿元,同比下降5.6%,其中橡胶制品对美出口额同比下降 39.2%,化学制品对美出口额同比下降 7.9%。

4. 化学制品和纺织服装是主要出口商品

2018—2019 年,金山区外贸商品分类中传统纺织服装进出口产品比重在逐年减少,增幅减小;机电设备等高附加值产品比重增加,增幅加大。化学制品出口额分别为 65.0 亿元和 65.7 亿元,纺织服装出口额分别为 51.9 亿元和 49.3 亿元,二项合计占全区出口总额的 31.1%、30.5%。2018 年,杂项制品、汽车及零部件、机电设备出口额同比增速分别为 29.9%、22.8%、20.6%;2019 年,机电产品出口额为 40.3 亿元,同比增长 2.3%。

(二)外资发展情况

2018—2019 年,金山区外商投资企业投资总额(含增资)分别完成 4.3 亿美元和 5.0 亿美元;合同外资(含增资)金额分别完成 3.0 亿美元和 3.3 亿美元,同比上升 −5.4%、8.6%。2018 年,合同外资金额中,第二产业项目 7 855.7 万美元,占比 26%;第三产业项目 256 个,合同外资金额 2.3 亿美元,占比 74%。新设服务业项目吸引外资突破 2 亿美元,金额占新批总量的 96.3%,服务业利用外资规模稳定增长。金山区新设外资项目 256 个,增资项目 14 个。2019 年,金山区实际外资到位金额 2.5 亿美元,完成目标的 115.2%,同比增长 15.2%(图 13.25)。

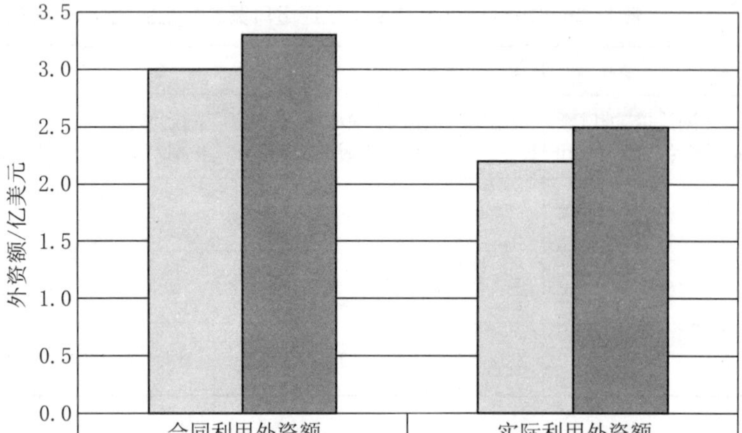

	合同利用外资额	实际利用外资额
2018年/亿美元	3.0	2.2
2019年/亿美元	3.3	2.5

图 13.25　2018—2019 年金山区利用外资情况

1. 新设项目合同外资保持稳定增长

2018—2019 年,金山区新设外资企业分别为 256 家和 246 家,吸引合同外资金额分别为 23 160.3 万美元和 28 732.1 万美元,同比增长 38.2%、24.1%,占总量的 76.2%、87.2%;增资项目分别为 14 个和 26 个,吸引合同外资金额分别为 7 224.8 万美元和 4 253.3 万美元,占总量的 23.8%、12.9%。

2. 服务业合同外资占比持续扩大

2018—2019 年,金山区服务业吸引合同外资金额分别为 22 292.9 万美元和 28 489.3 万美元。2019 年,1 000 万美元以上的项目 9 个,实现合同外资金额 11 761.5 万美元,柘科(中国)工程设备有限公司、番茄云印刷科技(上海)有限公司、上海锋飞智能科技有限公司等项目落地。服务业项目主要涉及商务咨询、科技开发、创意设计、餐饮管理、批发零售、广告传媒等多个领域。

3. 制造业增资及规模项目支撑作用明显

2018—2019 年,金山区制造业吸引合同外资金额分别为 7 224.8 万美元和 4 496.1 万美元。其中,制造业增资项目分别为 8 个和 4 个,合同外资金额分别为 6 988.3 万美元和 2 309.7 万美元。全区千万美元以上项目分别为 15 个和 11 个,分别为 11 个新设项目和 4 个增资项目、10 个新设项目和 1 个增资项目,实现合同外资金额分别为 17 139.1 万美元和 14 852.3 万美元,分别占总量的 56.4%、45%,规模项目支撑作用明显。千万美元以上增资项目中,制造业项目分别为 5 个和 2 个,合同外资金额分别为 5 655.5 万美元和 30 90.8 万美元,分别占增资总量的 78.3%、20.8%。2019 年,安朗杰安防技术(中国)有限公司 1 971 万美元、上海侨好食品有限公司 1 120 万美元,两个项目均为金山区工业区项目。

二、 2018—2019 年金山区国际经贸主要工作

(一) 外贸主要工作

1. 主动应对经贸摩擦,确保外贸出口平稳运行

一是加大对涉税企业帮扶力度。2019 年分 4 次组织金山区重点企业申报上海企业市场多元化专项资金;利用中信保"单一窗口风险管理 WE 平台",为 300 余家小微企业赠送出口信用保险。二是做好外贸监测预警。结合大调研工作,持续跟踪重点企业订单、产能、就业以及盈亏等方面的变化,主动了解企业的困难和问题,定期做好分析研判,会同经济运行科完成两篇关于中美经贸摩擦对外资外贸影响的工作专报。三是支持企业开拓多元化国际市场。完成 2019 年度第一批中小企业国际市场开拓资金申报审核工作。四是帮助企业规避和应对国际贸易风险。举办"2019 年度金山区贸易企业国际经贸风险防范与实务应对"系列培训,近 200 家企业的报名参加并一致好评。

2. 全力对接服务第二届进口博览会,积极承接溢出效应

一是制定工作方案,强化组织保障。草拟送审了《金山区对接服务第二届中国国际进口博览会方案》,成立了金山区对接服务第二届中国国际进口博览会领导小组等,组建金山区经济委员会工作专班,推进各项工作任务如期顺利落实。二是瞄准"双超"目标,促进采购招商。2019 年组建了第二届进口博览会上海交易团金山区分团,组织了金山区 1 013 家单位,共计 4 170 名专业观众报名观展,实现了 1 093.6 万美元的订单金额。三是加强舆论宣传,营造良好氛围。在窗口开启了"进博服务站",做好进口博览会相关资讯的解答、问题的解决和建议的收集。

3. 坚持多策并举,助推外贸转型升级

一是做好政策的宣贯与实施。及时将国家及上海市的相关政策宣传到位,推荐 5 家企业申报上海外贸自主品牌示范企业,向人民银行上海分行推荐了两家第一批货物转手买卖 "白名单"企业,推荐上海泰胜风能装备股份有限公司等 5 家优秀外贸民营企业。二是助推外贸企业转型升级。召开"贸易创新与贸易促进"专题研讨会,组织企业参加市级部门举办"自主品牌百强企业知识产权海关保护宣讲会"等政策培训、讲座。三是做好外贸进出口监测工作。积极做好外贸进出口调查监测系统的填报与维护,及时调整样本企业,定期召开表彰总结会议,2019 年 1—11 月份调查问卷上报率均达到了 100%,被上海市商务委员会授予外贸进出口监测工作"优秀单位"奖

牌和优秀个人称号。

（二）外资主要工作

1. 加快办理流程，助推项目落地

为加快签约项目落地，全力简化相关流程：一是依法依规进行外资项目备案。对通过上海市投资项目在线审批监管平台备案的外商投资项目，不设置任何前置准入条件。二是优化产业项目预审评估流程。通过简政放权、简化流程实现提升项目服务时效、减轻企业负担、确保项目质量。针对可行性报告反复退回修改"顽疾"，设计制作"产业项目意见单"，将可研修改意见及项目准入意见分开，实现项目立项当天"立等可取"。通过各部门共同努力，2019 年产业评估平均用时 17 个工作日，较上年缩短 9 个工作日。三是提前介入，在项目评审之前就主动介入，通过邀请专家评审、书面审查、现场服务指导等方式，服务好项目落地。

2. 完善政策激励机制，助推产业高质量发展

会同金山区规划和自然资源局、金山区经济委员会制定《金山区产业用地高质量利用实施细则》，推动市级政策落地生根。会同金山区经济委员会研究制定了《关于深化建设打响"上海制造"品牌的重要承载区促进实体经济高质量发展的若干政策意见》，进一步完善优化了支持发展外资总部经济和外资先进制造业方面的区级扶持，促进外资利用增规模、优结构、提质量。

3. 加快项目推进，增强产业发展后劲

为加快落地项目建设，促进早竣工、早投产，2019 年以来聚焦"四个一批"项目，先后举办了两次产业项目集中开工活动，通过科学筹划、并联审批、告知承诺，以集中开工倒逼职能部门办事效率提升。积极跟踪推进重点项目。2019 年年初排定的 40 个区级重点产业项目，上海碳纤维复合材料创新研究院有限公司、奥来德金山工业区、上海合全药业股份有限公司全球研发中心、上海青赛生物科技有限公司、琦威生物科技（上海）有限公司等 30 个项目已完成年度目标。

三、 2020 年金山区国际经贸发展工作展望

（一）外贸工作展望

1. 积极应对中美经贸摩擦

一是完善外贸运行监测机制。进一步完善外贸监测机制，提高对外贸出口的预判能力，了解企业开拓市场的动态和订单走向，开展有针对性地研判分析。二是做好

经贸摩擦应对工作。全面贯彻落实中央、上海市和金山区的各项应对措施，确保政策措施落地见效，做好安商、稳商、留商、招商工作，实现外贸平稳发展。三是加大对外贸企业服务力度。跟踪涉税企业，排摸情况，了解企业的实际困难和问题，继续开展系列培训等举措，帮助企业解决困难，转危为安，转危为机。

2. 承接和放大进口博览会溢出效应

一是做好对接服务工作。根据统一部署，做好对接服务第三届进口博览会各项相关工作，提前开展采购摸底，梳理金山区进口企业采购需求，将采购责任落到实处。二是促进订单全面落地。进一步开展展后的贸易对接会、配套活动等，确保实现精准对接和有效采购。三是打造交易服务平台。发挥金山区贸易促进平台作用，申报建设“6 天+365 天”一站式交易服务平台，提供进口商品展示交易服务，放大进口成交。

3. 促进外贸转型高质量发展

一是培育品牌企业。重点关注和培育金山区重点进出口企业、新贸易企业和自主品牌企业，引导和支持金山区外贸企业开展出口自主品牌建设、外贸产品创新和研发设计，切实提升产品质量和效益，加快培育以技术、品牌、质量、服务为核心的外贸竞争新优势。二是加快发展外贸新业态。加大力度促进离岸和转口贸易发展，探索发展服务贸易新模式。三是推动贸易便利化。强化窗口服务，实施技术进出口备案等事项的零跑动，主动对接市相关部门，推动上海国际贸易“单一窗口”在金山区外贸企业推广应用。

（二）外资工作展望

1. 强化机制建设，实现准入更科学、高效、快捷

尽快出台《关于优化产业项目评估的指导意见》，进一步下放权限，优化流程。开展专项课题调研，针对标准厂房、新出让工业用地、项目准入等热点问题，进行专题调查研究撰写调研报告，以数据说话为后续准入提供依据。继续推进第三方专家评估，同时加强与评审专家衔接，全面客观体现项目质量，明确准入意见，避免项目误判。规范对企业投资的备案行为，对新建、改扩建、租赁、技改等进行网上备案的项目深入审查，加强项目监管。

2. 聚焦项目推进难点，实现服务更精准、及时、到位

一是办好集中开工活动，根据重点项目推进进度，营造上下联动、共凝合力，加快推进产业项目开工建设的良好氛围。同时进一步宣传金山区产业发展形象，打造招商品牌。二是协调解决项目实际困难，会同金山区规划和自然资源局，进一步加大与上海市经济和信息化委员会、上海市规划和自然资源局的协调力度，有效解决项目遇

到的优质项目认定、用地指标实际困难，确保项目尽早开工，早日投产达效。三是继续聚焦重点项目建设，对于推进滞后的项目，分析原因，找准对策，加快项目推进。

3. 加强外资服务，对外开放更广、更深、更有效

一是贯彻落实《外商投资法》，积极转变工作思路。2020年《外商投资法》将正式实施，《外商投资法实施条例》即将颁布，将根据法律法规精神以及部门的要求，深刻理解商务部门职能转变的方向，积极转变工作思路，切实贯彻落实好新法宣贯工作。审批常态化管理为契机，加强对重点产业园区外资招商支持力度。二是加强重点外资企业服务，着眼聚焦百岳特生物科技(上海)有限公司、立邦工业涂料(上海)有限公司等大型外资企业改扩建项目和研发中心创建等工作，加强走访和服务力度，跨前一步，做好服务。三是充分利用外资利好政策，提升外资利用水平。将鼓励企业充分利用市区两级专项政策，通过摸底梳理区内现有外资企业发展情况，鼓励并支持符合条件的外资企业进行研发中心和跨国公司地区总部认定，并将外资总部和研发中心工作纳入对镇(工业区)考核，争取创建1—2个地区总部和研发中心。

第十三节　松　江　区

一、2018—2019年松江区国际经贸发展情况

(一) 外贸发展情况

2018—2019年，松江区实现货物进出口额分别为2 791亿元和2 703亿美元，同比下降7.8%、3.1%，其中货物进口额分别为871亿元和798亿元，同比下降1.0%、8.4%；货物出口额分别为1 920亿元和1 905亿元，同比下降10.6%、0.8%，占上海市出口总额的14.0%、13.9%(图13.26)。2019年，从出口份额来看，松江区三资企业完成1 734亿元，同比下降1.2%，占松江区91.0%；自营企业完成171亿元，同比上升3.6%，占松江区9.0%。加工区完成1 336亿元，同比下降0.2%，占松江区70.1%。

1. 从商品结构来看，主要以机电产品、塑胶化工等为主

2018年，出口额排名前5位的为机电产品、塑胶化工、贱金属及其制品、光学医疗和纺织服装。2019年，松江区出口商品结构方面以电子信息为主，由于松江区外贸市场主体集中度较高，出口商品类型也比较集中，近七成的出口商品为电子信息类(包括电脑及零部件、集成电路、液晶显示板等)，第二、第三大门类分别为电工器材和汽车零配件，占比仅为2%—3%。2019年全部出口商品中，高技术产品出口额为1 393亿元，占松江区出口总额的73.1%。

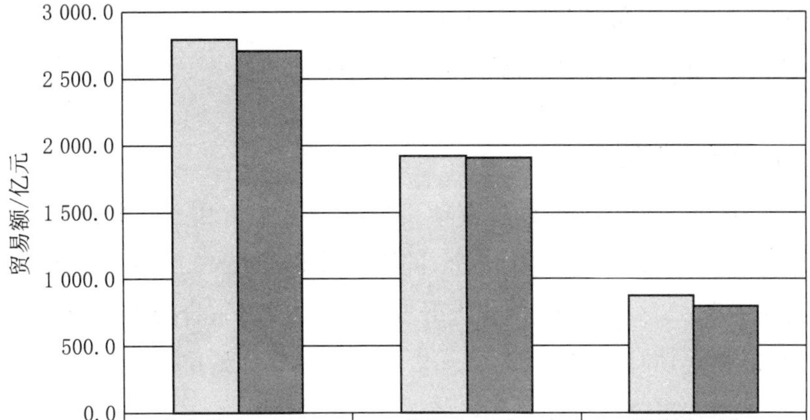

	货物进出口额	货物出口额	货物进口额
2018年/亿元	2 791.0	1 920.0	871.0
2019年/亿元	2 703.0	1 905.0	798.0

图 13.26　2018—2019 年松江区外贸进出口情况

2. 从贸易方式来看，一般贸易占出口总额比重有所提升

2018 年，松江区一般贸易出口额为 441 亿元，占松江区出口总额比重从 2017 年的 20.4%提升至 23.0%。2019 年，松江区贸易方式仍以加工贸易为主，由于外贸体量较大的企业大部分位于出口加工区内，主要从事加工制造业务，2011 年以前加工贸易出口额占比曾超过 90%，此后逐渐下降，2019 年加工贸易出口额达到 1 446 亿元，占比为 76%。

3. 民营企业呈现较强贸易活力，外资企业进出口占主体

2018 年，松江区民营企业进出口额、出口额、进口额分别为 246 亿元、165 亿元、81 亿元，同比增速分别为 18.3%、14.9%和 25.7%。2019 年，松江区外贸市场主体集中度较高，从事出口和进口业务的企业分别为 2 654 家和 2 466 家，其中出口额超过 1 亿元的企业 134 家，绝大部分是外资企业，外资企业出口额为 1 682 亿元，即包括上海广达集团有限公司、国基电子(上海)有限公司、台积电(中国)有限公司、豪威半导体(上海)有限责任公司、宜家物流服务(中国)有限公司、庄信万丰(上海)化工有限公司等主要出口企业在内的前 5%企业贡献了近九成的出口额，仅上海广达集团有限公司一家企业占松江区出口总额的比重就超过六成。

4. 对新兴和发展中市场进出口保持较好势头

2019 年，松江区出口国家和地区方面，呈现多元化特征。虽然美国仍然是松江区第一大贸易伙伴国，但规模和占比都有所下降，对美出口额为 725.1 亿元，同比下滑 7%。与之形成对比的是，对欧盟、日本、东盟三大市场的出口额分别增长 3.2%、

6.1%、10.6%，占出口额的比重分别达到20.1%、9.8%、7.5%。在“一带一路”带动下，松江区对“一带一路”沿线国家的出口额也同比增长0.2%，达到274亿元。

（二）外资发展情况

2018—2019年，松江区新设外资项目分别为384个和615个，同比上升94.9%、60.2%；增资项目分别为65个和91个，同比上升6.6%、40.0%；共引进投资总额分别为17.8亿美元和13.2亿美元，同比上升91.5%、−25%；合同外资金额分别为7.4亿美元和8.9亿美元，同比上升79.5%、19.1%；实际外资到位资金分别为3.2亿美元和2.6亿美元，同比增长87.0%、−17.3%（图13.27）。

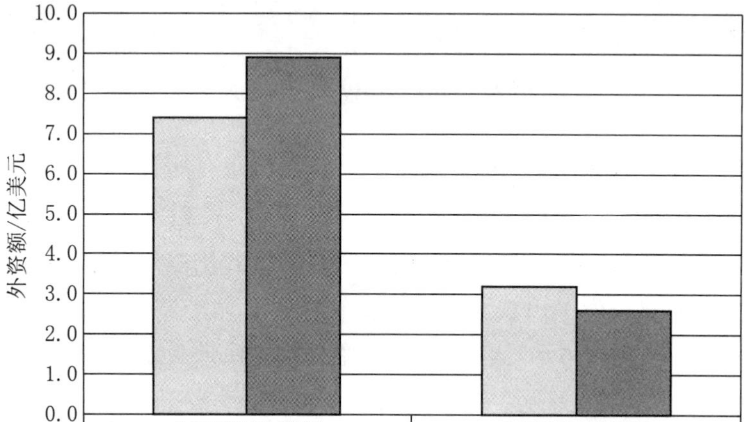

	合同利用外资额	实际利用外资额
2018年/亿美元	7.4	3.2
2019年/亿美元	8.9	2.6

图13.27　2018—2019年松江区利用外资情况

截至2019年底，松江区跨国公司地区总部累计达13家，2019年新增认定4家；累计培育外资研发中心26家，其中2019年新增6家；累计有70余家外资企业成功创建企业技术中心，培育40余家外资“专精特新”企业。

二、2018—2019年松江区国际经贸主要工作

（一）外贸主要工作

1. 做好外贸企业服务

2019年会同松江区海关、综合保税区等部门，共同做好通关便利等各项企业服

务工作。与上海市商务委员会、松江区海关、松江区税务局、中国出口信用保险公司等单位共同举办多场外贸企业政策宣讲会。2019 年为 226 家企业争取到上海市级稳外资稳外贸多元化资金。组织 15 家松江区重点新材料企业组团参展中国国际工业博览会新材料产业展。

2. 开展外贸运行监测

开展重点外贸企业运行跟踪，按季组织相关外贸企业填报进出口同比增速预测表，2019 年实地调研和问卷调研企业 220 余家，撰写《关于中美贸易摩擦升级对松江区进出口影响情况分析的报告》《关于美方新加征关税措施对松江区外向型经济影响的情况汇报》等 4 份外贸运行专题报告。建立清单涉及企业数据库、“一带一路”进出口企业数据库、高技术产品数据库等。

3. 承接进口博览会溢出效应

在进口博览会领导小组指挥下，制定保障对接总体方案、松江区交易分团交易采购方案、进口博览会溢出效应承接工作方案，组织企业参会采购，统筹做好商务外事领域对接联络工作。2018—2019 年，松江区交易分团采购订单分别为 92 笔、88 笔，采购金额分别为 11.5 亿元、12.4 亿元，规模居上海市前列。协调支持上海基森仓储有限公司、上海虹桥自贸城跨境电子商务有限公司两家企业申请加入进口博览会四大联盟、“6 天＋365 天”交易服务平台。

（二）外资主要工作

1. 强化招商引资

在 G60 科创走廊产业政策中，率先提出利用外资专项支持、外资研发中心发展专项支持等政策，以进一步扩大利用外资。2019 年，为蒂森克虏伯电梯（上海）有限公司、亚得克测试仪有限公司等重点项目提供工业用地，计划总投资约 30 亿元，上海凸版有限公司、恩梯恩（中国）投资有限公司、王力咖啡（上海）有限公司等 6 家企业出席上海市政府外资项目签约仪式。举办 G60 科创走廊“松江区制造”要素对接德国“工业 4.0”、G60 科创走廊要素对接日资企业等活动，挖掘外资企业投资机会。

2. 引导增容扩产

支持东陶（上海）有限公司、赫斯可液压（上海）有限公司等外资企业改扩建。支持真诺测量仪表（上海）有限公司、汉升密封科技（上海）有限公司等外资企业提高容积率减免增容费。协调上海凸版有限公司、上纬新材料科技股份有限公司等外资企业的战略留白项目获得市“三委两局”立项批复。支持百事食品二期改扩建，支持达丰(上海)电脑有限公司、复盛实业(上海)有限公司等外资企业获得市、区两级技术改造资金扶持。

三、 2020 年松江区国际经贸发展工作展望

(一) 外贸工作展望

1. 加强项目引进力度

站在 G60 科创走廊产业发展全局,使外贸领域项目和其他产业项目形成较为完备的产业链。用好松江综合保税区的平台优势和存量载体资源,以综合保税区为主体、区级层面通力合作,着力引进一批高端制造业项目、保税维修再制造项目、生物医药等领域贸易平台项目、物流分拨中心项目,争取打造出具有国际影响力的专业贸易平台。用好 G60 科创走廊相关扶持政策,支持综合保税区内存量企业增资扩产,统筹做好稳外资、稳外贸、稳投资、稳增长工作。

2. 加强企业服务力度

继续在松江区海关、税务等部门的大力支持下,协调做好外贸企业的相关服务工作,使更多的企业享受到更高的出口退税效率、更好的外汇收支便利化水平、更大的出口信用保险支持力度、更优的口岸营商环境。继续帮助企业对接上海市商务委员会、上海市国际贸易促进委员会、中小企业经贸摩擦服务平台、银行、各类国际展会等渠道资源,引导松江区外贸企业开拓多元化国际市场,加强风险防范与应对。

3. 加强运行监测力度

常态化开展企业实地调研、微信电话调研,进一步加强对重点领域和重点企业的日常运行跟踪,做好与上海市商务委员会、松江区海关、税务、综合保税区等部门的工作协同和数据对接,每季度编制外贸形势分析报告。

(二) 外资工作展望

1. 进一步挖掘外资项目

挖掘“6+X”产业链中的价值链环节,梳理松江区相关产业的有利资源,主动出击招引细分领域优质企业。与市级部门、各类行业组织、知名外资中介机构等建立合作关系,拓展外资企业项目来源。排摸引导存量外资企业增资扩股、增容扩产,以“店小二”的姿态和效率做好配套服务工作。

2. 进一步做好安商稳商

严格落实《外商投资企业法》,根据权限开展外商投资促进、保护和管理相关工

作。区镇分工，紧盯重点外资企业，以优质的营商环境和主动的企业服务化解外资企业产能转移风险，增强企业在松江区投资发展的信心。及时传递各类政策信息，主动为外资企业协调解决各类问题、争取市级部门相关扶持。

3. 进一步加强运行监测

进一步加强外资企业运行跟踪，常态化开展重点外资企业实地调研、微信电话调研，做好与相关部门的工作协同和数据对接。制定重点外资企业库。

第十四节　青　浦　区

一、 2018—2019 年青浦区国际经贸发展情况

（一）外贸发展情况

2018—2019 年，青浦区货物进出口额分别完成 761.3 亿元和 768.4 亿元，同比增长 0.2%、0.9%，虽然受到中美贸易摩擦、重点企业搬迁等诸多不利因素的影响，但外贸总体承受住了压力，应属不易。其中，货物出口额分别为 415.1 亿元和 431.4 亿元、同比增长 −1.8%、3.9%；货物进口额分别为 346.2 亿元和 337.0 亿元，同比增长 2.7%、−2.7%（图 13.28）。

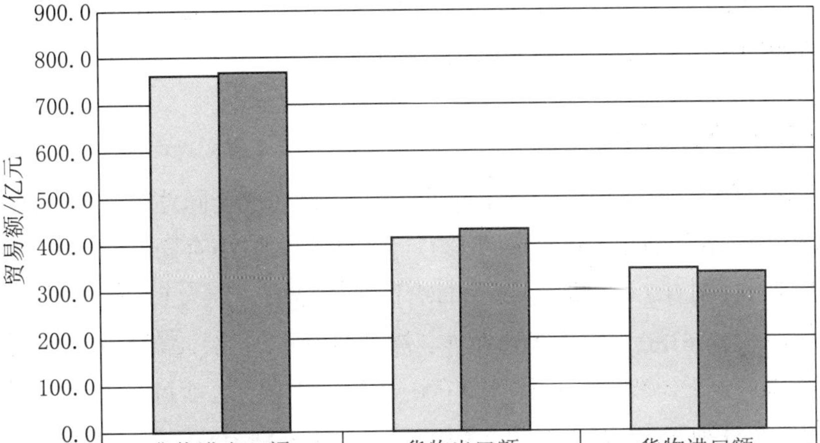

	货物进出口额	货物出口额	货物进口额
2018年/亿元	761.3	415.1	346.2
2019年/亿元	768.4	431.4	337.0

图 13.28　2018—2019 年青浦区货物进出口情况

1. 从贸易结构看，一般贸易占比不断提高，显示贸易结构持续优化

2018—2019 年，青浦区一般贸易进出口额分别完成 548.3 亿元和 537.6 亿元，同比增长 4.2%、−1.9%，分别占进出口总额的 72.7%、70.3%，占比同比提高 3 个百分点和下降 1 个百分点；加工贸易进出口额分别完成 177.7 亿元和 203.5 亿元，同比增长−13.4%、14.5%，占进出口总额的 23.6%、25.1%。

2. 从经营主体看，民营企业引领增长，对全区外贸增长贡献持续提升

2018—2019 年，青浦区民营企业进出口额分别完成 275.6 亿元和 270.2 亿元，同比增长 15.0%、8.8%，占比分别为 36.2%、39.1%，同比提高 4.7 个百分点和 2.8 个百分点。2018 年，外资企业完成进出口额 406.1 亿元，同比下跌 9.2%，占比53.4%，仍占据全区外贸的半壁江山。2019 年，青浦区民营企业出口额 191.7 亿元，同比增长 15.9%，进口额 108.2 亿元，同比下降 1.7%；民营企业在全区进出口总额中占比由上年的 36.3%上升为 39.1%，上升了 2.8 个百分点；从总量分析，占青浦区进出口主体的仍是外资企业，占比 50.3%。

3. 从贸易市场看，美国、日本、欧盟、东盟等为主要市场

2019 年，青浦区进出口涉及 202 个国家和地区，其中出口市场涉及 193 个国家和地区，进口市场涉及 128 个国家和地区；美国、日本、欧盟、东盟是青浦区最主要的进出口贸易市场，占比 63.3%；全区对传统贸易市场进出口额出现下降，除东盟外，对美国、日本、欧盟进出口额分别为 115.9 亿元、97.5 亿元和 155.6 亿元，分别同比下降 15.1%、12.3%和 8.2%，对四大传统贸易市场合计进出口额同比下降 3.7%，其中出口额同比下降 0.7%，进口额同比下降 7.0%。

（二）外资发展情况

2018—2019 年，青浦区外资招商进一步提升，完成合同外资金额分别为 9.0 亿美元和 14.0 亿美元，分别达考核目标的 129%和 100.1%，其中合同外资金额在 1 000 万美元以上大项目分别有 24 个和 31 个，合计合同外资金额分别为 6.8 亿美元和 11.4 亿美元，占比为 75.3%、81.8%；完成实到外资金额分别为 6.2 亿美元和 8.0 亿美元，分别达考核目标的 123.7%、100%，其中 16 个 1 000 万美元以上的大项目分别为 16 个和 23 个，合计到位资金分别为 5.6 亿美元和 6.3 亿美元，占比分别为 90.1%、78.6%(图 13.29)。

1. 按照产业分类划分

2018—2019 年，青浦区制造业引进合同外资金额分别为 21 383 万美元和 29 562.4 万美元，占比分别为 23.7%、21.1%，其中：新批项目分别为 7 个和 19 个，合同外资金额分别为 1 528.5 万美元和 7 909 万美元；增资项目分别为 7 个和 21 个，合同外资

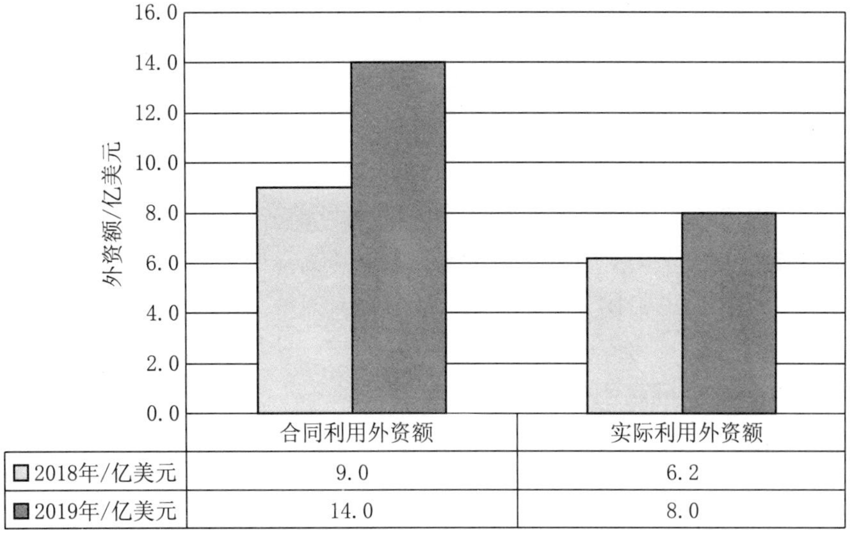

图 13.29　2018—2019 年青浦区利用外资情况

金额分别为 19 855.4 万美元和 21 653.4 万美元。服务业引进合同外资金额分别为 68 949.7万美元和 110 589.2 万美元，占比分别为 76.3%、78.9%，其中：新批项目分别 98 个和 135 个，合同外资金额分别为 35 672.4 万美元和 52 960.8 万美元；增资项目分别 44 个和 39 个，合同外资金额分别为 33 277.3 万美元和 57 628.4 万美元。

2. 按照国家和地区划分

2019 年，青浦区有来自 32 个国家和地区的投资者投资。其中，来自中国香港的投资项目数和合同外资金额(参照外资)均居首位，69 个项目(含增资)吸引合同外资金额 93 265.3 万美元，占比为 66.5%；来自中国台湾和日本的投资项目数和合同外资金额分别居第二位、第三位，项目数分别为 32 个、25 个，合同外资金额分别为 2 477.1 万美元、2 125.6 万美元。

二、 2018—2019 年青浦区国际经贸主要工作

（一）推进对外开放，持续放大进口博览会溢出效应

2019 年，全力服务保障第二届进口博览会顺利召开。一是优化交易分团架构。组建由区长任团长、分管副区长任副团长的工作架构，搭建“1＋4＋18＋X”立体交易保障体系，18 个工作小组以“专员跟单”模式推进每一笔预排摸订单落地。二是实现分团双超目标。青浦区交易分团顺利完成“双超”目标，注册观众 16 449 人，超出首届 18%，现场协议成交金额 4.7 亿美元，超出首届 22%，排名上海市第二位；签下上海交易

团首日大单。三是激发平台集聚效应。2019年新推荐的5个“6天+365天”展示交易服务平台均获认定,平台总数位居上海市第一位;组织平台积极发挥采购作用,89%现场成交金额均来自平台;在2019年11月8日集中采购仪式上,3个平台入驻4个海外商协会机构,4个平台与近20家参展商达成采购意向协议。四是创新推动贸易便利化。创新运用综合保税区保税仓功能延伸,打通绿地全球商品贸易港保税展示销售通道,实现贸易便利升级。五是积极开展经贸交流。进口博览会期间,接待德国奥特瑙、卢森堡等6批外国经贸团组以及中国女企业家协会等国内团组,累计接待中外嘉宾近200名。

(二)合力推动招商引资取得新成效

2019年,聚焦招商引资,加快重大项目落地见效。一是重大项目纷纷落地。洽谈对接重点项目超过30个,先后与英富曼企业管理(上海)有限公司、海克斯康鹰图中国香港有限公司、国核资本控股有限公司、天翼智慧家庭科技有限公司、影谱科技股份有限公司、普华永道等13个项目签约;进口博览会期间与参展商海克斯康鹰图中国香港有限公司签署战略合作协议并现场颁发营业执照。二是形象推介持续发力。参加上海城市推介大会,通过上海市平台发布4条特色经贸路线和5场推介活动;联手举办长三角生态绿色一体化发展示范区誓师大会暨产业项目启动仪式,支持举办企业平台为主的8场招商宣传。三是招商活动有序开展。制定分赴北京、广州、浙江等方向的招商考察方案,加强重点项目考察对接;与长三角兄弟城市友好互联,先后参与接待江苏省工商业联合会、嘉善县政治协商会议、南浔区人民政府等来青浦区调研活动;主动对接环意自行车赛事等品牌展会活动,加强主题招商。四是促进楼宇和总部经济。推荐14家民营企业成功申报第二批上海市民营企业总部;推荐上海荣泰健康科技股份有限公司等6家企业申报上海外贸自主品牌示范企业;开展全区楼宇摸底调研,梳理出70幢办公楼宇,细化楼宇面积、租赁情况和入驻企业等楼宇数据库。

三、2020年青浦区国际经贸工作展望

(一)办好第三届进博会,持续放大溢出带动效应

1. 服务保障第三届进口博览会

制定第三届进口博览会工作方案,确保展会保障安全有序;大力推进西虹桥区域已拿地的社会投资项目建设,尽快展示青浦区形象。

2. 做强做实“6天+365天”平台

做大做强9家“6天+365天”常年展示交易平台,促进绿地全球商品贸易港等平

台打响品牌、提质增效；持续推进海外贸易组织办公平台的建设，吸引海外商协会和国际组织入驻办公。

3. 打造贸易投资促进平台

参与 2020 上海城市推介大会，提升青浦区影响力；策划并深耕进口博览会特色投资促进参观路线。

4. 推进“会商旅文体”联动发展

对接进口博览会为主题的常态化精品旅游路线，向西承接展会、旅游、购物、体验等联动效应。

5. 建设国际会展之都重要承载区

落实上海市会展业条例，修订会展业扶持资金政策，推进各项政策落实实施；加快完善会展产业、平台贸易、国际交流、商品集散等配套服务，更大力度发挥展会对贸易投资消费的促进作用，建设国际会展之都重要承载区。

（二）聚焦外资外贸，助力外向型经济

1. 优化外资外贸企业发展环境

全面落实《外商投资法》、上海市级促进外商投资“26 条”及负面清单，扩大服务业开放领域；落实稳外贸“30 条”，稳定进出口规模，支持企业开拓多元化市场；贯彻好疫情期间相关外资外贸政策方针，加快出台区级促进外资专项政策；鼓励企业在青设立贸易型总部；支持中国国际贸易促进委员会上海市分会为企业开具不可抗力实施性证明，减轻疫情影响，帮助企业稳定产业链；持续推进政企合作圆桌会议，提高外资外贸企业问题解决率。

2. 推进综合保税区高质量发展

研究并落地实施综合保税区政策，促进会展商贸与保税服务、跨境电子商务、融资租赁等业务深度融合，扩大保税维修再制造业务规模，争取更多政策先行先试。

3. 促进外向型经济创新发展

关注数字贸易、服务贸易、进口贸易、跨境电子商务等新兴产业经济，承接虹桥商务区建设机遇，引入或培育高能级产业平台；提升投资和贸易自由化、便利化水平，吸引更多国外企业、商会及国际非政府性组织等在青浦区设立贸易总部、办事处和商品展示基地。

（三）强化招商引资，创新工作模式

1. 加强统筹招商资源

梳理 2020 年可以出让的商业办公用地；进一步发展楼宇经济，推进企业注册落

地，提高单位产出，争取新增 2 幢亿元楼宇；制定"一楼一策一方案"，加快推进楼宇招商管理一体化模式；逐步完善投资促进项目库、投资促进资源库、投资促进活动库等数据动态更新。

2. 加大招商引资力度

坚持"一把手"工程。发挥属地主动积极性，拓展"不见面"招商、"连线"洽谈、"线上"服务等新招商模式；开展"5＋2＋6"招商计划，5 即举办 5 场招商推介活动，2 即组织 2 批次境外招商考察，6 即开展 6 批次国内项目考察；着力吸引高附加值现代服务业，聚焦云服务（包括 IaaS、PaaS、SaaS 等模式）、数字内容平台、数字服务应用等领域；落实主导产业布局规划，积极开展市西软件信息园、西虹桥会展商贸等主题招商；围绕上海海思技术有限公司、海克斯康集团、网易（上海）网络有限公司等龙头企业开展产业链招商；与普华永道等知名服务机构企业开展战略合作，拓展招商有效资源。

3. 强化招商队伍建设

加强由下而上的招商队伍建设，建立区、镇、公司三级招商网络平台；树立人人都是招商员的理念，做好相关产业培训；加强招商人才队伍建设，结合指标考核进一步探索相关招商激励机制。

第十五节　奉　贤　区

一、 2018—2019 年奉贤区国际经贸发展情况

（一）外贸发展情况

2018—2019 年，奉贤区货物进出口额分别为 876.1 亿元和 851.7 亿元，同比增长16.8%、－2.8%。其中进口额分别为 387.6 亿元和 393.9 亿元，同比增长 28.6%、1.6%；出口额分别为 488.6 亿元和 457.8 亿元，同比增长 8.8%、－6.3%（图 13.30）。

2018—2019 年，奉贤区外商投资企业出口额分别为 256.4 亿元和 256.4 亿元，占出口总额的比重均为 52.5%。奉贤区一般贸易出口额分别为 322.8 亿元和 292.6 亿元，同比增长 14.6%、－9.4%；加工贸易出口额分别为 139.9 亿元和 132.9 亿元，同比下降 3.9%、5.1%；其他贸易方式出口额分别为 25.8 亿元和 32.4 亿元，同比增长 19.3%、25.4%。对其出口额位列首位的国家为美国，对其出口额排名前列的地区是亚洲、欧洲、北美洲。

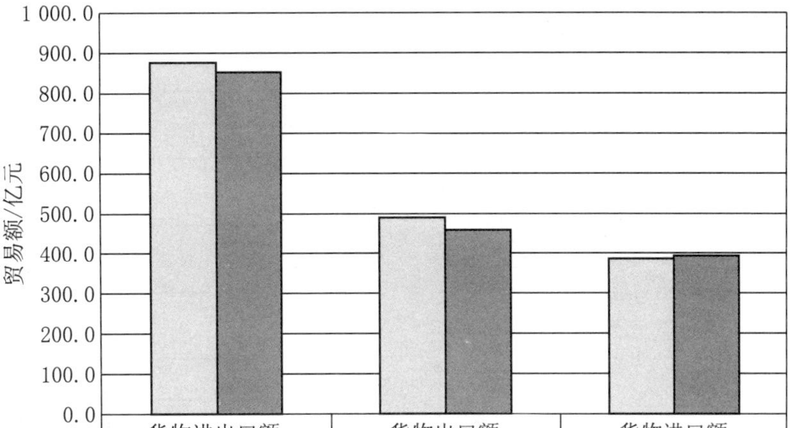

	货物进出口额	货物出口额	货物进口额
2018年/亿元	876.1	488.6	387.6
2019年/亿元	851.7	457.8	393.9

图 13.30　2018—2019 年奉贤区外贸进出口情况

2019 年奉贤区出口额下降原因主要在于产能转移、部分注册型企业状态异常和中美经贸摩擦影响等。其中,部分出口大户转移产能及注册型企业毫无征兆的断崖式下降是引起奉贤区外贸出口额急剧下降的主要因素,中美经贸摩擦并非主因。一方面,产能转移,如先锋高科技(上海)有限公司已提前布局,将大部分订单转移至泰国等东南亚国家工厂进行生产出口,2019 年出口额下降 60%。协鑫集成科技股份有限公司 2018 年 12 月起由江苏子公司直接自行出口,不再经过上海母公司。另一方面,部分注册型企业状态异常。如上海佩臻贸易有限公司在维持一年多的高出口高增幅后,目前处于税务清算状态(无出口退税业务),而且无法取得联系。

(二)外资发展情况

2018—2019 年,奉贤区新批准外商直接投资合同项目分别为 642 个和 751 个,同比增长 49.7%、17.0%;吸引合同外资金额分别为 9.8 亿美元和 10.6 亿美元,同比增长 43.9%、8.2%;实到外资金额均约为 2.8 亿美元,同比增长 0.1%、0.5%。第三产业合同外资比重增加,第二产业吸收合同外资金额分别为 1.4 亿美元和 0.6 亿美元,比重为 14.4%、5.3%;第三产业吸收合同外资金额分别为 8.4 亿美元和 10.0 亿美元,比重为85.6%、94.7%。批准总投资在 500 万美元以上的外商直接投资项目分别为 31 项和 38 项,合计合同外资金额分别为 5.9 亿美元和 6.9 亿美元,占总合同外资金额的比重达60.2%、64.7%。投资项目数方面,从国家和地区看,2018 年中国香港(142 个)、中国台湾(128 个)、韩国(81 个)位列前三位;2019 年中国台湾(164 个)、中国香港(125 个)、韩国(70 个)位列前三位(图 13.31)。

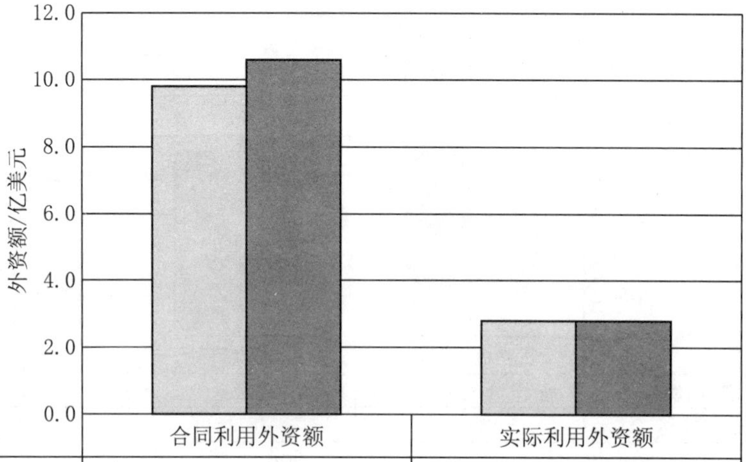

	合同利用外资额	实际利用外资额
2018年/亿美元	9.8	2.8
2019年/亿美元	10.6	2.8

图 13.31　2018—2019 年奉贤区利用外资情况

二、 2018—2019 年奉贤区国际经贸主要工作

(一) 外贸主要工作

1. 迅速落实,完善外贸工作机制

一是强化区镇两级外贸企业对口联系机制。2018 年以来,在原有的外贸企业对口联系人制度基础上,下发各辖区对美贸易企业名单,要求各镇开发区进一步加强与重点企业及经济委员会的紧密联系,特别是关注企业订单、投资、用工变化等方面影响,以及企业对政府的意见建议。二是强化外贸企业监测工作机制。要求各镇开发区明确联系人,持续跟踪重点企业订单、产能、就业以及盈亏等方面变化。加强奉贤区产业和企业经济运行状况监测,对经营情况出现重大变化的企业,做好协调服务工作。三是加强外贸运行分析机制。深度分析外贸进出口数据,全面及时地反映奉贤区外贸运行情况、准确地预测进出口走势。

2. 精准发力,积极落实外贸政策

一是扩大出口信用保险政策覆盖面。奉贤区积极落实外贸 20 条文件精神,加强与中国出口信用保险上海分公司的合作,加强信保政策的宣传推介,充分发挥政策性保险为奉贤区外贸企业拓宽国际市场保驾护航的作用。二是积极宣传,加强财政资金引导。积极宣传中央、市级各项外经贸政策，通过财政资金引导，帮助企业改善出口现状，为企业经营提振信心。组织奉贤区重点外贸企业申报上海市市场多元化专项资金。着手落实区外资外贸发展政策。三是大力推动外贸转型升级。积极推动奉贤综合保税区跨境电子商务示范园区申报工作，鼓励跨境电子商务等新型贸易形态在奉贤综合保税区的发展。顺利举办“东方美谷”“美谷美购·跨境购”活动。邀请亚马逊、eBay 等知名跨境电子商务平台做现场推介，并与区内有跨境出口需求的企业进行精准对接。

3. 圆满完成第二届进口博览会“双超”任务

一是精心搭建进口博览会工作框架。第一时间组建了奉贤区交易分团，制定奉贤区工作方案、工作制度，搭建奉贤区迎进博指挥部服务保障体系，成立“迎进博工作领导小组”和“服务保障指挥部”。二是广泛组织专业观众注册登记工作。2019 年，奉贤区共 1 286 家单位注册成功，其中企业单位 1 080 家，占比 84.0%，同比增长 57.2%；发放专业观众证件 8 536 张，同比增长 24.4%。三是扎实推进采购摸底、有序开展意向采购成交工作。截至 2019 年 11 月 10 日，奉贤区交易分团达成的采购意向订单金额累计 2.3 亿美元，同比增长 18.2%，成交产品涉及食品、农产品、装备、科技产品、医疗器械、服务等。四是成功申报首家“6 天＋365 天”交易服务平台。奉贤区推荐的辉展果蔬市场 360 平台荣获“6 天＋365 天”交易服务平台授牌。五是精心谋划投资促进活动，积极打造参观线路。结合奉贤区特色，因地制宜开展“1＋1＋X”系列活动。

（二）外资主要工作

1. 做好外资运行监管工作，加强利用外资统计工作

2019 年，根据上海市商务委员会更新的新版报表制度，认真编制 2019 统计报表报送操作指南，督促新设企业及时履行上报义务。年初结合 2018 年联合年报数据，与上海市商务委员会积极沟通并调整确定市级重点外资企业和区级重点外资企业，目前正常上报企业 1 500 家左右，区属重点企业上报率维持在 90%以上。同时做好三资企业经营、实际利用外资等各类月报的汇总、分析、编制和报送工作，全面及时地反映奉贤区外商投资企业运行和实际利用外资情况，为领导决策提供有效信息。完成 2019 年度外商投资企业联合年报工作。

2. 配合审改办和行政服务中心，大力推进“放管服”工作

配合审改办完成了网上办事事项梳理、窗口业务梳理、一网通办、无科层管理等工作。大力配合行政服务中心积极推进“综窗受理”等模块建设工作。

3. 认真完成进口博览会奉贤区交易团办证工作

及时对接上海市交易团及城市保障小组，做好注册办证各项工作。完成车证人证的办理，做好交易团 VIP 人员的统计和标注工作。截至 2019 年 9 月底，共完成企业审核 1 000 多家，人员办证近 9 000 人。

三、 2020 年奉贤区国际经贸发展工作展望

（一）外贸工作展望

1. 加强部门协作，提升服务能级

与海关、税务、财政等相关部门加强沟通联系，建立相关协调机制，积极解决企业的困难和问题，形成帮扶企业的合力。并通过联合召开政策宣讲会、联合走访等形式，全方位服务企业。各相关部门共同形成支持外贸发展的良好氛围，提高服务便利度，着力营造有利于外贸企业良性发展的制度环境，降低企业发展的制度成本。

2. 鼓励、支持外贸转型发展

支持奉贤综合保税区尽快申报上海市跨境电子商务示范园区，鼓励跨境电子商务等新型贸易形态在奉贤综合保税区的发展。大力吸引平台型、综合性的商贸企业，特别是跨境电子商务企业。引进大型电子商务平台、国内外知名品牌商店的专业网站、电子商务企业入驻综合保税区发展，形成电子商务发展的新高地。加强培育引导，积极开拓多元市场。鼓励品牌企业依托质量和技术优势拓展外贸业务，鼓励企业调整产品结构，提高出口产品档次和附加值，加强品牌建设，提升自身产品的不可替代性和国际竞争力。鼓励和支持企业参加广交会、进口博览会等专业展会和非商业性展会，加大开拓新兴市场，融入"一带一路"沿线区域市场建设，降低对单一市场的依赖度。

3. 加强预警工作和政策保障

要求各镇开发区建立外贸企业重大事件报告制度，提前掌握风险点。对涉及企业转移和外迁的重大动向、重大问题要及时报告。积极宣传中央、市级各项外经贸政策，通过财政资金引导，帮助企业改善出口现状，为企业经营提振信心。组织奉贤区重点外贸企业申报上海市市场多元化专项资金。进一步扩大信保政策覆盖面，为广大中小外贸企业"走出去"拓宽国际市场保驾护航。

（二）外资工作展望

1. 完成 2019 年外商投资企业联合年报数据分析工作

加强月报年报统计分析和深度利用，做好年报和存量调查数据的审核、汇总和分

析，在此基础上完成运营报告撰写、联合年报和存量调查工作总结等。继续做好外资统计报送制度和常态化跟踪督查机制。

2. 做好外资备案的把关和主动服务

对于外资生产型企业股权变更，在依法行政的前提下，要按照区里存量工业用地用途管理、产业结构调整等的要求严格把关，配合做好奉贤区不断提升产业发展水平和产业用地效率的工作。积极与招商办沟通，了解其项目库中的外资项目，做到主动了解，提前服务。

3. 加强外商投资事中事后监管职能

在行业准入不断放开的前提下，做好备案后的监督、检查和服务工作。继续配合完成审改办、法制办、行政服务中心、信息委等部门推进审改中的各项工作。

第十六节　崇　明　区

一、 2018—2019 年崇明区国际经贸发展情况

（一）外贸发展情况

2018—2019 年，崇明区货物进出口额分别为 56.7 亿元和 86.9 亿元，同比增长 45.3%、53.3%，其中货物出口额分别为 26.1 亿元和 48.2 亿元，同比上升 20.1%、84.3%；货物进口额分别为 30.6 亿元和 38.7 亿元，同比增长 77.0%、26.8%(图 13.32)。

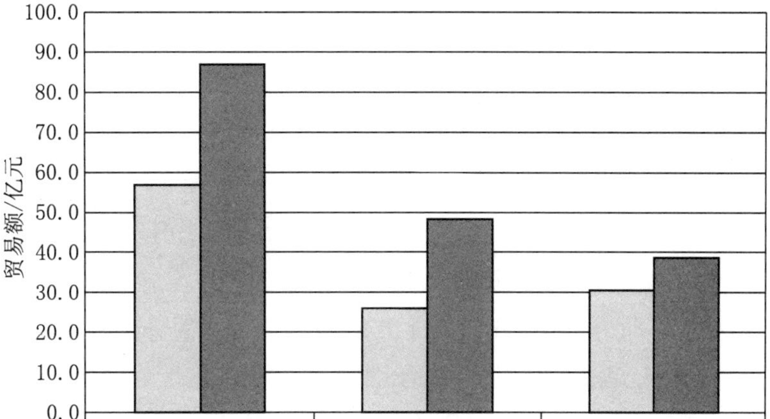

	货物进出口额	货物出口额	货物进口额
2018年/亿元	56.7	26.1	30.6
2019年/亿元	86.9	48.2	38.7

图 13.32　2018—2019 年崇明区外贸进出口情况

2019年，上海华润大东船务工程有限公司、上海中远海运重工有限公司转变以前只做相对低端的一般贸易船舶修理，为进料加工贸易的船舶修理，对接更加高端的客户，因此经营状况逐步改善，上海纽渡国际物流有限公司经营状况良好，所以2019年外贸进出口增幅较为明显。

1. 从贸易类型来看

2018—2019年，崇明区一般贸易进出口额分别为7.8亿元和9.7亿元，同比增长−81.7%、24.5%，比重分别为13.8%、60.7%，其中出口额分别为4.5亿元和24.9亿元，同比上升−74.0%、44.1%，比重分别为17.2%、51.6%，进口额分别为3.3亿元和27.9亿元，同比增长−87.0%、11.1%，比重分别为10.8%、72.0%；加工贸易进出口额分别为6.9亿元、34.0亿元，同比增长−38.9%、202.4%，比重分别为12.2%、39.1%，其中出口额分别为5.8亿元和23.2亿元，同比分别上升−33.8%、166.0%，比重分别为22.2%、48.3%，进口额分别为1.1亿元和10.8亿元，同比增长−56.6%、329.1%，比重分别为3.6%、27.8%。

2. 从进出口商品结构来看

2018—2019年，崇明区机电、音响设备及其零部件进出口额分别为13.0亿元和38.6亿元，同比上升86.0%、197.8%，其中出口额分别为6.5亿元和23.8亿元，同比上升82.2%、266.5%，进口额分别为6.5亿元和14.8亿元，同比上升90.0%、128.7%；贱金属及其制品进出口额分别为8.8亿元和12.8亿元，同比上升−11.7%、45.2%，其中出口额分别为8.3亿元和10.3亿元，同比上升−11.3%、24.6%，进口额分别为0.5亿元和2.5亿元，同比上升−17.1%、357.1%。2019年，化学工业及其相关工业产品进出口额7.8亿元，同比上升182.5%，其中出口额5.0亿元，同比上升262.5%，进口额2.8亿元，同比上升102.5%。

3. 从进出口市场结构来看

2018—2019年，与欧盟进出口额分别为8.8亿元和19.5亿元，同比上升2.2%、120.1%，其中出口额分别为4.5亿元和8.3亿元，同比上升−17.8%、86.6%，进口额分别为4.3亿元和11.2亿元，同比上升35.5%、153.9%；与东盟进出口额分别为6.0亿元和15.1亿元，同比上升16.1%、149.3%，其中出口额分别为3.3亿元和7.7亿元，同比上升−8.2%、133.7%，进口额分别为2.7亿元和7.4亿元，同比上升70.1%、133.7%。2019年，与日本进出口额10.1亿元，同比上升111.1%，其中出口额6.5亿元，同比上升183.5%，进口额3.6亿元，同比上升43.7%。

4. 从进出口主体结构来看

2018—2019年，崇明区国有企业进出口额分别为2.3亿元和0.9亿元，同比上升

36.4%、−60.9%，其中出口金额分别为 0.6 亿元和 0.5 亿元，同比上升96.4%、−9.4%，进口金额分别为 1.7 亿元和 0.4 亿元，同比上升 23.7%、−78.3%；民营企业进出口额分别为 37.4 亿元和 32.5 亿元，同比上升 28.7%、−13.2%，其中出口金额分别为 12.6 亿元和 14.1 亿元，同比上升−11.7%、12.1%，进口金额分别为 24.8 亿元和 18.4 亿元，同比上升 67.6%、26.0%；外商投资企业进出口额分别为 15.5 亿元和 39.7 亿元，同比上升 86.9%、156.9%，其中出口金额分别为 12.8 亿元和 28.5 亿元，同比上升 78.2%、122.3%，进口金额分别为 2.7 亿元和 11.2 亿元，同比上升 145%、323.8%。

（二）外资发展情况

1. 吸引外资情况

2018—2019 年，崇明区外商投资企业实际到位外资金额分别为 0.5 亿美元和 2.3 亿美元，同比上升−42.5%、317.6%。备案外资项目分别为 420 个和 512 个，其中新设立外资项目分别为 211 个和 228 个，投资总额分别为 7 亿美元和 10.3 亿美元，注册资本分别为5.0亿美元和 8.6 亿美元，合同利用外资金额分别为 4.6 亿美元和 6.8 亿美元；增资外资项目分别为 28 个和 34 个，投资总额分别为 3.7 亿美元和 3.2 亿美元，增加注册资本分别为 1.7 亿美元和 1.6 亿美元，增加合同利用外资金额分别为 1.3 亿美元和 1.5 亿美元；变更、减资、终止、迁入项目分别为 181 个和 215 个(图 13.33)。

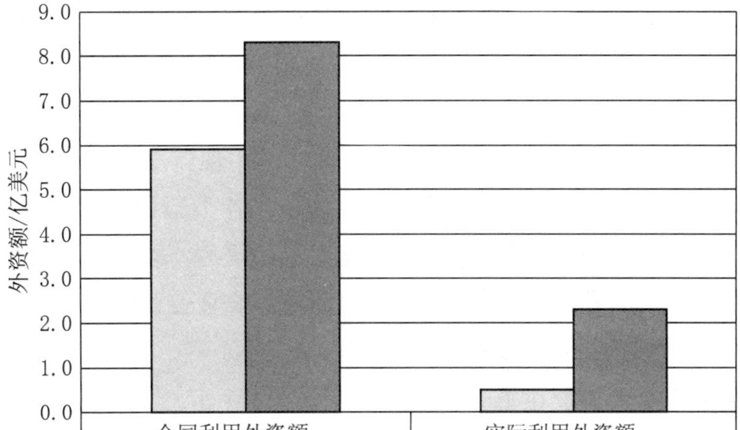

	合同利用外资额	实际利用外资额
2018年/亿美元	5.9	0.5
2019年/亿美元	8.3	2.3

图 13.33　2018—2019 年崇明区利用外资情况

2. 外商投资行业(产业)的分布与来源地

2018—2019 年，外商直接投资非生产型项目分别为 221 个和 228 个，均占行业总数的 100%；总投资额分别为 7.0 亿美元和 10.3 亿美元，均占行业总投入数的 100%；合同外资金额分别为 4.6 亿美元和 6.8 亿美元，均占行业总投入数的 100%。在崇明区投资的国家和地区分别有 25 个和 46 个，以中国香港、中国台湾、美国、新加坡等国家和地区的投资者居多，分别共有 142 个项目和 105 个项目，占新批项目总数的 67.3%、46.1%。

二、 2018—2019 年崇明区国际经贸主要工作

（一）外贸主要工作

1. 积极引领外贸转型升级

一是积极培育新型业态。进一步优化对外贸易结构，积极培育崇明区技术出口产业等新业态。二是不断拓展营销渠道。支持鼓励出口企业加强技术改造，更新生产设备，改进生产流程，提高生产效率，同时着力拓宽海外营销渠道。三是积极争创自主品牌。积极鼓励重点外贸企业进行产品转型升级，帮助企业加大技术改造力度，提升产品附加值，同时采用灵活价格策略，加强与外资企业合作，积极拓宽营销渠道，应对市场挑战。

2. 加大精准服务企业力度

一是崇明区定期召开 30 家外贸监测样本企业负责人座谈会，认真听取企业在生产和经营中碰到的困难和问题，切实解决实际问题。二是会同崇明区外资协会走访外贸重点企业，深入车间，了解生产一线情况，组织重点企业召开座谈会，探索新型企业的发展模式如何助力实体企业拓展发展思路实现转型升级。三是开展精准服务，根据企业需求开展各类培训。2019 年共举办了各类培训 10 场，900 多人次参与，通过业务培训拓展了视野，增长了技能。建立崇明区经济委员会、乡镇（或园区）重大事件报告制度和日常每周报告制度，持续跟踪重点企业受影响情况。

3. 切实落实扶持企业政策

关于中小企业国际市场开拓资金的申请，对待首次申请企业实行专门指导，保证每个申报企业弄懂操作程序。完成 2018 年度第二批中小企业国际市场开拓资金项目公示、项目总结和调研问卷工作，共有 10 家企业的 23 个项目获批，扶持资金共计 25.7 万元。2019 年度第一批中小企业国际市场开拓资金项目公示、项目总结工作，共有 8 家企业的 17 个项目获批，扶持资金共计 15.4 万元。组织重点企业申报 2019 年上海企业市场多元化专项资金，累计扶持金额 131.6 万元。

（二）外资主要工作

1. 有序做好进口博览会服务保障和承接溢出效应

第二届进口博览会期间，积极动员和邀请企业和各类相关单位等进行参观登记，最终审核通过380家单位共2 567人。组织活动，展现崇明区地域特色，由崇明区农业农村委员会和长兴郊野公园联合主办的农夫集市进口博览会专场活动于2019年11月3日至6日在郊野公园正式举办。积极承接进口博览会溢出效应，组织人员到进口博览会现场和各参展商进行沟通和对接，介绍崇明区产业优势，询问投资意向，最终有9个项目被上海市商务委员会列为重点项目。

2. 提升能级，加强吸引外资落地

为推进战略性新兴产业发展，推动崇明区产业转型升级，鼓励企业注册并落户在崇明区，崇明区于2018年出台《崇明区人民政府办公室关于转发区经济委员会制定的关于促进崇明区绿色工业、文化创意和体育健康产业发展的若干政策意见的通知》（沪崇府办发〔2018〕2号），通过财政资金扶持，鼓励外资企业科技创新、技术改造、节能减排、争创品牌，鼓励引进外资企业。同时，崇明区出台了《关于印发崇明区产业项目履约专项资金管理办法的通知》（沪崇工联席办〔2018〕1号），对认定的项目，在约定时间内推进，产业园区可按专项资金的一定比例分期扶持项目单位。

3. 做好服务，优化崇明区营商环境

一是加强最新政策宣贯。召集崇明区各园区、经济小区负责外资招商工作的同志，开展业务、政策培训会议。二是跨前一步主动服务。实地走访注册、落户在崇明区的外资企业，向企业介绍宣传最新的外商投资、招商引资、项目技改等多方面政策，听取企业的相关需求，积极帮助解决企业存在的有关困难和问题，密切关注现有外资企业的运营情况。三是转变外资企业管理模式。强化事中事后监管，在上半年对崇明区外商投资企业开展抽查工作，对企业及其投资者是否存在违反《备案办法》行为进行检查，督促企业合法、合规经营。

三、2020年崇明区国际经贸发展工作展望

（一）外贸工作展望

督促外贸监测样本企业提高数据上报准确性。一是每月督促、指导、核查30家外贸样本企业在外贸进出口调查监测系统中上报进出口企业订单情况、信心情况、经营情况、政策期望等四大类情况的各项数据，及时、准确、全面反映对外贸易运行状况

和发展趋势提供依据。二是根据监测情况，对外贸监测工作进行总结和分析，召开年度工作会议，表彰数据上报及时、准确率高的企业，针对上报中出现的问题进行业务培训，确保 2020 年监测工作顺利开展，以积极应对当前进出口严峻形势，减少贸易摩擦和全球疫情对进出口产生的影响，更好地为外经贸宏观管理和科学决策服务，为基层和企业服务。三是根据上级工作要求，做好相关预测预判和统计工作。

（二）外资工作展望

2020 年，崇明区预估外商投资企业投资总额 12.5 亿美元，注册资本 7 亿美元，合同外资金额 6 亿美元，实到外资金额 5 500 万美元。

1. 对接第三届进口博览会

根据首届及第二届进口博览会情况，做好第三届进口博览会区内宣传、组织等工作，提前与有相关需求的国家、企业做好对接工作，未雨绸缪，组织相关投资促进活动，推动企业积极承接进口博览会溢出效应。

2. 切实履行《外商投资法》相关内容

《中华人民共和国外商投资法》于 2020 年 1 月 1 日起实行，崇明区将认真学习、解读《外商投资法》相关条例，根据上海市商务委员会相关工作要求，及时转变工作思路，切实履行《外商投资法》相关内容，同时，召集各招商主体召开工作培训会，解读新《外商投资法》，并落实相关工作要求，确保外商在崇明区的合法权益，营造良好的营商环境。

3. 狠抓实到外资

2019 年崇明区实到外资受个别大项目影响有极大幅度增长，加上新《外商投资法》的出台，同时受到中美贸易摩擦的影响，2020 年崇明区实到外资的压力会比较大。崇明区经济委员会将提前对崇明区 2020 年的实到外资情况进行摸底，重点关注合同外资金额超过 1 000 万美元的大项目，与企业保持密切联系，如有实到外资进入，督促企业及时上报。

第十四章　海关特殊监管区

第一节　金桥综合保税区

一、区域概况

2018 年 11 月 19 日，国务院批复金桥出口加工区（南区）整合优化为金桥综合保税区。金桥综合保税区东至川沙路、南至高科东路、西至华东路、北至龙东大道，封关面积为 1.52 平方千米。2019 年 11 月 15 日通过国家海关总署验收，正式转型升级为综合保税区。

二、2018—2019 年发展情况

上海金桥综合保税区设有永久性卡口，卡口设置 6 条机动车通道，包括海关监管集装箱通道 4 条，客车行政通道 2 条，实现了货车、客车、人员分流，并设有隔离设施和明显标志，卡口建有 24 小时值班室。截至 2019 年 10 月，金桥出口加工区（南区）累计落户企业 23 家，共引进合同外资金额 3.9 亿美元，内资投资金额 26.6 亿元。园区在汽车零部件、高端机械制造、关键半导体材料研发和产业化集聚了一批骨干企业。

三、2020 年工作展望

2020 年，按照建设国家一流综合保税区的思路，金桥综合保税区将立足现有产业基础，以综合保税区“五个中心”建设为目标，重点突出以保税研发、保税存储展示、

保税检测维修等功能为主，发展新能源汽车、医疗健康、智能制造、金融信息服务等产业，加强区内关外产业联动，承接周边溢出产能，加强项目招商、区域协同、环境配套、智慧平台和管理创新能力建设，努力建设国际先进、国内一流的综合保税区。同时，以集约利用土地、拓展产业空间为手段，推进传统工业提质升级、培育生产性服务业，促进出口加工贸易转型升级，加快建设智慧功能园区；进一步优化环境，高标准推进园区配套设施建设，为企业提供优质服务保障，积极营造良好的营商环境。

第二节　漕河泾综合保税区

一、 区域概况

2018 年 5 月，国务院批复上海漕河泾出口加工区正式整合优化为漕河泾综合保税区。2018 年 11 月，漕河泾综合保税区通过了由上海海关及上海市发展和改革委员会、上海市商务委员会等 7 部门联合验收组的验收。2019 年 1 月，海关总署正式批复漕河泾综合保税区通过验收。2019 年 3 月，上海市政府举行了漕河泾综合保税区成立的揭牌仪式，标志着漕河泾综合保税区的发展进入了新的时期。漕河泾综合保税区经历了十多年的发展，已经形成了以电子通信设备制造为主，生物医疗、电子科技及保税物流配套的产业体系。以英业达集团为主的高科技电子通信、IT 企业的聚集长期以来成为综合保税区的主导产业，庞大的产出规模及良性的发展态势，对其上下游配套企业形成磁场效应，为综合保税区的发展发挥了支柱作用。

二、 2018—2019 年发展情况

2018—2019 年，上海漕河泾综合保税区实现工业总产值分别为 383.3 亿元、361.4亿元，同比增长 16.9%、同比持平；进出口总额 68.9 亿美元、59.1 亿美元，同比增长14.3%、－14.2%；海关关税及进口环节税收 18.9 亿元、16.4 亿元，同比增长45.9%、－13.1%；工商税收 2.4 亿元、1.4 亿元，同比下降 2.9%、41.5%。

2018 年中美贸易摩擦发生以来，英业达科技有限公司、英华达（上海）科技有限公司的部分产线实施了向国内外的转移，在降低了风险的同时，也实现了企业技术创新型和劳动力密集型的合理布局，企业也逐渐走出低谷重回稳步发展的轨道。与此同时，以美敦力（上海）管理有限公司和诺得卡（上海）微电子有限公司为代表的一批新兴产业企业依靠其自身产品科技含量的提升与市场的开拓，保持了总体运行的稳

定，成为综合保税区可持续发展的新动力。由于受中美贸易战及国内外不利因素的影响，漕河泾综合保税区的各项数据受到了不同程度的影响。综合保税区管委会与驻地海关保持密切的沟通和交流，结合漕河泾综合保税区的实际情况，通过学习、考察走访等形式，研究探讨了一般贸易、进口汽车保税存储展示、保税研发、融资租赁、文化艺术品等新功能新业态，并整理有关政策依据和制定有关业务流程，完成了功能储备。在海关的大力支持下，完成了特种车、赛车等 4 批次进口汽车入出区和销售全流程的通关，实现了进口汽车保税存储展示功能的突破。同时，随着相关企业的入驻，实现了贸易企业和保税研发功能的拓展。

三、 2020 年工作展望

2020 年，漕河泾综合保税区将在原来以加工贸易为主的基础上进一步拓展，在政策上更加便利，在形式上更加多样，在业态上更加丰富，实现统筹国际和国内两个市场、保税和非保税两种资源，实现服务功能显著提升，创新能力明显提高，产业承载日渐增强，形成管理规范、通关便捷、用地集约、产业集聚、协调发展的新格局，成为拉动区域经济快速发展的强劲引擎。一是不断加强对综合保税区“21 条”及相关政策的学习和研究，加大政策的宣传力度，与公司有关部门密切配合，做到有针对性的宣传，精准宣传。二是加大对区内重点企业和新入驻企业的关注和服务力度，为企业发展创造良好的营商环境。盘活区内资源，不断提升区域资源利用效能。三是积极“走出去、请进来”，不断实现在进口汽车保税存储、保税研发等新功能的拓展。同时加强跨境出口、保税展示交易等新功能的探讨，不断丰富功能形式和业态。四是加强与自贸试验区和其他海关特殊监管区域的沟通交流，取长补短，共同发展。加强与行业主管和有关协会的联系，扩大综合保税区的交流面和影响力。

第三节 松江综合保税区

一、 区域概况

松江综合保税区由上海松江区出口加工区转型升级而成。2018 年 9 月 4 日经国务院批准整合升级为松江综合保税区。2019 年 9 月 27 日，松江综合保税区通过验收，并于 10 月 28 日正式挂牌。松江综合保税区总面积 4.10 平方千米，分为 A 区、B 区两个区，其中 A 区 2.88 平方千米，B 区 1.22 平方千米。园区拥有广达集团、国基电子(上海)有限公司、豪威半导体(上海)有限责任公司等一批优质骨干企业。

二、 2018—2019年发展情况

2018—2019年,松江综合保税区完成工业总产值分别为1 467亿元、1 416.6亿元,完成增加值75亿元、73.3亿元,完成进出口总额287亿美元、281.3亿美元,园区跨境电子商务业务验放1 155万件、1 197万件,出货金额达15.8亿元、16.7亿元,实现跨境电子商务综合税收1.9亿元、1.7亿元,共完成工商税收7亿元、4.0亿元。2019年,共有32家新企业入驻园区,包括区域性总部及运营中心6家、销售总部1家、研发中心4家、商贸型企业13家、服务型企业4家、生产型企业1家、物流分拨型企业3家,其中已缴纳税款有13家。另有19家办理相关落户手续中,其他意向洽谈客户21家。截至2019年底,区内落户企业达138家,其中外资54家,内资84家,外商投资总额22.3亿美元,自封关运行以来,园区已累计实现进出口总额5 508亿美元。在物流功能拓展方面,目前松江综合保税区内共有第三方物流企业29家,仓储面积达28万平方米,2019年完成营业收入7.3亿元;出入库金额达79.3亿美元。

2019年,园区与企业共度转型之年,面对升级综合保税区的崭新机遇,园区严格按照署加发〔2007〕143号文中的验收要求和既定的时间节点,紧紧围绕围网、电子围栏实时报警系统、智能卡口建设三大方面圆满完成改造工作,共计投入3 544万元。于2019年9月27日正式获得海关总署的验收,并在10月28日举行了挂牌仪式。在准备验收挂牌的同时,园区提前研究并制定相关扶持政策,同时结合打造先进制造业中心、销售服务中心、研发设计中心、物流分拨中心、检测维修中心等五大中心的产业导向,加强总部型和研发型项目招商。目前综合保税区保税物流业务除传统物流仓储业务之外,已衍生出简单装配、分拣、分拨配送等业务,并逐步尝试进口奢饰品、食品及生活用品等全新业务,发展空间巨大。在园区进行升级转型之际,园区各骨干企业为顺应当前经济形势发展,也在积极进行着各自的产品以及产线的升级,如广达集团的新能源汽车电子车载多媒体生产线建设项目、国基电子(上海)有限公司的5G网络通信产业化智能改造项目、豪威半导体(上海)有限责任公司的12英寸(1英寸=2.54厘米)高像素图像传感器晶圆测试项目等。对于企业的升级工作,园区积极做好相关服务工作,与相关职能部门积极协调,协助企业办理相关手续及申请相关扶持资金,与企业一起顺利度过各自的转型升级之年。

三、2020 年工作展望

未来松江综合保税区将立足于电子信息制造业接触，对标国务院发布的《关于促进综合保税区高水平开放高质量发展的若干意见》，围绕发展机电设备产业、跨境贸易产业、生物医药产业、检测维修产业以及物流分拨产业五大特色产业的目标，打造五大中心。

（一）打造先进制造业中心

重点发展信息制造、汽车零部件及整车制造等机电产业。稳定制造业基本盘。

（二）打造物流分拨中心

积极推进智能化监管模式，推进贸易便利化。依托现有物流企业资源和区位优势，灵活运用“分类监管”试点，大力发展转口贸易，鼓励跨境电子商务进出口业务，争取进口汽车保税、展示等业务。

（三）打造销售服务中心

积极响应松江综合保税区外生物医药制造企业的刚性需求，倾力打造制药设备、抗癌药、医疗器械等进口医药品基地。加大贸易型企业总部引进力度，鼓励开展机电设备、进口食品、药品、化妆品、医疗设备器械等进出口业务，促进保税优势和新兴业态的融合。推广增值税一般纳税人资格试点，促进内销便利，充分发挥海关特殊监管区域统筹国际国内两个市场、两种资源的作用。

（四）打造研发设计中心

对标 G60 科创走廊建设、上海市科技创新中心建设以及“松江区智造”目标，鼓励芯片设计中心、轮毂电机研发中心等研发机构入区发展。鼓励医疗器械的研发，配合药品以及医疗设备进出口业务，壮大医疗设备产业。

（五）打造检测维修中心

鼓励区内企业积极开展高技术、高附加值、符合环保要求的保税检测、全球维修、高端设备再制造等业务。

第四节　青浦综合保税区

一、 区域概况

上海青浦综合保税区前身上海青浦区出口加工区于 2003 年 3 月经国务院批准设立,同年 11 月封关运作。2018 年 9 月 4 日国务院批复上海青浦区出口加工区整合优化为上海青浦综合保税区,2019 年 9 月 27 日上海青浦综合保税区通过海关总署等部门验收,批准面积 1.58 平方千米。

二、 2018—2019 年发展情况

2018—2019 年,青浦综合保税区分别实现进出口总额 585 亿元、484 亿元,海关税收 6.5 亿元、7 亿元,规模以上工业总产值 69.6 亿元、72.9 亿元,工商税收 1.6 亿元、1.3 亿元,保税网购进口跨境电子商务完成 78 万单、72.5 万单,货值 3.6 亿元、3.0 亿元。截至 2019 年底,上海青浦综合保税区现有各类型企业 48 家,形成了航空维修、保税加工、保税物流、跨境电子商务等特色产业,引进了一批包括东航技术应用研发中心有限公司、上海普惠飞机发动机维修有限公司、斯伦贝谢油田设备(上海)有限公司、日立汽车系统部件(上海)有限公司、巴斯夫电子材料(上海)有限公司等世界 500 强企业在内的技术含量高、经济效益好的优质项目。2019 年主要工作如下。

(一) 全力以赴,确保综合保税区如期获批

青浦综合保税区通过对监管区基础设施、查验设备、区域环境等全面优化整改,做到高标准,严要求,保证了预验收及正式验收顺利通过,顺利整合优化为综合保税区。

(二) 加强服务监管,促进跨境电子商务稳步发展

充分利用青浦区跨境电子商务服务平台和“上海市跨境电子商务示范园区”优势,积极配合海关落实抓质量、保数量、防风险工作,确保电子商务业务有序稳定发展。完成区政府下达 300 万单挂图作战任务。

(三) 做好服务,积极推进功能拓展

积极配合海关积极开展自贸试验区政策复制推广,落实高质量发展 21 条,促进

区域功能业务拓展，引导鼓励企业积极参与一般纳税人资格试点、货物按状态分类监管等业务拓展工作。

三、 2020年工作展望

（一）把握机遇，积极扩大进口博览会溢出效应成果

充分利用综合保税区获批及上海市商务委员会授予的中国国际进口博览会“6天＋365天”常年展示交易平台的政策优势，以上海海关推动保税展示展销常态化创新制度落地为契机，做好绿地全球贸易港作为上海首个保税展示展销平台在青浦综合保税区的保税仓建设；做好保税仓与贸易港展示区的货物监管、查验服务，进一步提高通关效率，帮助企业扩大进口博览会溢出效应成果。

（二）发挥优势，进一步提升跨境电子商务平台质量

发挥综合保税区作上海市跨境电子商务示范区平台优势，依托园区产业发展及招商资源，进一步丰富跨境电子商务产业服务内容。做好资源整合，加快跨境电子商务项目配套功能建设；利用青浦区跨境电子商务政策，争取引进具有国际影响力的知名跨境电子商务企业，进一步提升跨境电子商务平台发展质量。力争2020年跨境电子商务突破400万单。

（三）拓展业务，认真做好自贸试验区政策复制推广

加快扩大货物按状态分类监管试点范围，做好非保税货物分类监管业务；引导企业持续推进一般纳税人资格认定及政策宣传，扩大参与企业范围，争取企业更多税收贡献。在普惠飞机发动机有限公司、斯伦贝谢油田设备（上海）有限公司等重点企业开展飞机发动机、石油勘探设备等维修再制造业务基础上，力争开展医疗设备维修再制造业务。进一步扩大综合保税区维修再制造业务范围。

（四）立足实际，进一步优化营商环境

配合海关做好通关便利化措施落实工作，减轻企业运营成本；在巩固转型综合保税区基础设施改造成果基础上，继续做好监管设施维保工作；结合业务拓展及新增项目要求，进一步完善现有基础设施和政策便利化。打造国际化、法治化、便利化的营商环境，提升区域发展能级和核心竞争力。

第五节　奉贤综合保税区

一、 区域概况

2018 年 4 月 18 日，国务院批复同意上海闵行区出口加工区整合优化为奉贤综合保税区。2019 年 1 月 14 日，奉贤综合保税区通过联合验收组正式验收；1 月 25 日，海关总署批复认定验收合格，同意奉贤综合保税区正式封关运行；3 月 20 日，奉贤综合保税区正式揭牌。奉贤综合保税区目前已形成了新能源、电子信息、装备制造、保税物流四大主导产业，将引进一批化妆品、保健品、医疗器械等领域的企业，率先在全国打造美丽健康主导产业集群。

二、 2018—2019 年发展情况

2018—2019 年，奉贤综合保税区紧紧围绕“一个中心，两大建设、三项工作”开展具体工作，“一个中心”是奉贤综合保税区的转型升级，“两大建设”是硬件和软件建设的提升，“三项工作”是在产业定位与招商、保税展示中心和跨境电子商务平台上取得突破。实现产值分别为 51.9 亿元、52.1 亿元，同比增长－7.5%、0.5%；实现地方税收 4 890.6 万元、1.5 亿元，同比增长－22.2%、199.1%；海关税收 5.3 亿元、5.1 亿元，同比下降6.4%、4.5%；实现进出口总额 55.4 亿元、48.1 亿元，其中进口额 16.4 亿元、7.8 亿元，同比增长 0.1%、－52.6%，出口额 39 亿元、40.3 亿元，同比增长－15.4%、3.4%。主要工作如下。

（一）拓展功能，激发企业发展动能

2019 年，奉贤综合保税区区内新增就业岗位 300 多个，消化闲置厂房 8 500 平方米，物流仓储企业的客户数量不断增加，区内企业研精舍通过 AEO 海关信用管理高级认证，成为国务院颁布“21 条”新政以来上海关区首家获此认证的企业。区内企业受益的同时，美乐家(中国)日用品有限公司、奥托立夫中国电子有限公司、先锋电子科技(上海)有限公司等一大批区外企业依托综合保税区进行进口申报、包装贴标、保税仓储等保税业务，为企业降低成本、实现零库存管理、物流配套等提供了有力支撑，呈现出了区内外联动的良好的发展局面。2019 年 9 月底，奉贤综合保税区完成了区跨境电子商务第一单通关业务，跨境电子商务功能的开展为区域扩大进口、满足群众

消费需求拓展了新渠道。增值税一般纳税人资格试点自2018年4月9日启动以来，帮助区内企业上海晶澳太阳能科技有限公司解决了许多实际运作问题，还直接降低了运营成本，使得企业利润大幅增长，2019年增值税开票额5.5亿元，纳税额4 743万元。区内“仓储货物按状态分类监管”业务的开展，不仅提高了仓储利用率、仓库周转率，而且还极大地节约了运营成本，拓展了企业国际国内业务范围，“非保”货物存储货值达到103.4亿元。保税展示交易业务也得到顺利开展，经区内转到区外保税展示的高档手表价值金额就达到6 424.6万法郎，有效缓解了企业流动资金压力。

（二）广发名片，扩大综合保税区影响力

2019年以来，奉贤综合保税区向外借力借智，向内挖掘自身潜能，以“聚焦东方美谷，聚集奉贤区综保”为主题，集中式、全媒体、多方位地进行宣传推广，不断扩大奉贤综合保税区的知名度和影响力。在进口博览会、腾讯新闻、微信朋友圈以及地方电视台、广播电台、报社等广告阵地，通过新闻、广播、报纸专刊、微信公众号等方式全面开拓宣传通道。同时，通过编印《奉贤综合保税区政策汇编》，改版微信公众号，设计开发奉贤综合保税区官方网站，并在年内成功上线，先后4次组织招商团队赴北京、深圳等地召开招商推介会，瞄准不同目标客户群开展精准招商，让大众更多角度了解奉贤综合保税区。

三、2020年工作展望

奉贤综合保税区立足现实基础和对未来发展的预期，结合区域特色产业，因地制宜因时制宜对园区今后的产业发展、空间布局作了定位和规划，明确了未来综合保税区将建设成为长三角国际服务贸易的美丽集聚地、上海自贸试验区新片区的奉贤区主阵地的目标，并重点建设“一平台三中心”，即“东方美谷”国际服务贸易集成平台、保税研发设计中心、保税展示交易中心和保税检测维修中心。未来的奉贤综合保税区将精准对接美丽健康产业，重点培育化妆品、医疗美容、时尚美丽、医疗器械、健康生活五大优势产业，通过不断丰富“东方美谷”内涵外延，不断深挖美丽健康产业经济潜力，推动服务贸易、研发设计、展示交易、检测维修的产业集群形成。在物理空间上，将奉贤综合保税区划分“五大片区”，即保税展示服务区、保税检测维修区、保税加工制造区、保税研发设计区和保税仓储及贸易配套区，在巩固先进制造业的同时，扩容提质研发、展示、仓储物流等服务配套服务功能，科学合理划分各大功能区域，确定功能区的层次和规模，使得各功能区之间相互衔接，相互联动。

第五篇

全 球 城 市

第十五章　全球城市

第一节　纽　　约

纽约市位于美国纽约州，是美国人口最多的城市。纽约拥有世界上最大的天然港口之一——纽约港，是世界重要商业、金融、传媒、艺术、时尚、研究、科技、教育、文化和娱乐中心，也被视为全球外交政策、金融政策决策中心。

一、纽约货物贸易发展情况

根据纽约公开的统计数据，2019 年，纽约货物出口总额 757 亿美元，同比下降 10.6%。其中，杂项制品出口额 210 亿美元，占比 27.7%，二手商品出口额 97 亿美元，占比 12.8%；电脑及电子产品出口额 73 亿美元，占比 9.6%；化学成品及有关产品出口额 53 亿美元，占比 7.0%；机械制品出口额 51 亿美元，占比 7.0%。从出口市场结构来看，纽约前五大出口贸易伙伴如下：对加拿大出口额 165 亿美元，占比 21.8%；对中国香港出口额 65 亿美元，占比 8.6%；对瑞士出口额 62 亿美元，占比 8.2%；对英国出口额 53 亿美元，占比 7.0%；对以色列出口额 44 亿美元，占比 5.8%。纽约货物进口总额 2 573.1 亿美元，同比增长 8.6%。

二、纽约服务贸易发展情况

根据美国布鲁金斯学会的数据，2017 年，纽约市五郡的服务贸易出口额为 664.5 亿美元，其中金融管理出口额占比为 35.5%、旅游出口额占比 33.0%、特许权使用费出口额占比 11.0%、技术服务出口额占比 5.3%以及教育医疗服务出口额占比 4.6%。服务出口还为纽约带来 55 万个就业岗位，并为旅游业贡献了约占总出口就业的 40%就业岗位。

三、纽约利用外资发展情况

2019 年纽约签订了 194 个外商直接投资合同项目，较上年增加 9.6%，仅次于加州（236 个），位列北美第二位；在资本投资方面，2019 年纽约吸收了以资本方式进行的外国直接投资 56 亿美元，占整个北美资本投资流入市场份额的 6%，位列第四位，较上年的第九位提升明显；吸收北美境外资本 99 亿美元，约 649 个项目，位列全北美第二位。根据 Greenfield Investment Monitor fDi Markets 的数据，2014—2019 年间，纽约共签订了 1 030 个外国直接投资项目，是第二位多伦多的两倍有余，在美国外国直接投资总额中占据 10%的份额。

欧洲、法国、英国和意大利是纽约外资的三大主要来源地。纽约外资主要流入曼哈顿地区，在过去 10 年中平均占比为 92%，并且主要流入零售业，年均增长为 7%。技术领域是外资增速最高的部门，过去 10 年中平均每年增长 25%，主要来自欧洲国家。

第二节　伦　　敦

伦敦是英国的首都，亦是一个全球城市，名列纽伦港世界三大国际都会之一。伦敦在文艺、商业、教育、娱乐、时尚、金融、健康、媒体、专业服务、研究与发展、旅游等方面都具有显著的地位。

一、伦敦货物贸易发展情况

根据伦敦公开的统计数据，2019 年，伦敦货物出口总额 555.7 亿美元，同比增长 17.2%。其中，杂项制成品出口额 243.9 亿美元，占比 43.9%；机械和运输出口额 84.0 亿美元，占比 15.1%；矿物燃料出口额 77.8 亿美元，占比 14.0%。欧盟是伦敦最大的出口贸易伙伴，2019 年度伦敦对欧盟出口额占比 44.1%，其次是北美地区和亚太平洋，分别占比 19.4%和 18.5%。伦敦货物进口总额 929.6 亿美元，同比增长 11.6%。机械和运输、矿物燃料以及杂项制成品进口额分别占总额的 30.4%、24.4%和 15.0%，是进口额占比最大的三大类。货物进口地与出口地结构类似，来自欧盟进口占比 48.2%，来自亚太地区进口额占比 25.3%和来自北美地区进口额占比 7.3%。

二、 伦敦服务贸易发展情况

根据英国国家统计办公室公开数据测算，2019 年，伦敦服务进口企业数量约为 3.3 万家，占全英国区的 29.7%；出口企业数约为 4.7 万家，占总数的 32.5%。根据世界贸易组织和英国国际贸易部门最新数据测算，2019 年，英国近一半的服务出口额来自伦敦，达到 1 740.2 亿美元，同比增加 11.1%，约占英国服务出口额的 41.8%。英国超过一半的金融服务出口额（不包括保险和养老金服务）来自伦敦，约为 526 亿美元，其占伦敦服务出口总额的 30.2%。伦敦的其他主要服务出口部门是通信，约占 22.1%，房地产、专业、科学和技术服务出口额约占 17.5%，旅游约占 16.3%，行政及政府支持的活动约占 8.4%，批发及汽车行业占服务出口额的比例较小约占 2.4%。

三、 伦敦利用外资发展情况

根据联合国贸易和发展会议的统计数据，2019 年，英国利用外资金额 591.4 亿美元，同比下降 9.4%，超过中国香港成为全球第二大最具吸引力的投资目的地，仅次于美国。根据伦敦与合作伙伴办公室发布的分析报告测算，2019 年，伦敦最大的投资来源地是美国，约占 24.7%。其余分别为德国约占 6.1%、印度约占 5.9%、意大利约占 5.7%、中国内地和中国香港合计约占为 5.5%。最受外资欢迎的类别是软件和电脑服务，吸收外资金额占比约为 20.5%，此后是商业吸收外资金额占比约为 8.7%，金融服务业吸收外资金额占比约为 8.3%，环境、基础设施和交通业吸收外资金额占比约为 8.0%，先进工程和供应链吸收外资金额占比约为 7.3%。

第三节　新　加　坡

新加坡是继伦敦、纽约、中国香港之后的第四大国际金融中心。对外贸易是新加坡国民经济重要支柱，地处世界海运贸易的关键位置，其地理位置优势是其借以实现经济飞跃的重要因素，同时也是其融入国际组织的重要条件。

一、 新加坡货物贸易发展情况

根据新加坡公开的统计数据，2019 年，新加坡的货物贸易总额为 10 222 亿美元，低于上年的 10 559 亿美元，同比下降 3.2%，增速低于上年 12.4 个百分点。其中，货物出口额为 5 325 亿美元，同比下降 4.2%；货物进口额为 4 897 亿美元，同比下降 2.1%。机械及运输设备是非石油货物贸易的主要组成部分，出口额 2 584 亿美元，占出口总额的 48.5%，进口额 2 368 亿美元，占进口总额的 48.4%。其次是化学品和化工产品，出口额 748 亿美元，占出口总额的 14.0%，进口额 408 亿美元，占进口总额的 8.3%；第三位是机器制品和杂项制品，出口额 488 亿美元，占比为 9.2%，进口额 405 亿美元，占比 8.3%。

二、 新加坡服务贸易发展情况

根据新加坡公开的统计数据，2019 年，新加坡的服务贸易总额达到 5 509 亿美元，较上年增长 1.3%。服务贸易出口额 2 794 亿美元，同比增长 2.2%；服务贸易进口额 2 715 亿美元，同比增长 0.4%。服务出口的主要项目是运输、其他商业服务和金融服务，分别占出口总额的 28.5%、15.4%和 14.3%。服务进口的主要项目是运输、其他商业服务和旅游，分别占进口总额的 30.7%、14.9%和 13.4%。由于 2019 年新加坡服务贸易出口发展较快，服务贸易赤字从上年 95 亿美元减少至 79 亿美元。2019 年，新加坡服务贸易占 GDP 的比重进一步增加至 108.6%。

三、 新加坡利用外资发展情况

根据联合国贸易和发展会议的统计数据，2019 年，新加坡吸引外资总计达 920.8 亿美元，同比增长 15.5%，达到历史最高水平。分行业来看，电子制造业、能源、化工和服务业吸收外资金额最大。2019 年的主要投资包括美光科技(美国)的半导体业务扩张，以及天然气巨头林德(英国)的新综合体。服务业在金融、批发和零售贸易以及数字经济领域获得了大量投资。跨国公司扩大总部职能推动新加坡外国直接投资加速流入。在并购交易中，美国高通(Qualcomm)在一项 5G 基础设施交易中以 30 亿美元的价格收购了当地公司 RF360。其他大型交易涉及新加坡软件和科技公司，如日本软银(Softbank)以 15 亿美元收购了 Grab 公司未披露的股份，中国 YY 公司(YY Inc)以 14 亿美元收购了 Bigo technology 公司 68%的股份。

第四节　中 国 香 港

中国香港是一个全球性城市，在全球金融、贸易、旅游、交通、通信等领域具备较大的比较优势，是国际商业中心。中国香港在全球经济中发挥着重要的作用。

一、中国香港货物贸易发展情况

根据中国香港公开的统计数据，2019年，中国香港货物进出口总额为11 147.1亿美元，同比下降6.9%。其中，出口总额为5 358.7亿美元，同比下降5.9%。中国内地是中国香港最主要的货物贸易出口地，货物出口额达2 961.3亿美元，占总额比重的55.3%，其余依次是美国占比为7.3%、印度占比为2.9%和日本占比为2.9%。集成电路、数据通信设备、金（包括镀铂的金）/未锻造/半制成或粉末状是中国香港的前三大出口商品，2019年出口额分别为1 345.1亿美元、745.6亿美元和251.9亿美元，占中国香港出口总额的25.1%、13.9%和4.7%。

2019年，中国香港货物进口额为5 788.4亿美元，同比下降7.7%；中国内地是中国香港最主要的货物贸易进口地，进口额达2 554.5亿美元，占总额的比重为44.1%，其余依次是中国台湾占比10.0%、韩国占比6.0%和日本占比5.9%。其中，集成电路进口额1 513.2亿美元，占中国香港进口总额的26.1%；数据通信设备进口额718.3亿美元，占中国香港进口总额的12.4%，计算机及其他办公室用机器的零件进口额206.2亿美元，占中国香港进口总额的3.6%。

二、中国香港服务贸易发展情况

根据中国香港公开的统计数据，2019年，中国香港服务出口额1 013亿美元，同比下降10.4%；服务进口额790亿美元，同比下降3.2%。根据世界贸易组织和中国香港公开的数据测算，服务出口中，旅游、运输、金融服务及其他商业服务是主要的贸易项，其出口额约占总额比重分别为32.6%、29.2%、19.6%和13.2%。服务进口中，旅游（32.4%）、运输（22.7%）、其他商业服务（15.3%）、制造服务（14.6%）、金融服务（7.6%）占据主要地位。

三、中国香港利用外资发展情况

根据联合国贸易和发展会议的统计数据，2019年，中国香港吸收外资金额683.8亿美元，相比上年的1 042.5亿美元大幅降低，降幅为34.4%，外国直接投资连续第四年下降。自中国香港社会动荡开始以来，已有超过480亿美元的股权撤资。外资主要来源地为中国内地、英属维尔京群岛、英国、百慕大和日本等地。外资流入的主要领域是投资及控股、地产、专业及商用服务，银行，进出口贸易、批发及零售，建造和保险。

中国香港的外国直接投资前景黯淡，原因在于企业盈利不断下滑。跨国公司的再投资收益是影响外国直接投资的重要因素。2013—2019 年期间，中国香港约 80% 的外国直接投资来自跨国子公司的再投资收益。此外，中国香港已宣布的绿地投资也大幅下降，2020 年第一季度宣布的绿地投资的数量为 2019 年季度平均水平的三分之一，绿地投资的价值为 2019 年季度平均水平的 50%。

附　录

附录 1　2018 年大事记

一月

24 日　2018 年度兼职法律顾问聘任仪式暨“创建上海法治化营商环境”主题座谈会在上海举行。共有 7 位兼职政府法律顾问被聘。

二月

9—10 日　首届世界海关跨境电子商务大会在北京举行。本次会议由海关总署与世界海关组织联合举办,会议议题主要包括跨境电子商务发展中面临的便利、安全、税收、统计等问题、“一带一路”倡议所带来的电子商务发展新机遇等。中央政治局常委、国务院副总理汪洋出席开幕式并致辞,上海市副市长吴清应邀出席开幕式。

三月

1 日　第 28 届华东进出口商品交易会在上海新国际博览中心隆重开幕。本届华交会总展出面积达 12.36 万平方米,较上届增加 2 700 平方米;展位数 5 707 个;下设 5 个专业展:服装服饰展、纺织面料展、家庭用品展、装饰礼品展和现代生活方式系列展。

四月

18 日　中国国际进口博览会“6 天+365 天”一站式交易服务平台上线暨上海国际进口交易服务有限公司成立揭牌仪式在上海世博展览馆隆重举行。为上海带来“买全球、卖全球”的巨大机遇,将助力全球商品、服务、技术等顺利进入中国市场,提升中国国际进口博览会配置全球资源的能力,放大进口博览会的带动效应和溢出效应。

28 日　第 28 批跨国公司地区总部颁证仪式在上海市政府举行。上海市市长应勇为新认定的 36 家跨国公司地区总部颁发证书，上海市副市长许昆林在仪式上致辞。

五月

3 日　“第三届中国周经贸峰会”在洛杉矶举行。上海作为中美省州经贸合作机制成员单位之一，参与了该次活动。

10 日　2018 上海金山外商投资对接会在金山工业园区举办。该次大会以“共襄进口博览盛会、同筑外资发展高地”为主题，由上海市商务委员会、上海市国际贸易促进委员会、金山区人民政府联合举办。

六月

15 日　上海全球新品首发地建设启动。上海市常务副市长周波出席。仪式上揭晓了 2017—2018 上海全球新品首发地人气榜单，共有 26 家单位签署合作协议，43 个品牌展示在沪首发的新品。

21 日　中国国际进口博览会上海交易团四大采购商联盟揭牌仪式在上海市政府隆重举行。上海交易团的组织体系按照“2＋4＋18”设计，四大采购商联盟的成立标志着上海交易团主要架构已基本搭建完成。

27 日　《上海市鼓励跨国公司地区总部发展专项资金使用和管理办法》（沪商外资〔2018〕190 号）由上海市商务委员会、上海市财政局修订后统一印发。

30 日　上海市正式实施外商投资企业设立商务备案与工商登记“一口办理”，“一口办理”平台正式上线运行。“一口办理”通过各区行政服务大厅窗口、网站、微信等线下线上渠道，引导投资者通过平台办理商务设立备案。

七月

6 日　首届中国国际进口博览会上海交易团服务贸易分团工作推进会暨业务培训会成功召开。上海市委宣传部、上海市文化广播影视管理局、上海市服务贸易协会及服务贸易重点企业的负责代表共 70 余人参会。

31 日　首届服务贸易模式创新实训班成功启动。该次培训目的在于助推服务贸易行业快速发展，提升上海市服务贸易整体竞争力。

八月

9 日　智能优惠关税系统启动仪式及培训活动在上海科技馆行政楼报告厅举

行。该系统的上线是上海市商务委员会等部门落实国家自贸试验区战略、推动上海自由贸易试验区建设的又一创新成果，也是营造良好的跨境贸易环境，提升上海整体营商环境的重要举措。

23 日　上海市服务贸易发展联席会议扩大会议顺利召开。专题讨论和审议《上海市深化服务贸易创新发展试点实施方案》、《中国(上海)自由贸易试验区跨境服务贸易负面清单管理模式实施办法》及《中国(上海)自由贸易试验区跨境服务贸易特别管理措施(负面清单)》。

24 日　上海经贸商事调解中心和中国香港国际仲裁中心就加强商事调解合作签署协议。该次签署由中国香港特区行政长官林郑月娥和上海市市长应勇等两地领导共同见证。

24 日　中英经贸联委会第 13 次会议在北京顺利召开。该次会议由商务部部长钟山和英国国际贸易大臣福克斯共同主持，双方部长见证签署了《关于建立中英服务贸易工作组谅解备忘录》，提出支持上海市和伦敦市开展城市间服务贸易合作，是首次在国家服务贸易备忘录中提出开展城际服务贸易合作。

九月

26 日　第 17 届中国(上海)国际跨国采购大会在上海跨国采购会展中心举办。该次展会由国家商务部和上海市人民政府共同主办，展会面积 2 万平方米，共 524 个展位。

十月

9 日　全国首张服务贸易领域“负面清单”在上海发布。上海市副市长吴清介绍市政府印发的《中国(上海)自由贸易试验区跨境服务贸易负面清单管理模式实施办法》《中国(上海)自由贸易试验区跨境服务贸易特别管理措施(负面清单)(2018 年)》的相关情况。

22 日　首届中国国际进口博览会上海交易团动员大会顺利举行。上海交易团团长、上海市副市长吴清号召进一步统一思想、凝心聚力、鼓劲提气，全面发动各区、各部门、各企业参与进口博览会，有效采购、扩大成交。

27 日　外资大项目签约仪式在上海市政府举行。上海市副市长吴清、副秘书长马春雷见证迪卡侬(上海)体育用品有限公司、赛夫华兰德(上海)投资有限公司等 12 个外资大项目集中签约，项目在沪总投资金额达 234 亿元，涵盖服务、金融、制造业等领域。

十一月

13 日 绿地全球商品贸易港正式开港。绿地全球商品贸易港以自身商贸产业为依托，通过建立常年交易平台、完善进口供应链渠道、升级实体零售末端、布局全国重点区域等举措更好助力我国扩大进口，满足居民消费升级需求，努力成为国内最具规模、最具影响力及竞争力的进口商品集散地、首发地，实现 365 天、一站式“买全球、卖全球”。

23 日 漕河泾综合保税区正式通过验收。这是上海首个成功转型升级的出口加工区。

十二月

6 日 “长江三角洲一体化对外投资合作发展联盟”在上海举办启动仪式。该次仪式由浙江省商务厅倡议，部分省市商务部门代表、有关部门代表、地市代表、部分国家驻沪使节和商务代表、主要国家在沪商会会长主席、大型知名跨国企业高管、部分知名咨询公司主管等 150 余位代表参加。

6 日 第 29 批跨国公司地区总部和研发中心颁证仪式在上海市政府举行。该次获颁证书的共有 30 家跨国公司地区总部和 15 家研发中心。上海市委副书记、市长应勇颁发证书，上海市副市长许昆林致辞。

附录 2　2019 年大事记

一月

14 日　奉贤综合保税区正式通过验收。这标志着奉贤综合保税区实现了新旧动能转换、产业聚集效应、更丰富的业态发展及开放型经济格局的形成。

二月

20 日　2019 年度兼职法律顾问聘任仪式暨“优化法治营商环境推进商务改革发展”主题座谈会在上海商务委员会举行。共向 8 位兼职政府法律顾问颁发聘书。

三月

1 日　第 29 届华东进出口商品交易会“华东进出口贸易论坛”隆重召开。该次论坛主题为“新时代,进出口贸易的机遇与挑战”。

3 日　第 29 届华东进出口商品交易会“互联网＋机遇”跨境电子商务创新发展高峰论坛开幕。该次跨境电子商务高峰论坛围绕当前经济形势研判、跨境电子商务的机遇与挑战等议题,邀请多位国际知名专家和行业领袖进行主题演讲。

四月

8 日　上海市副市长许昆林与德国汉堡商会总干事长克里斯蒂·德根女士分别代表双方续签《经贸合作备忘录》。双方将在巩固已有合作关系的基础上,积极探索、拓展新的合作领域、模式与项目,特别是数字化、人工智能等产业合作。

五月

6 日 第 30 批跨国公司地区总部和研发中心颁证仪式顺利举行。上海市委副书记、市长应勇向第 30 批 22 家跨国公司地区总部和 5 家研发中心颁发证书，仪式由上海市政府副秘书长尚玉英主持，上海市副市长许昆林致辞。

6 日 “长三角供应链创新与应用大会”成功举行。苏浙皖沪三省一市物流主管部门、三省一市物流与供应链企业、三省一市相关物流与供应链行业组织、高校、研究机构等 700 余人参会。

24 日 上海市—新加坡全面合作理事会第一次会议在上海举行。该次会议确定了 6 个重点合作领域，上海市商务委员会是沪新理事会上海方面的成员单位，牵头“一带一路”建设板块的相关工作。沪新理事会新加坡方联合主席、新加坡副总理兼财政部长王瑞杰，沪新理事会上海方联合主席、上海市市长应勇致辞。

六月

4 日 “一带一路”企业“走出去”座谈会在上海举行。该次座谈以“共建‘一带一路’，共享发展新机遇”为主题，座谈会正式发布了《2018 年度对外投资合作报告》和《“一带一路”投资指数报告》。

28 日 第二届中国国际进口博览会品质生活展区、科技生活展区展前供需对接会暨上海招商路演活动在国家会展中心（上海）举办。参展商和采购商代表、相关行业协会代表、媒体代表、招商路演全程支持单位代表等共计约 400 人参会。

七月

10 日 “2018 全球时尚产业指数・时装周活力指数发布会”在上海举行。会上发布了由新华社中国经济信息社联合东方国际集团共同研制的《全球时尚产业指数・时装周活力指数报告(2018)》。

八月

26 日 “第三届上海—汉堡商务论坛”在上海市设计中心举行。该次论坛以“大都市圈智慧城市创新”为主题，由上海市商务委员会和汉堡商会联合主办，上海市外国投资促进中心、汉堡驻中国联络处协办，两地将在已有合作关系的基础上，积极探索、拓展新的合作领域和模式。

九月

12 日 “2019 对接进口博览会上海投资促进交流会”在上海中心举办。该次大会由上海市商务委员会举办，会上首次发布了《投资上海地图》，地图是由上海市商务委员会指导、上海市外国投资促进中心策划、上海市测绘院编制，设计了九大类共计50条特色鲜明的参观路线。

16日　绿地钻石直销中心在进口博览会常年展示交易服务平台绿地全球商品贸易港内开馆。绿地钻石直销中心以“一带一路”倡议为契机，充分发挥进口博览会的溢出效应，满足国内日益升级的钻石消费需求，吸引消费回流、把消费留在国内，积极助力上海“四大品牌”建设、塑造扩大开放新窗口、打造“上海购物”新高地。

27日　2019长三角化工行业公平贸易及产业合作发展论坛在沪举行。该次论坛以“应对国际经贸风险，推动产业高质量发展”为主题。

十月

15日　国务院副总理、中国国际进口博览会组委会主任胡春华出席第二届进口博览会综合演练活动。胡春华强调各单位要落实责任，密切配合，确保第二届进口博览会取得圆满成功。

15日　上海市委书记、城市服务保障领导小组组长李强主持召开进口博览会城市服务保障领导小组会议。会议贯彻落实进口博览会组委会工作部署，对第二届进口博览会城市服务保障工作进行再检查、再落实。

十一月

5—10日　第二届中国国际进口博览会在国家会展中心（上海）召开。其中“钻石与宝玉石精品馆”再次成为进口博览会人气最旺的展区，共有28个国家约180家展商参展，场馆面积1万多平方米，现场成交90多万美元，签约成交额达2亿美元。

6日　“拥抱进博　共享未来——2019上海城市推介大会”在上海国际会议中心举行。上海市委书记李强与上海市市长应勇共同开通上海外商投资促进服务平台。进口博览会重点参展商、跨国公司、参展国经贸代表团、在沪央企和市属国有企业、民营企业、招商平台、中外政府代表等近千位嘉宾出席了大会。

8日　2019年产业国际竞争力合作论坛在上海成功举办。该次论坛以“中国新开放战略与长三角国际产业合作”为主题，在商务部贸易救济调查局指导下，由上海市商务委员会、上海社会科学院共同主办。

20日　第31批跨国公司地区总部和研发中心颁证仪式顺利举行。上海市委副书记、市长应勇向第31批25家跨国公司地区总部和11家研发中心颁发证书。颁证仪式由上海市政府副秘书长尚玉英主持，上海市副市长许昆林致辞。

十二月

3 日 “2019 长三角汽车零部件产业发展高峰论坛”在上海举行。《2019 上海及长三角汽车零部件贸易发展报告》《2019 上海新能源汽车竞争力报告》同期发布。

10 日 2019 年钻石交易管理部门联席会议在上海钻石宝玉石交易联合管理办公室会议室召开。上海海关、上海市市场监督管理局、国家税务总局上海市税务局、国家外汇管理局上海市分局、浦东新区等联合管理部门，上海钻石交易所、国家珠宝玉石质检中心、国家金银制品质检中心、上海钻石行业协会等单位代表出席会议。

18 日 “首届中国家政产业发展·投资国际论坛”在上海举办。该次论坛由上海市商务委员会、上海市发展和改革委员会等部门指导。

附录3　2018—2019年度上海国际经贸领域主要政策索引

	文　号	关键词	文　件　名	发文日期
上海市政府文件	沪府发〔2018〕11号	投资项目核准	上海市人民政府关于批转市发展改革委制订的《上海市政府核准的投资项目目录细则(2017年本)》《上海市政府备案的投资项目目录(2017年本)》的通知	2018年3月15日
	沪府发〔2018〕24号	行政审批	上海市人民政府关于取消和调整一批行政审批等事项的决定	2018年6月25日
	沪府发〔2018〕25号	健康服务业	上海市人民政府关于推进本市健康服务业高质量发展加快建设一流医学中心城市的若干意见	2018年7月23日
	沪府发〔2018〕27号	工业互联网	上海市人民政府关于印发《上海市工业互联网产业创新工程实施方案》的通知	2018年7月9日
	沪府发〔2018〕33号	旅游发展	上海市人民政府印发《关于促进上海旅游高品质发展加快建成世界著名旅游城市的若干意见》的通知	2018年8月31日
	沪府发〔2018〕36号	行政审批	上海市人民政府关于取消和调整一批行政审批等事项的决定	2018年9月7日
	沪府发〔2018〕38号	质量认证体系	上海市人民政府关于印发《上海市加强质量认证体系建设促进全面质量管理的实施方案》的通知	2018年9月13日
	沪府发〔2018〕39号	中医药发展	上海市人民政府关于印发《上海市中医药发展战略规划纲要(2018—2035年)》的通知	2018年10月15日
	沪府发〔2018〕41号	资源配置	上海市人民政府印发《关于本市促进资源高效率配置推动产业高质量发展的若干意见》的通知	2018年11月12日
	沪府办发〔2018〕4号	投资审批	上海市人民政府办公厅关于印发《进一步深化本市社会投资项目审批改革实施办法》的通知	2018年1月27日

续表

	文　　号	关键词	文　　件　　名	发文日期
上海市政府文件	沪府办发〔2018〕5 号	数据平台	上海市人民政府办公厅关于印发《上海市经济社会发展综合数据平台建设工作方案》的通知	2018 年 2 月 27 日
	沪府办发〔2018〕7 号	商业养老保险	上海市人民政府办公厅贯彻《国务院办公厅关于加快发展商业养老保险的若干意见》的实施意见	2018 年 2 月 9 日
	沪府办发〔2018〕12 号	技术改造	上海市人民政府办公厅关于转发市经济信息化委制订的《上海市深入推进技术改造巩固提升实体经济能级三年行动计划（2018—2020 年）》的通知	2018 年 4 月 4 日
	沪府办发〔2018〕24 号	进口博览会	上海市人民政府办公厅关于印发《上海市决战中国国际进口博览会 200 天行动计划》的通知	2018 年 4 月 24 日
	沪府办发〔2018〕26 号	供应链创新	上海市人民政府办公厅印发《关于本市积极推进供应链创新与应用的实施意见》的通知	2018 年 8 月 30 日
	沪府办发〔2018〕27 号	行政审批中介服务	上海市人民政府办公厅转发市审改办制订的《关于本市推进行政审批中介服务标准化建设的若干意见》的通知	2018 年 8 月 16 日
	沪府办发〔2018〕31 号	电子证照	上海市人民政府办公厅关于印发《本市加快推进电子证照应用实施方案》的通知	2018 年 9 月 27 日
	沪府办发〔2018〕32 号	邮轮经济	上海市人民政府办公厅印发《关于促进本市邮轮经济深化发展的若干意见》的通知	2018 年 10 月 3 日
	沪府办发〔2018〕34 号	入境旅游	上海市人民政府办公厅转发市旅游局关于促进上海入境旅游发展若干意见的通知	2018 年 10 月 9 日
	沪府办发〔2018〕37 号	新一代信息基础设施	上海市人民政府办公厅关于转发市经济信息化委制订的《上海市推进新一代信息基础设施建设助力提升城市能级和核心竞争力三年行动计划（2018—2020 年）》的通知	2018 年 10 月 29 日
	沪府办发〔2018〕40 号	国际航运中心	上海市人民政府办公厅关于印发《上海国际航运中心建设三年行动计划（2018—2020）》的通知	2018 年 6 月 27 日
	沪府办发〔2018〕44 号	证照分离	上海市人民政府办公厅关于印发《上海市全面推开“证照分离”改革工作方案》的通知	2018 年 12 月 17 日
	沪府办发〔2019〕8 号	一网通办	上海市人民政府办公厅关于印发《2019 年上海市推进“一网通办”工作要点》的通知	2019 年 3 月 26 日
	沪府办发〔2019〕11 号	运输结构	上海市人民政府办公厅关于印发《上海市推进运输结构调整实施方案（2018—2020 年）》的通知	2019 年 5 月 15 日
	沪府办发〔2019〕19 号	人工智能	上海市人民政府办公厅关于印发《推进上海马桥人工智能创新试验区建设工作方案》的通知	2019 年 7 月 15 日

续表

	文　　号	关键词	文　　件　　名	发文日期
上海市政府文件	沪府办发〔2019〕20号	一网通办	上海市人民政府办公厅关于印发《建立"一网通办"政务服务"好差评"制度工作方案》的通知	2019年7月23日
	沪府办发〔2019〕21号	互联网＋监管	上海市人民政府办公厅关于印发《上海市"互联网＋监管"工作实施方案》的通知	2019年8月8日
	沪府规〔2018〕1号	行政审批	上海市人民政府关于取消和调整一批行政审批等事项的决定	2018年1月16日
	沪府规〔2018〕2号	行政规范性文件	上海市人民政府关于废止部分行政规范性文件的通知	2018年1月20日
	沪府规〔2018〕5号	服务业发展	上海市人民政府关于印发上海市服务业发展引导资金使用和管理办法的通知	2018年3月23日
	沪府规〔2018〕8号	国家服务业综合改革试点	上海市人民政府关于全面推进静安区国家服务业综合改革试点工作的若干意见	2018年5月4日
	沪府规〔2018〕20号	服务贸易	上海市人民政府关于印发《上海市深化服务贸易创新发展试点实施方案》的通知	2018年9月29日
	沪府规〔2019〕8号	交易场所	上海市人民政府关于印发《上海市交易场所管理暂行办法》的通知	2019年1月30日
	沪府规〔2019〕13号	企业投资	上海市人民政府关于印发《上海市企业投资项目核准管理办法》的通知	2019年3月20日
	沪府规〔2019〕14号	企业投资	上海市人民政府关于印发《上海市企业投资项目备案管理办法》的通知	2019年3月20日
	沪府规〔2019〕25号	市场监管	上海市人民政府贯彻《国务院关于在市场监管领域全面推行部门联合"双随机、一公开"监管的意见》的实施意见	2019年5月8日
	沪府规〔2019〕30号	总部经济	上海市人民政府关于本市促进跨国公司地区总部发展的若干意见	2019年7月25日
	沪府规〔2019〕31号	总部经济	上海市人民政府关于印发修订后的《上海市鼓励跨国公司设立地区总部的规定》的通知	2019年7月25日
	沪府规〔2019〕37号	外商投资	上海市人民政府关于本市进一步促进外商投资的若干意见	2019年9月12日
	沪府规〔2019〕39号	行政审批	上海市人民政府关于取消、调整和承接一批行政审批等事项的决定	2019年9月18日
	沪府办规〔2018〕6号	研发平台	上海市人民政府办公厅关于本市推进研发与转化功能型平台建设的实施意见	2018年1月16日

续表

	文　　号	关键词	文　　件　　名	发文日期
上海市政府文件	沪府办规〔2018〕28 号	电子证照	上海市人民政府办公厅关于印发《上海市电子证照管理暂行办法》的通知	2018 年 10 月 29 日
	沪府办规〔2019〕1 号	电子商务	上海市人民政府办公厅印发《关于本市推进电子商务与快递物流协同发展的实施意见》的通知	2019 年 1 月 4 日
	上海市人民政府令第 4 号	行政审批	《上海市行政审批告知承诺管理办法》	2018 年 4 月 18 日
	上海市人民政府令第 7 号	外商投资	上海市人民政府关于修改《上海市外商投资企业土地使用管理办法》的决定	2018 年 5 月 28 日
上海市政府部门文件	沪商外资〔2018〕190 号	总部经济	市商务委、市财政局关于印发修订后的《上海市鼓励跨国公司地区总部发展专项资金使用和管理办法》的通知	2018 年 7 月 10 日
	沪商会展〔2018〕248 号	会展业	关于印发《上海市建设国际会展之都专项行动计划(2018—2020 年)》的通知	2018 年 9 月 3 日
	沪商规〔2018〕2 号	审批服务	上海市商务委员会“马上办、网上办、就近办、一次办”审批服务事项目录公告	2018 年 11 月 1 日
	沪商规〔2019〕1 号	总部经济	上海市商务委员会等四部门关于印发《上海市鼓励设立民营企业总部的若干意见》的通知	2019 年 5 月 9 日
	沪委发〔2019〕25 号	进口博览会	关于印发《放大中国国际进口博览会溢出带动效应的实施方案》的通知	2019 年 9 月 7 日
	沪商服贸〔2019〕201 号	数字贸易	关于印发《上海市数字贸易发展行动方案(2019—2021 年)》的通知	2019 年 7 月 25 日
	沪商贸发〔2019〕191 号	跨境电子商务	上海市商务委上海海关关于《支持跨境电子商务一般出口企业采用“清单核放、汇总统计”方式办理报关手续有关事项》的通知	2019 年 8 月 2 日
	沪发改规范〔2018〕3 号	营商环境	关于印发《上海市进一步优化电力接入营商环境实施办法(试行)》的通知	2018 年 2 月 28 日
	沪经信规范〔2018〕6 号	互联网创新	上海市经济信息化委、市财政局关于印发《上海市工业互联网创新发展专项支持实施细则》的通知	2018 年 12 月 17 日
	沪经信规范〔2019〕1 号	高端智能装备	上海市经济信息化委、市财政局关于印发《上海市高端智能装备首台突破专项支持实施细则》的通知	2019 年 1 月 30 日
	沪经信规范〔2019〕3 号	品牌经济	上海市经济信息化委、市财政局、市商务委、市场监管局关于印发《上海市推进品牌经济发展专项支持实施细则》的通知	2019 年 3 月 26 日

续表

	文　号	关键词	文　件　名	发文日期
上海市政府部门文件	沪经信规范〔2019〕9号	中小企业发展	上海市经济信息化委、市财政局关于印发《上海市中小企业发展专项资金管理办法》的通知	2019年9月29日
	沪口岸政〔2018〕15号	营商环境	上海市口岸办等7部门关于印发上海口岸优化跨境贸易营商环境若干措施的通知	2018年3月21日
	中华人民共和国上海海关公告2018年第1号	减免税收	上海海关关于调整减免税相关事宜的公告	2018年3月6日
	沪关公告〔2019〕2号	进口汽车	上海海关关于优化进口汽车零部件检验流程的公告	2019年3月30日
	中华人民共和国上海海关公告2018年第4号	钻石进口	上海海关关于调整成品钻石进口环节增值税即征即退操作规程的公告	2018年5月16日
	中华人民共和国上海海关公告2018年第5号	货物运输	上海海关关于调整境内公路承运海关监管货物的运输企业及车辆注册登记业务受理点的公告	2018年6月14日
	中华人民共和国上海海关公告2018年第6号	规范性文件	上海海关关于废止部分规范性文件的公告	2018年6月27日
	中华人民共和国上海海关公告2018年第7号	规范性文件	上海海关关于修改部分规范性文件的公告	2018年6月27日
	中华人民共和国上海海关公告2018年第10号	进口博览会	上海海关关于发布《首届中国国际进口博览会食品化妆品参展须知》和《首届中国国际进口博览会食品化妆品参展检验检疫指南》的公告	2018年9月30日
	中华人民共和国上海海关公告2018年第8号	进口博览会	上海海关关于对首届中国国际进口博览会展销消费品实施便利化监管的公告	2018年10月10日
	中华人民共和国上海海关公告2018年第9号	进口博览会	上海海关关于首届中国国际进口博览会入境验证工作的公告	2018年10月10日
	中华人民共和国上海海关公告2018年第11号	规范性文件	上海海关关于修改部分规范性文件的公告	2018年10月17日
	中华人民共和国上海海关公告2018年第12号	进口博览会	上海海关关于发布《2018年首届中国国际进口博览会进口食品境外生产企业临时注册指引》的公告	2018年10月31日

续表

	文　　号	关键词	文　　件　　名	发文日期
上海市政府部门文件	中华人民共和国上海海关公告2018年第15号	报关注册	上海海关关于调整报关单位注册登记办理现场的公告	2018年11月5日
	中华人民共和国上海海关公告2018年第14号	出口舱单	上海海关关于海空运舱单管理系统出口环节全面切换的公告	2018年12月12日
	中华人民共和国上海海关公告2018年第16号	出口货物	上海海关关于明确出口直接改配和落装货物相关事宜的公告	2018年12月12日
	中华人民共和国上海海关公告2019年第1号	出口通关	上海海关关于在外高桥港区试行出口“提前申报、运抵验放”通关模式的公告	2019年3月20日
	中华人民共和国上海海关公告2019年第2号	进口汽车	上海海关关于优化进口汽车零部件检验流程的公告	2019年3月30日
	中华人民共和国上海海关公告2019年第3号	出口包装	上海海关关于调整出口危险货物包装生产企业代码的公告	2019年4月9日
	中华人民共和国上海海关公告2019年第4号	报关复核	上海海关关于开展报关差错记录复核工作的公告	2019年4月30日

附录 4　2018—2019 年度中国（上海）自由贸易试验区相关政策索引

	文　号	关键词	文　件　名	发文日期
国务院及其相关部委文件	国发〔2018〕12 号	复制推广	国务院关于做好自由贸易试验区第四批改革试点经验复制推广工作的通知	2018 年 5 月 23 日
	国发〔2018〕38 号	改革创新	国务院关于支持自由贸易试验区深化改革创新若干措施的通知	2018 年 11 月 7 日
	国发〔2019〕15 号	临港新片区	国务院关于印发中国(上海)自由贸易试验区临港新片区总体方案的通知	2019 年 7 月 27 日
	国发〔2019〕25 号	证照分离	国务院关于在自由贸易试验区开展"证照分离"改革全覆盖试点的通知	2019 年 11 月 15 日
	国函〔2019〕38 号	复制推广	国务院关于做好自由贸易试验区第五批改革试点经验复制推广工作的通知	2019 年 4 月 30 日
	国函〔2019〕68 号	临港新片区	国务院关于同意设立中国(上海)自由贸易试验区临港新片区的批复	2019 年 7 月 27 日
	国办发〔2018〕25 号	负面清单	自由贸易试验区外商投资准入特别管理措施(2018 年版)	2018 年 9 月 10 日
	国办发〔2019〕25 号	负面清单	自由贸易试验区外商投资准入特别管理措施(2019 年版)	2019 年 9 月 10 日
	建外〔2019〕10 号	深化改革	住房和城乡建设部关于落实《国务院关于支持自由贸易试验区深化改革创新若干措施的通知》有关事项的通知	2019 年 1 月 19 日
	建办法函〔2019〕684 号	证照分离	住房和城乡建设部办公厅关于印发住房和城乡建设领域自由贸易试验区"证照分离"改革全覆盖试点实施方案的通知	2019 年 11 月 30 日

续表

	文　　号	关键词	文　　件　　名	发文日期
国务院及其相关部委文件	人社厅发〔2019〕103 号	证照分离	人力资源社会保障部办公厅关于印发《人力资源社会保障部关于在自由贸易试验区开展"证照分离"改革全覆盖试点的实施方案》的通知人社厅发〔2019〕103 号	2019 年 11 月 27 日
	应急〔2019〕125 号	消防安全	应急管理部关于在自由贸易试验区试行公众聚集场所投入使用、营业消防安全告知承诺制的通知	2019 年 11 月 28 日
	教发函〔2019〕119 号	民办学校	教育部关于在自由贸易试验区优化营利性民办学校审批服务的通知	2019 年 11 月 29 日
上海市相关文件	沪府规〔2018〕19 号	负面清单	上海市人民政府关于印发中国(上海)自由贸易试验区跨境服务贸易特别管理措施(负面清单)(2018 年版)的通知	2018 年 10 月 9 日
	上海市人民政府公告 2018 年第 1 号	负面清单	中国(上海)自由贸易试验区跨境服务贸易特别管理措施(负面清单)(2018 年)	2018 年 9 月 29 日
	沪府规〔2019〕12 号	深化改革	上海市人民政府关于印发《本市贯彻〈关于支持自由贸易试验区深化改革创新若干措施〉实施方案》的通知	2019 年 3 月 13 日
	沪府发〔2019〕19 号	临港新片区	中国(上海)自由贸易试验区临港新片区管理办法	2019 年 8 月 19 日
	沪府办〔2019〕126 号	证照分离	上海市人民政府办公厅印发《关于在中国(上海)自由贸易试验区开展"证照分离"改革全覆盖试点的实施方案》的通知	2019 年 12 月 1 日
	沪商规〔2019〕2 号	贸易援助	上海市商务委员会上海自贸试验区管委会关于延长《中国(上海)自由贸易试验区贸易调整援助试点办法》	2019 年 7 月 5 日
	中共上海市委、上海市人民政府	临港新片区	中共上海市委、上海市人民政府关于促进中国(上海)自由贸易试验区临港新片区高质量发展实施特殊支持政策的若干意见	2019 年 8 月 30 日
	上海市科学技术委员会、上海市外国专家局	临港新片区	关于支持中国(上海)自由贸易试验区临港新片区更加便利更加开放地引进外国人才的通知	2019 年 8 月 21 日
	中国(上海)自由贸易试验区临港新片区管理委员会	临港新片区	关于印发《中国(上海)自由贸易试验区临港新片区支持金融业创新发展的若干措施》的通知	2019 年 9 月 30 日

续表

	文　号	关键词	文　件　名	发文日期
上海市相关文件	中国(上海)自由贸易试验区临港新片区管理委员会	临港新片区	关于做好中国(上海)自由贸易试验区临港新片区企业原油进口资质申报工作的通知	2019年9月26日
	中国(上海)自由贸易试验区临港新片区管理委员会	临港新片区	中国(上海)自由贸易试验区临港新片区促进产业发展若干政策和集聚发展集成电路、人工智能、生物医药、航空航天产业若干措施	2019年10月18日
	中国(上海)自由贸易试验区临港新片区管理委员会	临港新片区	关于印发《中国(上海)自由贸易试验区临港新片区促进产业发展若干政策》的通知	2019年10月22日
	中国(上海)自由贸易试验区临港新片区管理委员会	临港新片区	关于印发《中国(上海)自由贸易试验区临港新片区集聚发展集成电路产业若干措施》的通知	2019年10月22日
	中国(上海)自由贸易试验区临港新片区管理委员会	临港新片区	关于印发《中国(上海)自由贸易试验区临港新片区集聚发展人工智能产业若干措施》的通知	2019年10月22日
	中国(上海)自由贸易试验区临港新片区管理委员会	临港新片区	关于印发《中国(上海)自由贸易试验区临港新片区集聚发展生物医药产业若干措施》的通知	2019年10月22日
	中国(上海)自由贸易试验区临港新片区管理委员会	临港新片区	关于印发《中国(上海)自由贸易试验区临港新片区集聚发展航空航天产业若干措施》的通知	2019年10月22日
	沪人社力〔2019〕415号	临港新片区	关于促进临港新片区高质量发展实施国内人才引进特殊支持政策的通知	2019年10月24日
	中国(上海)自由贸易试验区临港新片区管理委员会	临港新片区	关于印发《国(境)外高水平大学优秀外籍毕业生在中国(上海)自由贸易试验区临港新片区工作办理工作证明的办事指南》的通知	2019年10月31日
	中国(上海)自由贸易试验区临港新片区管理委员会	临港新片区	关于印发《上海高校在读外籍留学生在中国(上海)自由贸易试验区临港新片区兼职创业证明(推荐申请在学习类居留许可上加注“创业”)办事指南》的通知	2019年10月31日

续表

	文　　号	关键词	文　　件　　名	发文日期
上海市相关文件	国家外汇管理局上海市分局	临港新片区	国家外汇管理局上海市分局关于印发《进一步推进中国(上海)自由贸易试验区外汇管理改革试点实施细则(4.0版)的通知》	2019年7月10日
	沪司规〔2019〕5号	临港新片区	境外仲裁机构在中国(上海)自由贸易试验区临港新片区设立业务机构管理办法	2019年11月9日
	中国(上海)自由贸易试验区临港新片区管理委员会	临港新片区	关于印发《关于支持临港新片区产业、研发用地提高容积率的实施意见》的通知	2019年11月12日
	中国(上海)自由贸易试验区临港新片区管理委员会	临港新片区	关于印发《关于支持临港新片区园区平台提升创新服务能力工作的实施意见》的通知	2019年11月14日
	中国(上海)自由贸易试验区临港新片区管理委员会	临港新片区	关于印发《中国(上海)自由贸易试验区临港新片区人才住房政策适用范围及操作口径》的通知	2019年11月8日
	沪人社职〔2019〕422号	临港新片区	关于公布中国(上海)自由贸易试验区临港新片区首批技能人才引进目录的通知	2019年10月31日
	中国(上海)自由贸易试验区临港新片区管理委员会	临港新片区	关于印发《中国(上海)自由贸易试验区临港新片区支持人才发展若干措施》的通知	2019年11月26日
	上海法院	临港新片区	上海法院服务保障中国(上海)自由贸易试验区临港新片区建设的实施意见	2019年12月31日